沙特與《存在與虛無》

作者— 塞巴斯蒂安‧加德納
（*Sebastian Gardner*）

譯者— 汪功偉、江婷

五南圖書出版公司 印行

Sartre's Being and

Nothingness:

A Reader's Guide

前　言

在這本小書中，我想要提供一份注解，這份注解可以讓讀者更方便地閱讀沙特的作品；與此同時，我想要說明：《存在與虛無》所闡述的是一套傳統類型的形上學體系。這些目的是相互關聯的。誠然，《存在與虛無》的確包含一些具有濃厚現象學風格、扣人心弦的段落，沙特在這些被反覆援引的段落中盡情施展了自己透過文學手段表達人類經驗的高超能力，我完全可以提醒讀者關注這些段落；但是這種方式最多只能讓讀者直觀地把握到沙特的種種構想，文本本身仍然晦澀難懂。不言而喻的是，沙特確實秉持著一份獨特的世界觀，它可以被輕鬆地轉換成一幅以富有感染力的方式描摹人之條件的確定畫面。可是要想更直接有效地把握他的世界圖像，我們不妨去閱讀他的戲劇、小說、傳記與文藝評論；我們只有去了解為什麼沙特認為他的圖像蘊含著最嚴格意義上的哲學真理，那些花在閱讀《存在與虛無》上的時間和精力才不算虛擲。當然，人們可能會懷疑哲學體系是否真的能夠以一種深刻的、令人滿意的方式去表述對於人類困境的理解，但就我們所面對的任務（根據作者意圖去理解《存在與虛無》）而言，這些疑慮是無關緊要的，我也通篇致力於表明沙特所展現的形上學體系（至少）融貫、中肯且帶有站得住腳的哲學意圖，並讓大家對這部作品無與倫比的深邃、微妙與豐富一窺究竟。

沙特對於《存在與虛無》的結構安排絕非隨心所欲，但不可否認的是，文本總是在不同的層次和主題之間繞來繞去；他在這麼做的時候確實抓住了讀者，但同時也讓人很難看清整體的論證。而

且，沙特對於《存在與虛無》的章節劃分並不總是與書中論證的不同階段完全對應。為了更清晰地呈現出《存在與虛無》推進論證的方式，讓讀者更方便地把握到某一點在整個體系中的位置，我把本書的第 3 章劃分為一節一節的內容，每一節旨在凸顯《存在與虛無》的中心概念、論斷與論證，所以輕微地偏離了沙特文本的次序。每一節內容所包含的細節與沙特文本中相應的頁數之間並不成正比：一些主題雖然沙特很快就處理完畢，但其實非常重要；而另一些主題雖然沙特做了詳盡的討論，但我只簡單概括了一下。囿於篇幅，對於文本中一些大塊的內容，尤其是關於時間性、身體和與他者的具體關係的那些內容，雖然討論起來不無裨益，但我還是得一筆帶過，不得不說這是一個遺憾；不過只要弄清楚《存在與虛無》的思想主線，這些內容讀起來完全可以理解。在對《存在與虛無》的內容進行概括之外，我也把一定的篇幅留給某些對於《存在與虛無》的注解和批評──在我看來，它們最大限度地妨礙了我們去同情地理解沙特的哲學──並表明我們可以如何處理這些注解和批評。有幾節內容獨立於文本注解，供探討某些牽涉到整個文本的主題與爭論。我對於沙特文本的偏離主要表現在：《存在與虛無》第 1、2、3 章中的部分材料有待注解的第 4 章去討論；每一節的標題都標記了對應的文本章節，那些想要按部就班地閱讀《存在與虛無》的人可以透過這些標記找到注解中相關聯的各節內容。

注釋主要是為了給出一些參考和建議，供讀者進一步閱讀相關的歷史材料和我在第 1、2、4 章中討論的先於或後於《存在與虛無》的沙特著作。參考書目中列出了探討沙特的二手文獻──或則探討他的整個哲學，或則探討《存在與虛無》中的個別主題。

＊　＊　＊

文內注釋的形式如下：例如：「252/310」中的第一個數字指的是由黑茲爾・E. 巴恩斯（Hazel E. Barnes）翻譯的《存在與虛無》英譯本（*Being and Nothingness: An Essay on Phenomenological Ontology*，首版於 Methuen & Co, 1958；當前的版本爲 Routledge, 1995）頁碼，第二個數字指的是《存在與虛無》的法語原版（*L' Être et le néant. Essai d' ontologie phénoménologique*, Gallimard, 1943）頁碼（請注意：法語原版的紙本版頁碼與其後來的電子版頁碼有所不同）。巴恩斯的譯本總體上很好地處理了沙特準確而清晰的哲學文本，但仍有不準確之處，所以我對一些引自該譯本的段落做了些許修改。

對於注釋中提到的沙特的所有作品，參考書目中都給出了完整的書籍資訊。對於注釋中提到的以沙特爲對象的作品，參考書目中也給出了完整的書籍資訊。

不同於許多哲學家，沙特使用的哲學術語沒那麼難以理解。這些關鍵術語在沙特文本中出現時，我會盡力闡明它們。巴恩斯的譯本也提供了一個粗略但完備的術語表。

＊　＊　＊

我要感謝吉姆・沃倫（Jim Warren），他在很久以前把《存在與虛無》這本書介紹給我，並幫助我去理解沙特有力而深邃的思想。我也非常感謝我的同事莎拉・里士滿（Sarah Richmond），這些年來，圍繞著沙特，她一直與我進行富於啓發性和知識性的交流。我還要感謝我的家人，他們給予我必需的時間，供我沉浸於無用的激情，去寫一本關於虛無之書的書。

目　錄

1　背　景

　　1924 年，當十九歲的沙特進入聲名顯赫的巴黎高等師範學校學習哲學時，他所面對的是一個高度僵化的哲學世界。[1]大約從 19 世紀末到 1930 年代初，法國哲學界事實上受到兩股思潮的統治：一是以雷昂·布倫士維格（Léon Brunschvicg）為主要代表人物的新康德主義，二是亨利·柏格森（Henri Bergson）的反理性主義。前者提供了一個簡化版的康德哲學，在這個版本中，哲學探索活動僅限於對科學知識的「形式條件」進行表述；它在全國範圍內規定了哲學系的課程設置，從而牢牢占據著體制內的支配地位；布倫士維格的新康德主義還得到了政治權威的暗中支持，它的地位其實就是第三共和國的國家官方哲學。布倫士維格的理性主義─實證主義認識論深深影響著沙特及其同輩對康德的理解。[2]然而，諸如自由意志、宗教經驗這樣的概念，它們的有效性要麼得不到新康德主義認識論的支持，要麼經過新康德主義認識論的合理化之後變得面目全

1　關於本章所描述的法國哲學所處的階段及其一系列發展，參見 Kleinberg, *Generation Existential*, Introduction and chs. 1-3; Gutting, *French Philosophy in the Twentieth Century*, Part I; Janicaud, *Heidegger en France*, vol. 1, chs. 1-2; Poster, *Existential Marxism in Postwar France*, ch. 1; Kelly, *Hegel in France*, chs. 5-6；以及 Rockmore, *Heidegger and French Philosophy*, chs. 1-4。關於沙特從 1924 到 1943 年（《存在與虛無》的出版年分）的傳記資訊，參見 Leak, *Sartre*, pp. 20-59；更詳細的傳記資訊，參見 Cohen-Solal, *Sartre*, Parts I-II，以及 Hayman, *Writing Against*, chs. 4-14。欲了解沙特如何描述自己的哲學影響，可參見 "An interview with Jean-Paul Sartre" (1975), pp. 5ff.；關於沙特的哲學影響，也可參見 Lévy, *Sartre*, Part I, ch. 4，以及 Renaut, *Sartre, le Dernier Philosophe*, Part 1。

2　但沙特認為布倫士維格對人類處境的描述透著一股自滿自得，故加以拒絕：參見 *The Transcendence of the Ego*, pp. 50-51。

非，而柏格森則用唯靈論去取代新康德主義，它成了上面那些概念
的哲學家園；可是到了 1920 年代，柏格森主義在很大程度上失去
了它的哲學聲響，原因主要在於：柏格森用目的論去展望人類的發
展，然而第一次世界大戰澈底澆滅了這種展望所流露出的樂觀情
緒。和布倫士維格一樣，柏格森也為沙特的《存在與虛無》提供了
一個更加本土的參考對象，並且實際的參考頻率要高於提到他名字
的頻率。

在這種穩定的，甚至可以說是僵化的背景下，一批外國知識
分子於 1930 年代湧入法國，隨之也帶來了德國哲學，這讓法國
哲學經歷了一場突如其來的地震。胡塞爾的現象學、海德格（據
闡釋說是）在《存在與時間》中提出的存在人類學（existential
anthropology）以及黑格爾《精神現象學》中的歷史發展觀，這一
切提供了大量全新的主題與方法，在新一代人眼中足以讓哲學重新
煥發生機。1929 年 2 月，胡塞爾親自前往巴黎，在兩場講座中引
介先驗現象學。[3]伊曼紐爾‧列維納斯（Emmanuel Levinas）於 1930
年出版了頗具影響的《胡塞爾現象學中的直觀理論》（*The Theory
of Intuition in Husserl's Phenomenology*），而俄羅斯移民亞歷山
大‧柯瓦雷（Alexandre Koyré）於 1931 年創辦了一份新的現象學
期刊《哲學研究》（*Recherches Philosophiques*），這些反映出圍
繞著德國哲學而展開的哲學活動形成了一股新的浪潮。讓‧華爾
（Jean Wahl），身為索邦大學教員中反對新康德主義的唯一成員，
也為這股潮流注入了強勁的動力，他敦促哲學轉向「具體之物」，
並把海德格當作齊克果的不信教接班人來宣傳。不過，這種新的動

3　*The Paris Lectures* (1929)。《巴黎講演》經過修正和擴充之後作為《笛卡兒式的
　　沉思》（*Cartesian Meditations*）於 1931 年在法國出版，這是胡塞爾後期最重要
　　的作品之一。

向還是集中體現在 1932 年依然由柯瓦雷開設的有關黑格爾的系列
研討班，從 1933 到 1939 年由另一位俄羅斯流亡人士亞歷山大・科
耶夫（Alexandre Kojève）主持。[4]科耶夫開創性地將《存在與時間》
與《精神現象學》放在一起解讀，根據這種解讀，對於人在歷史中
的自我實現而言，其中心環節是「為承認而爭鬥」，黑格爾在其
《精神現象學》的第 4 章中對這種爭鬥做了描述，而科耶夫進一步
斷言黑格爾的這本著作就是胡塞爾意義上的現象學。[5]科耶夫的黑格
爾研討班對一整代人的巨大影響再怎麼形容也不過分：參加研討班
的人包括莫里斯・梅洛—龐蒂（Maurice Merleau-Ponty）、雅克・
拉康（Jacques Lacan）、雷蒙・阿隆（Raymond Aron）、喬治・
巴代伊（Georges Bataille）和安德烈・布勒東（André Bréton）。

　　當其他人在 1930 年代的法國開始接受由黑格爾、胡塞爾和海
德格構成的三重思想資源時，我們預計沙特或許會在第一時間去
努力吸收這份全新的養料；但奇怪的是，沙特與這種哲學新動向
的接觸卻被推遲了。[6]在求學期間，沙特首先形成了對柏格森的哲學
依附，他在柏格森的哲學中所發現的（據他自己說明）更多是一種
把握和凸顯內心生活的方式，而不是一種唯靈論的世界觀；在沙特
眼中，柏格森就是哲學界的普魯斯特。進入巴黎高師以後，沙特迅
速擺脫了這種依附，但在相當長的一段時間內，他都沒有對任何
其他哲學家或哲學運動形成一種類似的、確定的熱情。沙特在高

2

4　關於柯瓦雷、科耶夫以及研討班的歷史，參見 Kleinberg, *Generation Existential*, pp. 58ff。

5　參見 Kojève, *Introduction to the Reading of Hegel*。

6　沙特沒有參加科耶夫的黑格爾研討班（不過他在 1930 年代的大部分時間都被迫離開巴黎，可以提供一些解釋）；雖然海德格的《什麼是形上學？》（*What is Metaphysics?*）的法文譯本於 1931 年出版，而且沙特也讀過，但直到很久以後這本書才引起他的興趣。沙特在《戰時日記》中對自己吸收胡塞爾和海德格的過程做了自傳性的說明：參見 *War Diaries*, pp. 182-187。

師廣泛學習哲學史，柏拉圖、康德和笛卡兒對他尤為重要。[7]一件特別令人感興趣的事情是：沙特在高師還曾修習過一門有關病理心理學的課程，並和他的朋友保羅・尼贊（Paul Nizan）一起翻譯了卡爾・雅斯培（Karl Jaspers）的《普通心理病理學》（*Allgemeine Psychopathologie*），這本書不僅強調精神失常對心靈哲學和心理學的影響，[8]還讓沙特接觸到一種複雜而深刻的反自然主義立場，即心理學解釋的關鍵在於發現非因果性的意義連繫。沙特在高師最終取得了令人矚目的學術成就：雖然在 1928 年的中學教師最高資格考試（Agrégation）中，沙特試圖用原創性打動人，但因判斷失誤而未能通過；不過在第二年的重考中，沙特獲得了第一名（西蒙・波娃〔Simone de Beauvoir〕獲得了第二名，兩人自那時起就開始了終其一生的交往）。

在離開高師以後的將近 10 年間，沙特一直在追求自己自幼形成的作家理想，可是並沒有取得特別的成功。雖然在服義務兵役期間（從 1929 至 1931 年）以及在外省（主要在勒阿弗爾〔Le Havre〕）擔任哲學教師期間（從 1931 至 1936 年），沙特進一步擴大了他那本來已經十分驚人的閱讀量，但他早年的著作（由一些文學作品和一些帶有文學與哲學雙重性質的隨筆構成）在風格上特立獨行、在內容上游移不定，少數幾篇雖然最終付印，但並未獲得

7　參見 "An interview with Jean-Paul Sartre", p. 8。海曼（Hayman）給出證據表明，除斯賓諾莎以外，盧梭、叔本華和尼采對於沙特也很重要，而且沙特對超現實主義者也有著強烈的興趣：參見 Hayman, *Writing Against*, pp. 53-55。

8　Hayman, *Writing Against*, pp. 53, 61, 67。沙特於 1935 年嘗試了麥司卡林：參見沙特於 1972 年的訪談（*Sartre By Himself*, pp. 37-38）；《情緒理論初探》（*Sketch for a Theory of the Emotions*）與《想像心理學》（*The Imaginary*）第 148-149 頁可以表明沙特對心理異常的興趣。《存在與虛無》也經常提及非正常的心靈狀態，以探求它們的哲學意義。

來自大眾的喝采。[9]

在離開高師的最初幾年內，有二個相關的主題支配著沙特的思考：審美意識（對這種意識的興趣讓沙特近乎於受到唯美主義的吸引，它自沙特早年起便一直存在）[10]和偶然性（這是沙特在高師的兩篇教師資格考試論文其中一篇的主題），但是還不能說他形成了任何確定的哲學方向。轉折（雖說是沙特神話的一部分，但在歷史上也確有其事）發生於 1932 年，在巴黎的一間咖啡館內；當時阿隆用一個水杯舉例說明何種對象能夠接受現象學分析，這突然打開了沙特的視野，讓他看到了胡塞爾的哲學藍圖：回到具體的生活經驗。列維納斯的書讓沙特第一次正式接觸到胡塞爾的思想，而 1933 至 1934 年，沙特答應阿隆在柏林的法國文化中心（Institut Français）擔任爲期一學年的研究員，這讓他沉浸在對胡塞爾的研究中。1936 至 1940 年，沙特發表了一系列的哲學作品，這些作品從現象學的，特別是胡塞爾的立場來分析心理學哲學中的議題，這表明他加入了法國哲學中的這股以德國哲學爲基礎的新動向；而偶然性，這個長久以來一直盤踞在沙特腦海中的主題，則最終在《嘔吐》（*Nausea*, 1938）中得到了文學表達。這些作品展現出一種非同尋常的新鮮感，原創性和極其敏銳的洞察力。尤其是，《嘔吐》展示了以文學手段實現哲學理念的全新可能，並且表現出一種帶有明顯存在主義色彩的感受力，這些都讓這部小說實現了突破。《嘔吐》連同 1939 年發表的一系列短篇小說讓沙特一下子在文學上得

3

9　例如：沙特的〈關於真理的傳說〉（"The legend of truth", 1931）以一種思辨的、尼采的方式說明了真理的價值是如何形成的。

10　例如：可參見 "Motion picture art"（1931）。《嘔吐》的結論（第 246-253 頁）雖然包含那種用藝術爲存在（existence）辯護的尼采式觀點，但含糊其辭又游移不定，所以我們沒有理由認爲沙特擁有任何這樣的信念。沙特在《想像心理學》（第 188-194 頁）中在哲學上對唯美主義做了明確的駁斥。

到了認可，來自諸如《新法蘭西評論》（*Nouvelle revue française*）
這樣的知名文學出版物的好評與約稿便可以證明這一點。

可是沒過多久，戰爭的爆發便中斷了沙特的上升軌跡。沙特於
1939 年 9 月受徵召入伍，繼而被派往位於亞爾薩斯（Alsace）的
一個氣象部門，1940 年 6 月被俘，之後一直被關押在位於特里爾
（Trier）的一個德國戰俘營，直到 1941 年 3 月，他因健康原因（視
力受損，部分是裝出來的）得以釋放。沙特旋即回到學校教書，並
與莫里斯・梅洛—龐蒂一起成立了一個名爲「社會主義與自由」
（Socialisme et Libertt）的知識分子小組，它旨在反抗維希政府與
納粹之間的合作；雖然小組成員的人數在增加，但由於缺乏資深人
士的支持以及來自蓋世太保的施壓，小組年內便解散了。

沙特在法國被占領期間居住在巴黎，繼續從事哲學寫作。[11]沙
特於 1940 年動筆寫一本標題爲「存在與虛無」的作品[12]，該書成稿
於 1941 年 12 月至 1942 年 10 月，並於 1943 年出版。《存在與虛
無》的發表體現出沙特比同時代的任何人都更進一步地吸收了德國
哲學。自他在 1930 年代完成了那些基於胡塞爾哲學的文本以來，
沙特吸收了海德格的哲學，但並沒有止步於此。[13]《存在與虛無》不

---

11 為什麼沙特會從積極地抵抗轉向（純粹的）哲學？列維（Lévy）針對這個關
鍵時期的解說澄清了事實：參見 Lévy, *Adventures on the Freedom Road*, pp. 231-
238，以及 *Sartre*, pp. 289-294。

12 沙特於 1940 年 7 月在給西蒙・波娃的信中提到了《存在與虛無》的寫作（*Quiet
Moments in a War*, pp. 234, 235, 237），並於 1974 年聲稱他在靜坐戰時期和在
戰俘營中構思並動筆寫了《存在與虛無》（"Conversations with Sartre", pp. 156-
157）。

13 對於海德格的這種解讀，或者說帶有支持態度的再解讀，出現於 1938 至 1940
年。沙特在《戰時日記》（第 183-186 頁）中說，他是在發現了胡塞爾的「困境」
（即他的唯心主義和唯我論）之後才「轉向海德格」（第 184 頁），限於篇幅，
我沒有在注解部分系統地記錄下沙特對海德格的借鑑，但數量是相當可觀的，
讀一下海德格 1929 年的文本《什麼是形上學？》便知。對於沙特與海德格在哲
學上的差異，我只討論了《存在與虛無》對海德格的批評所蘊含的那些差異，其

再只是像科耶夫那樣提供某種創造性的注解；該書所確立的哲學立場雖然坦率承認自己在若干方面受惠於德國哲學，但又宣稱自己已經確定無疑地超越了它們：針對胡塞爾和海德格的那些最深刻的洞見，沙特批評二人沒有對它們做出正確的發揮，某些洞見本身就是錯誤的；而黑格爾的「透過歷史突破實現更高級合理性」的論點在這本書中也遭到了尖銳的挑戰。

《存在與虛無》中的哲學並不等於沙特的哲學，它只是沙特思想發展過程中的一個焦點，代表他圓滿完成了與胡塞爾、海德格和現象學運動之間的交流。就哲學成果而言，沙特在戰後發表了一些短文去重申並捍衛《存在與虛無》中的立場，他還寫下了大量未發表的文章去闡發它對於實踐哲學的意義，但隨著《辯證理性批判》（*Critique of Dialectical Reason*）第一卷（一部旨在根據一套全新

他的並未說明。簡單來說，沙特的哲學重複了大量的海德格式的主題，但在這個過程中，這些主題的意義總是會發生變化，甚至經常被推翻。沙特的挪用是有選擇性的，也進行過重要的刪減，最終形成了一個輪廓更清晰的哲學立場。與海德格的哲學關懷相比，沙特的哲學關懷相對明確，其根源在於兩者的後設哲學差異：針對傳統的哲學觀，海德格抱著破壞性的意圖，但沙特並沒有什麼要抱怨的。因此，每當沙特在海德格關於此在（Dasein）的論述中發現了某種結構，並且這種結構在他看來適合納入《存在與虛無》的體系時，他就會詢問：基於意識的視角，這個結構必須如何呈現？沙特繼而重新領會這種結構。由於海德格對此在的分析旨在消解那種胡塞爾式的以及更一般的現代哲學框架（在哲學中，modern 一詞一般指的是從笛卡兒到黑格爾的那段時期，在中文語境中對應於「近代」。這裡依然譯為「現代」，主要是考慮到作者在第 4 章還談到了「後現代」。——譯者注），所以沙特最後得到的要麼是一種不融貫的笛卡兒主義，要麼是一種革命性的、重生的笛卡兒主義；至於究竟是哪一個結果，這取決於人們如何評價沙特的成功。在沙特看來，海德格的洞見只被闡明了一部分，他的主張缺乏真實的、確定的意義，除非從意識和主觀性的角度對它們加以重述；而在海德格看來，沙特沒有認識到主觀性本身就是問題的一部分，而主觀性之所以會被人珍視，是因為人們沒能去追問大寫存在的意義，而這種盲目性正是有待克服的。有時，沙特對海德格的「主觀化」最終讓他回到了齊克果，《戰時日記》中 1939 年的條目（第 131-134 頁）就「虛無」這一主題表明了這一點。至於為什麼可以指責沙特嚴重誤讀了海德格（無論是好是壞），參見本書第 4 章。

的哲學範疇去重構馬克思主義的里程碑式的作品）於1960年出版，
沙特最終形成的哲學立場出乎了所有《存在與虛無》讀者的預料。
沙特的學院哲學作品和他在文學、文化與政治方面的作品，兩者之
間存在複雜的互動；而他後期的哲學作品究竟在多大程度上延續了
抑或拋棄了《存在與虛無》中的立場，這個問題仍處於爭議中。沙
特於1950年代頻繁且廣泛地介入政治，這直接推動他去建立一個
關於集體行動之條件的理論[14]，而我們也有理由宣稱《存在與虛無》
為《辯證理性批判》中的歷史哲學和集體存在（existence）預留了
空間，即便它並非絕對需要這些內容。因此，《存在與虛無》沒有
窮盡沙特的哲學旨趣，不過無可置疑的是，在沙特的全部作品當
中，這本書占據著獨特的中心地位。

* * *

較之於所有其他的思想家，沙特與「存在主義」這個術語的
連繫最為緊密，他至少於1945年就把它運用於自己的哲學。當人
們在廣泛的意義上使用這個術語時，存在主義指的是這樣一種思想

---

[14] 有必要說明一下「之」與「的」二字的使用。由於英文中的形容詞、所有格以
及 of 結構在翻譯中都有可能用到「的」，如果出現由這些結構疊加而成的複合
結構，中文翻譯中常常會相應出現「的」的堆砌。然而，如果沒有讀者所熟知的
固定表達，那麼這種堆砌就很容易因為層次不清而造成歧義，至少會給閱讀帶
來困難。為了規避這種現象，我們在翻譯過程中採取的一個辦法是酌情用「之」
替換「的」，讀者可以認為「之」所構成的短句要比「的」更加緊密（例如：
consciousness of the Other-as-subject 不會譯為「作為主體的他者的意識」，而
譯為「作為主體之他者的意識」）。當結構更加複雜時，我們會插入一些字眼或
替換掉「的」，讓語義層次更加清晰（例如：Sartre's theory of the consciousness
of the Other-as-subject 不會譯為「沙特的作為主體的他者的意識的理論」，而會
譯為「沙特關於作為主體之他者的意識而提出的理論」）。至於是否真的達到
了這個目標，還請讀者自行判斷。——譯者注

運動：已確立的價值以及與這些價值連繫在一起的世界圖像都要服從於激進的懷疑性重估，而個體只能把自己作爲最後的依靠，努力從不加任何掩飾的自我察覺中外推出一種規範性的態度，從而避免虛無主義。至於說存在主義在更嚴格的意義上究竟意味著什麼，它如何區別於康德的以及其他的現代倫理學體系，它作爲一個哲學範疇是否眞的有用，是不是更應該把它視爲一種晚期現代的情緒或心態（其重要性主要體現在文化上或美學上），這些都不是我們現在要討論的問題。爲了更好地理解《存在與虛無》，我們可以關注晚期現代哲學中的傳統或者說恆常主題，它斷言：存在或存在（existence）[15]的概念所引發的那些非常抽象的哲學問題與個體的實踐關懷或價值關懷之間有著直接而緊密的連繫。

我們應當如何去理解存在或存在（existence）？當個體試圖與至善達成確定無疑的積極連繫時，上面這個問題就很重要了。首先表明這一點的是弗里德里希·海因里希·雅可比（Friedrich Heinrich Jacobi），他是康德的同時代人和批評者，也對德國唯心

---

[15] 此處對於 being 與 existence 的翻譯有著明顯的弊端，因為畢竟沒有用中文區別兩者，但是這裡依然堅持這種譯法，理由如下：雖然一些學者（例如：王路）建議將 being 譯成「是者」，但是這沒辦法處理那些已成通例的譯名，譬如「存在與時間」（Being and Time）和「存在與虛無」（Being and Nothingness）；此外，似乎也有人將 existence 譯成「生存」或「實存」，但前者的問題在於我們很難把「生存」一詞用於非生物，而後者（這種譯法在《存在與虛無》中譯本〔陳宣良等譯，杜小真校，上海：三聯書店，2007 年。以下簡稱「中譯本」〕中偶爾可見，旨在區別於同一段落的 being；但在大多數情況下，中譯本未能很好地區分兩者）很難處理第 3 章中將會出現的「實在的存在」（real existence）。考慮到上述理由，我們最終採取一個非常笨拙的辦法：兩者都譯為「存在」，但其中用圓括號注明原文的「存在」均是 existence，而未注明的則為 being，當然，這些只適用於作為哲學概念的 being 與 existence。或許值得一提的是，如果從學理的角度出發，我們更傾向於將 being 譯為「是者」或「所是」，因為中文中的「存在」遮蔽了 being 的繫詞功能，而恰恰是 being 在邏輯判斷中的功能賦予了它以豐富的哲學意蘊；但身為譯者，我們不得不尊重某些已成通例的譯法，在此只能懇請讀者注意 being 與「存在」之間的意義距離。——譯者注

主義者[16]產生過巨大的影響。[17]他據理認爲：康德的哲學不過是再一次湮滅了個體的實在與自由，以及價值與知識二者的可能性，這種湮滅曾被斯賓諾莎的宏大體系推崇備至，雖然是以不同的形式。雅可比引入「虛無主義」（nihilism）一詞去指稱這場透過理智實施的大規模破壞活動。按照雅可比的觀點，斯賓諾莎與康德的錯誤並不是他們在建構哲學時沒有採用那種適用於概念活動的辯護方式，恰恰相反，二人的錯誤在於：他們一以貫之地運用那種用以探求哲學的邏輯，直到得出正確的，同時也是災難性的結論。既然如此，雅可比認爲我們應當從他們的這些企圖中得到教訓（按照雅可比的猜測，休謨先前已經領悟到這一點）：必須背棄哲學式的理性，至少要將它的合法性限制在一個非常狹小的範圍內。這就是說，我們必須否認哲學反思擁有普世的權威；而這種否認基於一個根本性的理由，即承認（雅可比承認我們爲此需要感謝康德）認知上的一切斷言——不管是關於上帝的，還是關於至善的，或是關於外部世界的——都有一個自成一體（sui generis）的、不可還原的、非概念性的基礎，此即對於**存在**的**感受**，或者說直接感受到的對於存在的直觀。我們沒辦法也不需要去論證存在的實在性，可如果沒有它，我們就會陷入虛無，而一旦有了它，我們就能回到一個充滿意義的世界，這個世界的基本特徵由基督教神學賦予，人類個體在此享有全部實在性、自由意志以及目的。

雖然雅可比並未躋身最偉大哲學家之列，但他的哲學著作以另一種方式獲得了成功：它設定了一系列待辦議題，而往後的新康德主義哲學家承認自己必須設法去處理它們。因此，雅可比的關切

---

16 現在一般將 German idealism 譯成「德國觀念論」，但在「觀念論」尚未成為 idealism 的通用譯法之前，此處姑且沿襲舊譯。——譯者注

17 雅可比的部分著作收錄於 *The Main Philosophical Writings and the Novel Allwill*。

在很大程度上支配著德國唯心主義者的那些體系，因爲後者力圖展示一種與雅可比針鋒相對的立場：雖然雅可比聲稱哲學事業注定給我們帶來虛無主義，但哲學體系不僅有可能避免，還有可能反過來否定虛無主義。雖然在此我們無法探討德國唯心主義者旨在實現這一計畫的不同方式，[18]但在德國唯心主義的發展過程中以及之後人們對它的接受過程中有一些值得一提的特別之處，因爲它們反映出《存在與虛無》中的沙特哲學所具有的歷史根基和哲學意義。

　　德國唯心主義內部的一切爭吵和分歧當中，謝林與費希特、黑格爾的爭論因與沙特相關而值得我們特別關注。在對他的哲學，也就是他所謂的「知識學」（Wissenschaftslehre）首次進行表述時，費希特從作爲個體自我意識的那個最最基本的「我」（I）出發，試圖以一種高度複雜的方式去詳細闡發一個無所不包的實在體系；他以此接受了雅可比的挑戰：去表明體系化的哲學何以能夠肯定個體的實在性與目的性。黑格爾的方式在結構上類似於費希特的方式：在他所謂的「邏輯學」（這一部分隸屬於他的整個體系，也就是《哲學科學百科全書》）當中，我們可以去思考那個最最基本的「存在」概念，並以此爲起點（經由它的辯證對立面，即「虛無」概念），實現對於實在的完整而理性的理解。針對此二者，謝林提出了同一種雅可比式的反對意見：就費希特而言，他對於「自我」的說明需要被添加上一種「自然哲學」，後者起源於那個先天地被給予我們的自然存在；就黑格爾而言，正因爲他的邏輯學被設計成一種自律的純概念結構，所以這種純粹「消極的」哲學完全無法把握現實的存在，而現實的存在絕不等於那個藉由概念去規劃與展望

7

---

18 針對雅可比以及康德之後的唯心主義的一份完整的說明，參見 Paul Franks, *All or Nothing*: *Systematicity, Transcendental Arguments, and Skepticism in University Press, German Idealism* (Cambridge, Mass: Harvard 2005)。

的、純屬假設的存在。

　　雖然自我與概念兩者各自的（但又彼此相關的）自律性是得到公認的，謝林卻對此進行了抨擊，這種抨擊在整個19世紀哲學中發展擴散；一個重要的例子（沙特知道並在《存在與虛無》中響應了這個例子）便是叔本華，他認爲有意識的反思主體對立於一種異己的、充滿敵意的實在，在這種構想的背後便可以發現謝林的身影。但對於理解《存在與虛無》來說，最重要的還是齊克果在《結論性的非科學附錄》（*Concluding Unscientific Postscript*, 1846）中對謝林的反黑格爾主義的重複。齊克果在這本書的開篇即明確提及雅可比，而且正如雅可比認爲我們應當回到正統的基督教教義，齊克果最終的目的也是在讀者當中形成一種宗教意識，不過這種意識較之於前者更成問題，承擔著更多的焦慮。爲了實現這一目的，齊克果所採用的哲學策略（我們要知道的是，他不是在提供一個新的體系；和雅可比一樣，他是在幫助我們再度逃離那間令人窒息的監牢：哲學的體系化）訴諸於他所謂的「主觀性」。他從正反兩個方面來定義「主觀性的眞理」：擁護黑格爾主義的同時代人教導我們要心滿意足地沉思理性在人類歷史中的進步，但「主觀性的眞理」與這種黑格爾主義的「客觀性」全然對立，是爲反面；而個體的任務是在一種更高程度的、充滿激情的「內在性」狀態中將自己的存在（existence）與永恆眞理關聯起來，是爲正面。在將存在（existence）的概念運用於人類個體時，齊克果把它改造成一個全新的哲學範疇，而如果我們正確地，亦即主觀地去把握由這個範疇所標示的存在（existence），存在（existence）就會將自身揭示爲無限的活動與努力，並在其中表達自身。[19]

8

---

[19]《結論性的非科學附錄》簡明扼要地陳述了這一觀念：參見 *Concluding*

　　沙特對這段哲學史究竟了解多少？他的了解 —— 無論是一手的還是間接的 —— 又有多深？這些問題很難斷定。[20]不過清楚的是（我們會在適當的時候看到），在由適才概述的那些爭論與立場所形成的脈絡中，沙特的哲學以一種系統性的方式牢牢占據著自己的位置[21]：先前提到，沙特的起點是胡塞爾的哲學藍圖，後者基於內在的視角去解釋意識，旨在表明何種結構奠定了意識對於對象的意向指向性以及意識如何獲得外部世界中的目標；但我們會在下一章中看到，在 1930 年代，沙特遍歷了並在很大程度上走出了胡塞爾的哲學框架，而在《存在與虛無》中，沙特完全埋首於由雅可比設定的那些待辦議題。提前預告，我們會在沙特那裡看到：他沒有照搬哲學史中任何早先的立場，而是提供了某種具有迷人原創性的東西 —— 它以某種複雜的、修正性的方式重申了雅可比與謝林的論題，即存在的優先性；這其中又囊括了齊克果的反黑格爾主義，後者要求哲學去表述主觀性的真理。但與雅可比和齊克果都不一樣，沙特以一種全然體系化的哲學形式表述自己的立場，這種形式與費

Unscientific Postscript, pp. 84-86。齊克果認為「我」的本性是實踐的，是由任務塑造的；他的這一論點可以追溯到費希特。

20　至少清楚的是，沙特知道齊克果，因為根據 1939 年《戰時日記》（第 120、124、133-134、139 頁）中的紀錄可知，沙特反思了齊克果的《恐懼的概念》（*The Concept of Dread*）和華爾 1938 年對齊克果的研究。沙特關於齊克果的論文〈齊克果與獨一之普遍〉（"Kierkegaard and the singular universal"）雖然完成於 1966 年，但精確地說明了《存在與虛無》如何能夠被視為齊克果哲學的重演。

21　本文在概述沙特的哲學先輩時，沒提到一位重要的歷史人物，但沙特又經常與他連繫在一起：此人便是尼采。二人的立場有一定的重合 —— 他們對上帝之死的重要性和自我責任的重負有著類似的觀點，沙特的絕對自由觀也與尼采用以肯定生命的永恆輪迴理想走到了一起（參看第 35 節）—— 但他們對於自然主義、哲學理性的範圍和體系哲學的可能性抱著非常不同的態度。尤其需要注意的是，一般認為尼采結合了（不管這是否確實是他的觀點）道德主觀主義和自我創造論，但我們不要用相同的方式去理解沙特。針對沙特與尼采之間的關聯，列維提供了一份公正的評估：參見 Lévy, *Sartre*, pp. 127-133。

希特所構想的以「自我」為基礎的知識學非常相似。[22]此外，雖然
宗教意識響亮而清晰地迴盪在沙特的哲學中（一位與沙特一道被關
押在德國戰俘營的牧師曾這樣描述沙特：「一種不同於任何人的存
在，一位先知」[23]），但它的神學層面毫無疑問是消極的：按照沙特
的觀點，無神論是人實現其正確目的的必要條件。

9

---

22 針對費希特與沙特之間的關聯，布雷齊爾（Breazeale）提供了一份富於啟發性
　的研究：參見 Daniel Breazeale, Vom Idealismus zum Existenzialismus Direttissima:
　Fichte/Sartre', in *Fichte-Studien* 22, 2003, 171-192。

23 引自 Cohen-Solal, *Sartre*, p. 154。

2 主題概述

《存在與虛無》長達八百多頁，涉及的話題數量龐大、類型廣泛：時間的結構，有物存在（exist）的事實，自我意識，對他人之心的認識，人類性生活的動態，以及個性的概念。不過，沙特旨在讓《存在與虛無》構成一個整體，從而系統地回答一切哲學問題（除了倫理學，沙特在之後的一部作品中才去處理這個領域）。而那個將《存在與虛無》中的體系統一起來的主題已是眾所周知：此即人的自由；它是整本書的中心焦點，而書中關於時間、自我意識、性愛等各種理論都是以它為基礎，並參照它建立起來的。至於說沙特所理解的自由究竟是什麼，這個問題需要留到後面去探討；但為了更順利地進入《存在與虛無》的文本，我們多少需要先了解一下沙特何以認為關於人之自由的議題必須交由哲學去處理。在本章中，我將嘗試從三個不同的角度去說明《存在與虛無》的策略基礎。

1. 沙特早期著作中的主題

雖然根據上一章的內容可知，沙特的哲學履歷並非始於自由問題，但我們如果考察一下他最早出版的那些哲學作品，就更容易理解自由為什麼以及如何一步步走到了哲學舞臺的中心。我會從其中幾部作品開始討論。誠然，《存在與虛無》並不要求讀者事先接觸過沙特的早期作品，這些作品中的一些主導性觀念還原封不動地重現於《存在與虛無》；但是，對沙特早期著作的閱讀能夠幫助我們進入《存在與虛無》的哲學視角；何況這些作品篇幅不大，哲學上

的難度也不高（因爲處理的都是諸如自我、情緒和想像這種爲人所熟知的話題），所以就更值得我們以它們爲路徑。（沙特於 1939 至 1940 年的筆記——不久之後他就開始動筆寫《存在與虛無》——也能夠爲我們引介沙特所關注的哲學問題，雖然是非正式的引介；這些筆記在沙特去世後以《戰時日記》（*War Diaries*）的名義出版。）

就理解《存在與虛無》而言，沙特早期最重要的文本無疑是〈自我的超越性〉（*The Transcendence of the Ego*, 1936）。這篇論文始於質疑胡塞爾先驗現象學中的一個相當技術性的細節，只有接受了胡塞爾方案的那些人才會對這個細節感興趣；但在這個基礎上，沙特所展現的人類主體形上學卻擁有澈澈底底的原創性，令人耳目一新：它與我們對於人格同一性的常規構想截然不同。

沙特質疑的是胡塞爾的下述主張：胡塞爾設定了「先驗自我」（transcendental ego）[1]，並將其作爲我們與對象的一切意向性關聯的源頭和依據。就正統的先驗理論來說，胡塞爾的觀點似乎是無害的，也享有康德的明確支持：它似乎只是說，因爲我的一切意識狀態都必定有可能被（我）認爲是屬於我的，因此，那個我們透過胡塞爾式的還原而抵達的意識領域必定會被認爲是由一個非經驗的，

1　這裡涉及二個在中文中並未得到很好區別的概念：self 與 ego。兩者一般都譯成「自我」，但它們之間有著一個最基本的區別：self 擁有反身意義，因此可以衍生出各種表示反身關係的代名詞或名詞，而 ego 並無這種意義，它更多表示作爲一種心理實體或心理功能的「我」。誠然，當反身關係指向的是 ego 時，self 與 ego 似乎可以換用，作者偶爾也將兩者等同起來使用；但在其他情況下，兩者則不可換用，例如：自我意識（self-consciousness）通常並不是對自我（ego）的意識，而是意識對自身的意識。爲了澄清這種誤解，現在已有將 self 直接譯成「自身」的趨勢。這裡姑且沿用舊譯，但將 self 的一切衍生詞都譯爲「自身」或帶有「自身」的詞，並用圓括號注明所有的 ego（除了「自我的超越性」中的 ego 無須再度注明）。——譯者注

因而是先驗的主體所「擁有」。

令沙特不滿的是下面這番觀察：當康德關於「我認爲」（I think）[2]（「先驗統覺的統一性」）的論點被移植到現象學當中以後，先驗主體的地位就發生了重要的改變。根據沙特的解讀，雖然康德論述了經驗和知識的「可能性條件」，但這並不牽涉到存在性（existential）斷言：它們純粹是合法的（de jure），而非實際的（de facto）條件。[3]然而，康德的上述論點在經過胡塞爾**現象學**的重述之後反倒認爲「先驗主體」擁有了實在性，而沙特則據理反對這一點。

現象學是一種描述性科學，它所描述的是本身作爲被給予之物（given）[4]而被給予（純粹）意識的一切。那麼問題在於：先驗自我（ego）是否符合這個條件？無可爭辯的是，我的存在（existence）

2　即「我思」。這裡譯為「我認為」，一方面為與「我認為這些意識狀態是屬於我的」中的「I think」保持統一，另一方面為與拉丁文的 Cogito 保持區別。——譯者注

3　《自我的超越性》（*The Transcendence of the Ego*），pp. 2-3。沙特煞費苦心地強調他沒有與康德爭論，甚至宣稱自己「樂於相信某種實施構成作用的意識的存在」（第 4 頁）。這有些誤導，因為聽上去好像沙特接受了先驗唯心論，但事實上，沙特（很快就）否認了對象一般是由主體構成的；沙特真的只是為了便於討論而暫時接受了康德唯心主義中的主體。值得注意的是（因為這個問題也與《存在與虛無》有關，而且不只是語詞上的），沙特在此表明他所理解的「先驗」概念與唯心主義完全無涉，但同時又保留了「先於物質世界」的想法：先驗之物指的是那些在主觀性尚未浸沒於和牽涉到（或者說，尚且獨立於和脫離於）現實的具體世界時與主觀性相關的一切，換言之，它指的是與純粹形式的主觀性層面相關的一切。之後我將回到這一點。

4　作者有時會將形容詞直接用作名詞（例如：此處的 given），其中有些還是沙特的術語（例如：the practico-inert）。雖然中文也可以將「××的」用作名詞，但這很容易與形容詞相混淆，如若再涉及所有格就更麻煩了。對於此類結構，我們將統一譯為「××之物」，只是請讀者注意：這裡的「物」並不一定等同於「實在的物」；我們不妨將之設想為一個集合，一切具備 ×× 特性的東西都在該集合以內，不管它是不是我們通常認為的「物」。——譯者注

作爲一種經驗性的心理—物理存在物（entity）[5]被給予我；被給予我的還有：如果我去反思我的意識狀態，那麼我認爲這些狀態是屬於我的（按照康德的斷言，如果經驗知識是可能的，這第二種被給予之物從合法性的角度來說就是必要的）。然而，這兩種材料都不蘊含先驗自我（ego），原因在於：首先，經驗自我當然不同於任何先驗自我，前者也不是後者的充分條件；其次，在沙特看來，基於先驗自我（ego）的解釋實屬畫蛇添足，更關鍵的是，它事實上讓自我意識變得不可理解了。

爲了支持先驗主體，胡塞爾求助於一些標準的康德式的觀點，這些觀點圍繞著下述思路展開：意識的統一性依賴於綜合，而又需要某種東西去充當這些綜合行爲的主體項。但沙特據理反對這種論證：(1) 可以認爲意識的統一性源自對象的統一性；譬如，這支筆的統一性提供了我對於這支筆的各種感知經驗的統一性。既然現象學已經宣稱意識爲意向性所定義，而意向性又具有趨向於對象的超越性，那麼意識對象就可以用作解釋手段，從而取代先驗自我；(2) 無須解釋意識在時間中的統一性（它的「綿延」），因爲我們可以在原初的意義上將意識設想成（胡塞爾本人在他關於內時間意識的作品中表明這種理解是可行的）一種在時間中延伸著的而非瞬間的結構。[6]綜上，先驗的「我」（I）是**冗餘的**。

進一步而言，先驗的「我」與自我意識是**不相容的**：「如果它存在（exist），它就會把意識與其自身粗暴地隔開，就會把意識分開，像一把不透明的刀片一樣切進每個意識。先驗的我是意識的死

---

[5]　entity 一般譯爲「實體」，但這種翻譯易與 substance 混淆。事實上，entity 無論是詞源上還是語義上都與 being 更接近，所以我們一律用「存在物」翻譯 entity。雖然這種譯法可能會混淆 entity 與 existent，但由於後者須用圓括號注明原文，所以應該不會有實際的危險。——譯者注

[6]　《自我的超越性》，pp. 6-7。

亡。」[7]爲了解釋這些隱喻，沙特論證道：我們沒有在「一階的」或「非反思的」意識（例如：對於桌子上這支筆的意識）中遭遇某個「我」，這是一個現象學事實；[8]我們也不**可能**做到這一點，因爲這裡沒有供某個「我」占據的空間。此處的關鍵在於，要讓胡塞爾的論述成立，需要滿足兩個條件：那個「我」首先不能是意識的**對象**，因爲這樣一來它就是**外部的**了，但它又需要成爲「某種**有待意**識的東西」（比如說，它不僅僅是意識的「性質」）。爲了內在於意識，那個「我」就需要**居於**意識。但是意識的意向性關係必然是透明的、澄澈的，這種特徵是與居於意識的「我」不相容的──所以在沙特的描述中，那個「我」凍結了、黯淡了意識，摧毀了它的自發性，讓它變得不透明並且「**有了分量**」。[9]沙特之後又加上了一個論證：如果某個「我」在非反思的層面上在場，那麼它與反思意識中的「我」之間的同一性，抑或兩者之間的交流是不可能被領會的：「我」的數量增加了，可是這些「我」之間的關聯是沒辦法被釐清的。[10]

12

---

7 《自我的超越性》，p. 7。

8 沙特在《自我的超越性》第 7 頁中還認爲（他之前在《想像》第 115 頁中已經陳述過這個觀點）這樣的意識同時也是**對自身的意識**，但他當時並沒有給出論證，而是之後在《存在與虛無》中才給出論證（參見下一章第 3 節）。也請注意：沙特斷言對於對象的前反思意識並不帶有「我」；但反對意見認爲，既然對前反思意識的查詢會用到反思，繼而向我們展示出某個「我」，那經驗就不能確證沙特的斷言；針對這種反對意見，沙特在《自我的超越性》第 11-13 頁給出了駁論。

9 《自我的超越性》，pp. 8-9。這讓沙特在極少數情況下全然拒絕「主體」一詞；但在更多情況下，沙特仍然談論主體和主觀性，但他只把它們理解成意識：這「不再是康德意義上的主體，而是主觀性本身」（《存在與虛無》，xxxiii/24），「主觀性不在意識**之內**，它**就是**意識」（"An interview with Jean-Paul Sartre", 1975, p. 11）。

10 《自我的超越性》，p. 15。注意：如果後一個論證確實獨立於前一個論證，那麼胡塞爾的先驗的「我」就理應能夠**解釋**那種我把我自身既當作主體又當作對象的可能性，但或可懷疑胡塞爾並沒有打算讓它承擔這樣的功能。不過，沙特十

可是，如果沒有先驗的我，沙特指望什麼去解釋自我意識在上述第二種材料中所體現出的實在的存在（existence），也就是每當我在反思我的意識狀態時某個「我」的現實而必然的在場？更令人擔憂的是，沙特的論證似乎走得太遠了：如果自我意識是對於自我的意識，而如果自我既不能成為我的意識對象也不能居於我的意識，那麼自我意識就是不可能的了；在這種情況下，「我認為」似乎也是不可能的了──但事情顯然並非如此。

沙特的回答是，在反思和某個「我」之間當然有著必然的關聯，但在說明這些材料時，我們可以設想：(1) 反思行為**創造出**「我」，並將「我」**放進**或插入非反思的領域（胡塞爾也無從反駁這一點，因為他本人論證過：反思會重構它所指向的意識）；(2) 我們應當這樣去分析那個「我」：「它與那個具體的、心理物理的客我（me）之間的關係，正如點與三度空間之間的關係：它是無限縮小的客我。」[11] 這裡的第二個論點在沒有訴諸先驗自我（ego）的情況下解釋了：為什麼必須認為「我」具備存在上的（existential）意義？以及，為什麼這並不等於認為任何對象都擁有屬於具體的心理物理存在物的那些屬性？下述觀察還可以為這些解釋提供額外的支持：我們憑藉「我」的概念而思考的**內容**和我們在思考它時所基於的**基礎**，兩者之間是不匹配的：「我」的觀念所牽涉到的是某種永久的東西，這種永久性不僅超越於當下懷有這種觀念的意識，事實上超越於「所有的意識」。由於這種不會消亡的東西所擁有的內容並不是被給予的，而「需要被展開」，所以用沙特的話來說，就「存在（existence）類型」而言，它「更接近於永恆真理，而非意

分正確地指出：處於主客雙重偽裝之下自我同一性是胡塞爾的模型所蘊含的被解釋項（explanandum），但它並沒有提示任何明顯的解釋項（explanan）。

[11]《自我的超越性》，p. 8。

識」。[12]如果關於「我」的形上學與關於「我」的認識論之間有著 13
如此醒目的距離，那麼就那個「我」的本性來說，我們就不能做出
確定的斷言，而是應該把它當作一個成問題的，在哲學上不可靠的
東西。[13]

在《自我的超越性》中，沙特思想中的某些重要部分尚未得
到發展。譬如，「我」**指向**某個具體的存在物，但並不**作為**那個具
體的存在物，這個觀點雖然有吸引力，但也令人困惑：那種構成著
「我」的特定呈現模式從何而來？而且究竟爲什麼要有某個「我」
出現於反思的場合？《存在與虛無》將會填補上這些空缺，不過目
前的成就已然相當可觀：沙特表述了一種可能性，即先驗的意識領
域「不帶有某個我」，但它使得「我」成爲可能；沙特也表明這種
形上學比胡塞爾的形上學具備更多的優勢。

然而，《自我的超越性》中的立場有兩個主要的問題。第一個
問題涉及無人格意識領域的個體化，它恐怕會把我們帶回到胡塞爾
的立場。沙特或許已經表明先驗的「我」無法解釋什麼賦予了意識
領域以同一性，而他自己的模型能夠爲自我意識提供一個更好的解
釋；可是，這個模型仍然預設了一個**特定的**意識領域；雖然沙特已
經表明我們爲什麼不應認爲這個領域以某個「我」爲特徵，所以它
的個體化並非以人格爲依據，但即便如此，必定還是有著**某個**諸如
此類的依據。在《自我的超越性》中，沙特並未言明這是什麼：他
承認意識可被視爲某種「綜合的、個體性的總體」，但他評論說意
識的個體性源自它自己的本性，所以不認爲這會引起什麼問題。[14]

---

12 《自我的超越性》，pp. 14-15。

13 《自我的超越性》，p. 15。康德的《純粹理性批判》中關於「純粹理性的謬誤推
理」的內容包含了對沙特此處的主張提供支持的論證過程。

14 《自我的超越性》，p. 7。

　　第二個問題與第一個問題相關：沙特認為我們不能根據某種常規的同一性判斷去理解反思，儘管我們同意這一點，但沙特似乎錯失了包含在反思當中的**某種**反身性因素。沙特說：「當我在執行我思時，我的正在進行反思的意識並沒有將自身作為對象。」它所斷定的東西涉及被反思的意識。[15]但這似乎只是其中的一部分；反思所**明確地**（用沙特的話來說：「正題地」）斷定的東西只涉及被反思的意識，但反思同樣**暗中地**斷定了某種涉及自身的東西，此即它和被反思的意識**屬於同一個主體**。如果反思沒有把自身把握為與被反思的意識「屬於同一個主體」，那麼透過對我的意識進行反思而呈現給我的精神之流就和外部世界一樣是異己的了。[16]這種暗含在反思行為中的領會至少**部分地**實現了反身性，而沙特在《自我的超越性》中給出的極其精簡的論述卻沒有把握住這一點。

　　在《存在與虛無》中，我們發現沙特修正了《自我的超越性》中的論述，這些修正克服了上述侷限，同時對胡塞爾做了一定的讓步。沙特在《自我的超越性》中批評胡塞爾時，很典型地忽視了胡塞爾在主張先驗的「我」時所抱有的哲學意圖，我們有理由說他誤解了這些意圖：沙特僅僅表明先驗的「我」不能基於**有限的**現象學依據而得到辯護，但並未表明它不能基於更寬泛的先驗依據而成為實際的，不只是合法的存在物。在《存在與虛無》中，沙特將會引入一個結構，它儘管區別於胡塞爾的先驗的「我」，但擁有非常類似的理論地位。

　　沙特對胡塞爾的詮釋固然有種種侷限，不過幸運的是，它們不會干擾到沙特在《自我的超越性》中真正的哲學目的，因為他在

---

15 《自我的超越性》，p. 10。
16 沙特注意到了相關的材料，即自我（ego）「作為親密之物而被給予」的事實，但他並未對此加以論述。

這篇論文中真正關心的是那種內置於**自然的**意識之中的自我觀。[17] 我們自然地秉持著有神論式的自我觀，但沙特對胡塞爾的先驗的「我」做了刪減，此舉的意義在於建立了一種關於意識的無神論。[18]用一些固然不夠明確的術語來說，我們總是覺得自我是某種實體性的東西，位於我們意識之流的**背後**並**支撐著**意識之流，我們多變的精神生活貯藏在其中並**從**其中流淌出來（被沙特歸於胡塞爾名下的自我觀之所以重要，是因為它有能力在哲學上表述這種關於人格實在性的常識信念），而沙特想要瓦解掉這種根深蒂固的感覺。以上才是《自我的超越性》的關鍵，這生動地體現在沙特下面這番論述中：如果意識在先驗的層面上是無人格的，那麼我們就要拋棄我們常規採納的，以及被諸如拉·羅什富科（La Rochefoucauld）這樣的道德家詳細闡述過的觀念——在人類心理中的一個絕對基本的、**自然的**水準上有著某種自我關注的，或者說以自我為中心的（egoistic）動力。[19]我們必須重新思考人格同一性的整個結構。

15

　　常識性的心理學解釋顯示出如以下模式：針對一系列帶有一定特徵與內容的非反思意識（例如：針對某個特定的人的帶有特定性質的感受），我們在反思中發現某些心理因素（例如：愛意或恨意）被呈現給我們自己；我們覺得這些因素以一種和物理上的力類似的方式奠定了那一系列意識，並透過這些意識顯現自身。沙特將

---

[17] 因此，沙特的攻擊目標涵蓋了各種為人所熟知的人格觀，包括 P.F. 斯特勞森（P. F. Strawson）在《個體：論描述性形上學》（*Individuals: An Essay in Descriptive Metaphysics*, London: Methuen, 1959）第 3 章中所捍衛的那個影響深遠的著名觀點。

[18] 沙特在《自我的超越性》第 37 頁注意到：對「我」的信念與對上帝的信念是類似的。

[19] 《自我的超越性》，pp. 17-20。

這些心理因素稱爲「狀態」，並且指出：透過何種方式可以設想這些狀態不等同於那一系列瞬間的意識，而是「**在其中並由其**」所給予，它們具備一定程度的永久性，繼而超出了那些意識。這樣一來，我就可以認爲我今天感受到的愛與我昨天感受到的愛是**同一種**愛，就有點像我能夠重新經驗某個物理對象一樣。[20]根據常識性的心理學，信念和欲望也符合這種模式。此外，狀態反過來（但不一定非要如此）又被歸因於沙特所謂的「性質」，這些性質奠定了一個人的氣質，氣質在活躍時就會導致狀態與行動。

這個模型的力量在於，它允許我們用大家所熟知的因果敘事形態來構造心理學解釋：在這套敘事的開頭，由各種性質作爲基底，我們認爲它們構成了一個人的性格，而我們的反應（崇敬、厭惡等）也指向它們。可是，如果被反思的「我」並不指涉任何位於意識內部的東西，那就沒有什麼能夠擁有我們的狀態與性質，或者說沒有什麼能夠爲我們的狀態與性質提供一個內在的主體。就此得出：必須將我們的狀態和性質視爲意識的**超越產物**，它們所組成的「我」或自我（ego）或人格都是**在世界那裡**暴露於我的意識，而不是在我的意識之內或背後——這個結論符合並續寫了沙特被反思的「我」已經給出的敘事。

在沙特給出的完整描繪中，這種存在物的構成如下：自我（ego）或人格是反思意識的超越對象，由狀態與行動的綜合統一性組成，並受到性質的媒介。這種心內的（psychic）[21]（而非心理物

---

20 《自我的超越性》，pp. 21-26。

21 無論是在《自我的超越性》中譯本（杜小真譯，北京：商務印書館，2010 年）中還是《存在與虛無》中譯本中，譯者都將 psychic 翻譯成「心理的」。但這種譯法顯然將 psychic 與 psychological 混淆，尤其是，既然沙特明確區別了這兩個術語，上述譯法顯然是不合適的。因此，我們將前者譯爲「心內的」（並將對應的名詞譯爲「內心」），後者譯爲「心理的」或「心理學的」。——譯者注

理的）對象有兩副「面孔」：一方面，它作爲「我」（以主格）出現，此時是主動的；另一方面，它作爲「我」（"me"）（以受格）出現，此時是被動的或者說是能夠被影響的。[22]

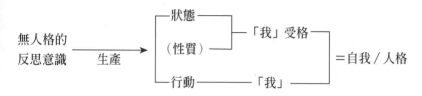

意識的內在統一性：　　超越的統一性與綜合的對象（「心內之物」）：

無人格的反思意識 →（生產）→ 狀態（性質）行動 —「我」受格 —「我」＝自我／人格

常識以及心理學學科完全弄錯了箭頭的指向：它們認爲箭頭只表達了認識關係，也就是說，正是**經由**意識，我**認識**到我的狀態和性質，而**生產**關係卻是沿著相反的方向，從右到左進行的。常識告訴我們：因爲我的狀態和性質，我的意識才如其所是；是我的愛與恨**讓我感受到**了我所感受到的。而沙特則將一種形上學上的錯覺明確歸咎於常識，並清楚地表明自己所提出的那種全新的自我形上學爲何重要：

（自我〔ego〕）是統一性的準核心，而意識在構成它時彷彿沿著與真實的生產過程**完全相反的方向**進行：**真正在先的是意識**，透過意識構成了狀態，再透過狀態構成了自我（ego）。但是，由於次序被顛倒了（……）意識在被給予的時候彷彿從狀態中流溢出來，而狀態則由自我（ego）生產出來。結果就是，意識將它自己的自發性投射到作爲對象的自我（ego）上，從而賦予了後者以創造

---

[22]《自我的超越性》，pp. 20-28。

性的力量（……）這完完全全就像是：意識在構成自我
（ego）時讓後者虛假地表象了意識自身；意識在這種由它
構成的自我（ego）面前將意識自身催眠了，被吸收進了自
我（ego）；意識把自我（ego）變成了它的守衛、它的法
律。[23]

因此，顛倒箭頭的指向並不是一個偶然的錯誤：自我（ego）
應當去承擔那份虛假的意義（即它是意識的源泉），這屬於自我
（ego）的本性，意識就是這麼構成它的。[24]可是為什麼意識要構造
一個錯誤地表象兩者之間關係的對象呢？這一部分敘事又要留待
《存在與虛無》補充完整，不過沙特在《自我的超越性》的結尾處
作了一番猜想：意識逃離並尋求遮掩它自己的「駭人的自發性」、
「可能性的暈眩」以及「令人暈眩的自由」。[25]這從動力上解釋了
我們對於自我（ego）的信念，從而免於把它僅僅當作一種錯誤的
理論假設。[26]

為了支撐自己對人格本體論所做的革命性再闡釋[27]，沙特強調
了意識與狀態在認識論上的缺口：被給予的意識從未**迫使**我在理性
上將某種狀態歸於我自身（要由我來決定把什麼樣的意義歸於我的
感受）；我從非反思的意識材料走向被反思意識的每一步都不是由

---

23 《自我的超越性》，pp. 34-35, 48。

24 也可參見 *Imagination*, pp. 4-5；沙特在此將那種錯誤的關於想像的形上學——關
於影像的「樸素本體論」和「物性的觀點」——稱為「常人的形上學」。

25 《自我的超越性》，pp. 46-48。

26 但這種解釋無論如何都是站不住腳的，因為這種實體化並沒有解釋任何東西
（《自我的超越性》，pp. 31-32）。

27 列維很好地說明了《自我的超越性》所蘊含的顛覆意義：參見 *Sartre*, pp. 186-
190。

那些材料推動的。[28]《存在與虛無》中將會論證，對**承諾**的履行讓我跨越了意識與狀態之間的缺口；該書還會詳細地說明：在將狀態歸於自身以及做出自我認識方面的斷言時，我如何背上了一筆本體論上的債務，而我未來的意識或行為可能會但也可能不會償還這筆債。

有人或許會說，沙特的論證並沒有免除下述可能：如果我的各種意識並非奠基於先驗的「我」或實體性的人格態，那它們就奠基於無人格的**非意識性**事態，其中最顯然的就是神經的狀態。這就導向了關於《自我的超越性》的最後一點評論，它為《存在與虛無》中的相關論證做了鋪墊。

尚不清楚的是，我們如何能夠期待《自我的超越性》中針對自我的立場會幫助發展一種關於人類自由的理論？如果沒有先驗的「我」，如果人的人格性是意識的產物而非意識的依據，那麼我們平常抱有的那種將我們自身視為施動者的觀點似乎就被推翻了。[29]的確，如果意識領域在先驗的層面上是無人格的，那麼就此看來，斯賓諾莎立刻就得到了辯護，人格不過是無人格實體的種種樣態，而當我們覺得自己是獨自持存的存在物（existent）時，這種感覺就是個錯覺。[30]但是沙特表明他有理由堅信通往斯賓諾莎主義的大門並沒有被打開。《自我的超越性》通篇穿插著一些評論，雖然這些評論對這本書中的論證來說只是附帶的，但它們預告了《存在與虛無》中的論證；大意是：意識是「非**實體性**的絕對」、「自律的」、「不需要被完成的總體」，像斯賓諾莎筆下的實體那

18

---

28 《自我的超越性》，pp. 23-24。

29 當沙特表明「純反思」需要消除那些帶有「我」的觀念時（《自我的超越性》，pp. 41-42），就出現了上述結果。所以問題在於這樣的意識能否繼續支撐著行動，因為如果它不能，它似乎就會喪失它的自由。

30 沙特承認「無人格的意識」的吸引力：參見《自我的超越性》，p. 46。

樣對自身進行限定，「其自身的原因」，由「決定讓自身去存在
（exist）」的那些「純粹的自發性」所構成的**絕對**存在（existence）
領域，「出自虛無的創造」。[31]沙特既沒有解釋這些評論，也沒有
爲它們提供辯護，而且不知爲何，沙特似乎把它們當成一些已經得
到胡塞爾擔保的基本的現象學原則。無論這是否準確，沙特確實再
度借用現象學的平臺去明確闡述他自己的形上學，而在《存在與虛
無》中，他將澄清、完善並試圖合理化他的主張：意識是一種自律
的總體。

在發表於 1939 年的《情緒理論初探》中，沙特推進了《自
我的超越性》中的修正性方案，而且是沿著一條明顯更具道德色
彩的方向。（沙特於 1937 至 1938 年寫下了一份以「內心」〔La
Psyché〕爲題的長篇手稿，《初探》組成了其中的一部分；但這份
手稿隨後被沙特拋棄，看來已經佚失了。[32]）

從之後《存在與虛無》的視角來看，很容易理解爲什麼「情緒」
這個話題會吸引沙特的注意。根據常識中的構想，情緒是一種像力
一般的狀態：(1) 它居於意識，爲意識著色，有能力遮蔽意識；(2)
它是我們所遭受的，或者說它是我們被動地經歷的；(3) 它一向與
身體狀況和生理狀況相關聯，與人類的動物性相關聯；(4) 典型的
情緒往往增加判斷與行動中的不理性；(5) 對自由與責任的範圍做
出潛在的限制（比如司法中就有「激情罪犯」的概念）。就所有這
些（相互關聯的）方面來看，情緒的存在（existence）似乎在阻止
人們去構想絕對自由的人類主體，而沙特恰恰要在《存在與虛無》
中捍衛這種構想，《初探》則是旨在應對這種挑戰的一份預備性的

---

31 《自我的超越性》，pp. 7, 8, 19, 35, 45, 46。
32 參見 *War Diaries*, pp. 184, 209。

嘗試。

　　根據沙特的論證，情緒不是生理事件在意識層面上的產物或相關項，也不是一種行為機制，而是一種特殊模式的對象意識，在這種意識中，個體與世界，抑或世界的一部分被領會為擁有某一種類的性質。這類性質與對象在我們非情緒性的常規實踐活動中所展現出的那些性質是連續的：某人是「需要被幫助的」，電車是「需要被趕上的」，火是「需要被點著的」，諸如此類。[33]而沙特認為，將情緒性質區分出來的是一種特殊的目的性，這種目的性暴露出：(1) 想像的貢獻；(2) 對於實踐視角的主動懸置或拋棄。每一類的情緒都由它所賦予對象的一系列具體性質所定義，而沙特又分析了諸如欣喜、憂鬱、害怕、沮喪這樣的情緒如何以特定的形式將世界組織起來並賦予世界以特定的意義，這種組織與意義重新表象了世界，此時世界就**不再**施加某種會給主體造成某種困難的實踐要求，主體由此被免除了行動的重負。[34]情緒中的想像還伴隨著一種**信念**，即相信世界在想像中獲得的那些性質是實在的，因此這種想像就超出了它在（比如）虛構語境內通常承擔的功能。[35]但是根據

19

---

[33] 《自我的超越性》，pp. 13, 41，以及 *Sketch for a Theory of the Emotions*, pp. 61-63。

[34] 沙特給出的最具說服力的例子是關於憂鬱的。在這個例子中，他說「我把世界變成了一種不帶情感色彩的實在，一個在情感上完全穩定的系統（……），換句話說，我既缺乏能力又缺乏意志去完成我先前的謀劃，以至於我是以一種『宇宙不再對我提出更多要求』的方式去行動」（*Sketch for a Theory of the Emotions*, p. 69）。

[35] 參見 *Sketch for a Theory of the Emotions*, pp. 75-80。這背後潛藏著沙特所謂的「對於魔法的信念」：參見第 63、66、72 頁。「魔法」概念在沙特的作品中無處不在，它既以積極的也以消極的面目出現：有時，例如在這兒，沙特批評意識的種種形式是帶有魔法的；但是在其他場合，沙特又把魔法特性用於正確的解釋當中。沙特的根本觀點是，**在某種意義上**，魔法是「真實的」：如果魔法是意識的一種能力，供它在獨立於物理因果媒介的情況下按照自己的選擇去規定實在，那麼在反自然主義的意義上，沙特相信它是真實的。正因為這樣，意識才有可能「濫用」它的「魔力」，例如：它在情緒中便是如此。

沙特的論述，既然想像性意識一般會意識到自身是想像性的——要想獲得對非實在對象的意識，就只有**逆著**實在去設定對象[36]——情緒中的那種帶有目的的「對世界的轉變」就伴隨著自我認識並受到自我認識的擔保。因此，情緒即便不是自我欺騙的一個例子，也非常接近於自我欺騙。

我們可以懷疑，沙特在此並未奠定一種全面的感動性（affectivity）理論。更可行的說法是：沙特在理論上探討了情緒的一個子類或者說特定模式，抑或，沙特辨識出一種內在於所有的情緒，但又不一定需要被實現的潛在性。然而，對當前的目的來說，重要之處在於：和《自我的超越性》一樣，《初探》也從「謬誤論」（error theory）的角度去解釋自然的意識，同樣要求在倫理學上找到一條新的出路：在自我（ego）的形象面前，意識將自身催眠了；類似地，相對於那個被情緒轉變了的世界時，意識將自身錯誤地表象為被動的。對第一種謬誤的承認要求意識從自己身上「淨化掉」把自我（ego）實體化的反思[37]；類似地，意識也必須讓自己擺脫掉在感動性上的自我迷惑。這種模式——把常識樂於接受的或心理學樂於設定的純粹自然事實轉譯為帶有目的的意向性結構，以便消除那些不然可能會對人之自由構成限制的東西——在《存在與虛無》的通篇都有重現，它也組成了沙特現象學中有關胡塞爾的「懸擱」概念（或曰現象學還原）的一切內容。[38]

2. 自由與人的存在（existence）

《存在與虛無》區別於沙特早期作品的地方在於，它在澈底的

---

36 參見 *The Imaginary*, esp. pp. 148ff。

37 參見《自我的超越性》，pp. 23-24, 41-42, 48-49, 51-52。

38 參見《自我的超越性》，p. 49。

形上學語境內明確發展出一套關於人之自由的學說：在沙特看來，自由不只是心理上的力量或能力；要想理解自由，我們必須從頭開始，對一切事物加以重新思考；因此，沙特表述了一個完整的哲學體系，這與沙特在 1930 年代的作品中給出的相對碎片化的分析形成了鮮明的對比。

關於人之自由的難題給我們帶來了下述方法論上的困境。我們自然是先去構想某種存在物，去考慮這種存在物的自由，再藉此去處理關於這個難題；換言之，先去設想我們究竟**是**什麼，在此基礎上，再去考慮這種存在物是否有望擁有**自由**。但沙特認為這種操作反而對自由不利：如果我們事先形成了關於我們之所是的概念，但與此同時並未考慮自由，那這個概念就難以避免把自由描繪成某種外在的、偶然的，僅僅是附加於我們的本質之上的東西。即便有力地論證了我們擁有自由的屬性，我們與自由之間的結合仍然是個未解之謎。沙特認為，在先前旨在解決人之自由難題的哲學嘗試中，也許除了海德格的（但這種承認也是有所保留的），其他的都有以下缺陷：他們用無關於自由的哲學預設與哲學旨趣去規定對自由之本性的反思——笛卡兒與斯賓諾莎對人的論述受到一種有／泛神的實體形上學的指引，黑格爾對人的論述受到一種理性主義的，充滿樂觀情緒的人類歷史觀的指引等等——結果就是人之自由要麼被否認了，要麼被錯誤地表象了。

這或許表示，在對自由做出規定之前，我們不應該在哲學上決定主體的同一性。但這又遭遇了一個難題。必須在一開始就去構想我們之所是——幾乎沒辦法去顛倒那個自然的方法並以自由為起點，否則，我們把自由歸於的東西就只能被構想成「自由被歸於的東西」。如果不對主體項做出獨立的構想，那麼把自由歸於它也就沒意義了。我們好像在原地打轉。

21

　　如果對自由之歸屬的確定並不優先於對人之同一性的刻畫，反之亦然，那麼我們必須找到某種**同時**構想兩者的方式。「人是自由的」或者說「人擁有意志自由」因此就屬於黑格爾所謂的那類「思辨的」命題，其中主項與述項都不能在沒有對方的情況下得到設想：黑格爾說，嚴格意義上的哲學論證並不適用於這類命題，哲學反思的任務只是表明這兩個概念各自如何向對方展開。因此，我們雖然已經見識了那種無可避免的方法論循環，但有望透過黑格爾的方式將它變成一個優點。沙特沒有用黑格爾的哲學術語去描述他的方法，不過這種方法確實在《存在與虛無》中得到了遵循。

　　然而，要把自由和人的同一性放在一起思考，這說起來很容易，難的是找到方法去做到這一點。沙特的提議是：要用一種全新的思路去回答有關人之本性的傳統問題。沙特沒有去論述那些把人和其他種類的存在物區別開的屬性，而是從完全內在的角度去探討何謂人之存在（exist）；在此採用的「存在」（existence）觀念包含了一系列邏輯上的獨特性，而如果這個觀念想要展示自由的可能性，這些獨特性就是不可或缺的。關於這個觀念，最重要的幾點是：(1) 在沙特的構想中，「何謂人存在（exist）」這個問題是與**第一人稱**視角捆綁在一起的；(2) 與表面看上去的恰好相反，「我的存在（existence）」並不是那種人們所熟知的或者說常規的材料、事實或事態；在問「何謂我存在（exist）」的時候，我們問的是「何謂我**把握**著——（不得不）承擔著或關聯著——我的存在（existence）」；(3) 對於「何謂我把握到我存在（I am）」和「我是何種事物？」這兩個問題，我們對第一個問題的論述為第二個問題提供了一切可能的回答。

　　(1)《存在與虛無》中的探求從一開始（是否保持到結束，這個問題是我們以後要處理的）就基於那個**我**（the I）的視角。權宜地

說，這種方法之所以能夠得到辯護，是因為我們需要消除某些預 22
設：在對人加以設想時，只有從那個我的立場出發，我們才會從某
些並非得自這個世界的東西出發；換言之，我們才會從人自己的角
度，照著人本身的樣子去設想人。從更深的層面上說，沙特實質上
認為我是一種將自身把握為存在著的（existing）存在，而他的第
一人稱方法論與這種實質性的觀點有著邏輯上的關聯：如果我的存
在（existence）屬於常規的事實，或是如果我的本質是由一系列把
人和其他種類的存在區分開的，外部可觀察的特徵所給予的，那麼
就沒有理由認為探求的對象不能與第一人稱視角相分離，也就不清
楚為什麼這個視角會具有方法論上的優勢。

（2）傳統上有關人之本性的問題要求我們把自己看作是屬於這
個世界上若干種事物中的一種，因此要求我們首先建構一種一般性
的理論去探討此世中（worldly）存在物的不同種類。然而，沙特
提出的「何謂存在（exist）」這個問題將我們的注意力引向內在於
人類主體的某種過程或反身性活動。笛卡兒的學說（或許也包括常
識）告訴我們：將自身把握為存在著的（existing），這是一件瞬
間的、直接的事情，其結果便是一種絕對安全的認知。沙特否認原
初意義上的我思是一次認識活動──我們已經看到的，在《自我的
超越性》中，他將被反思的「我」刻畫成理想統一性的投射──並
認為：進入對自己存在（existence）的反思，這只是形上學上的冰
山一角，因為對沙特來說，只有當我把我的存在（existence）理解
成沿著時間層面以及其他各種層面（個體人類生活的範圍有多大，
這些層面的範圍就有多大）延伸，當我把這種結構以及組成它的各
個關係作為某種不同於認識對象的東西而去接受，我才會完整地把
握到我的存在（existence）。作為一篇哲學論文，《存在與虛無》
的目標是在理論上認識到「何謂我把握到我的存在（existence）」

以及由此可以得出什麼；但在更深的層面上，這種把握關係，或者說對一個人自己存在（existence）的關聯是實踐性的：這種自我關聯（自我認識只是一個附屬的、衍生的實例）實際上等價於我們通常所說的「某個人過著自己的生活」。

23　　　（3）對於「我是什麼？」的問題，如果沙特的回答是，可以把我定義爲一個將自身把握爲存在著的（existing）存在；那麼，傳統上在事物的存在（existence）與它們的本質之間所做的區分就不適用於人，即便這種區分適用於人，它也不是那種當我們想到這個世界中的事物一方面是存在著的（existing），另一方面又擁有具體的確定特徵時所運用的區分。表達上述論點的一個方式是說人類主體不帶有本質；換言之，它的存在（existence）先於它的本質，[39]它的本質是「可能性的綜合性秩序」，「它的存在（existence）蘊含它的本質」（xxxi/22）。[40]

我們開始明白沙特是如何同時設想自由與人的同一性：如果按照沙特所提議的那種開放性的、不確定的方式去構想我們的存在，那麼只要稍加闡述，我們就不難理解關於人類主體的概念如何可以向關於自由的概念「展開」。

如果這還算不上是對人之自由的論證，那麼這在多大程度上至少算得上是對人之自由的有效捍衛？針對沙特所給出的步驟，也有一些值得我們考慮的反對意見。我曾說過，沙特認爲先前的哲學論述所採用的方法讓它們對自由抱著一種隱隱的且不自覺的偏見。但有人會問：又是什麼讓沙特的方法沒那麼具有傾向性呢？比如

39　參見 *Existentialism and Humanism*, p. 26。

40　中譯本分別譯為「調配著它的各種可能性」，「它的存在包含著它的本質」。（本書作者引用了《存在與虛無》英譯本中的大量原文。在翻譯的過程中，本書譯者參考了《存在與虛無》中譯本的相應譯法，但是在與中譯本譯者有不同理解的地方，以下均以注釋的形式標明，供讀者參考。）——譯者注

說，沙特預設人的同一性應當參照「自由」這個合適的概念而得到
確定，但從斯賓諾莎的立場出發，這種預設就像沙特眼中斯賓諾莎
的實體理論一樣站不住腳；沙特似乎是根據他所心愛的結論——人
是自由的——來構想人，但斯賓諾莎主義者會把這種方式當成一種
批評以及哲學上的一項弱點。很顯然，我們在此所遭遇的這種深層
次的、純粹一般意義上的困境，究其本質，是後設哲學上的困境：
如果任一哲學體系必須從某個在其他體系看來是沒有依據的、獨斷
的基礎出發，那它如何能夠獲得贊同？雖然黑格爾主張自己已經按
照自己的方法走出了這個難題，但對於那些沒被他說服的人來說，
這個難題只能在一定的限度內得到解決；而如果哲學要開始，它必
須從某個地方開始。我之前已經試圖表明：認為沙特的立場是武斷
的並因此拒絕他的立場，此舉並不合理。這一點接下來會變得更清
楚，因為我們將要闡明《存在與虛無》中所謂的「主論證」。

　　根據上文所描述的方式以及《存在與虛無》將會詳細闡述的
理由，人之自由難題造成了非常大的困難。對這個難題的反思必
定會在兩極之間來回搖擺：一邊是不可動搖的信念，即相信我們
對自由的籲求是言之有物的、必要的、公正的；另一邊則是澈底
的崩潰，即我們根本無法融貫地思考人之自由，唯一的結論似乎
是「人之自由」這個概念只是一個幻想。而當我們面對人的存在
（existence），而非旁敲側擊時，它又確實展現出一些深層次的不
可理解性（《存在與虛無》也會努力說服我們去接受，至少提醒我
們去注意這一點，因為它很難被忽視）：一旦我們的視線超越了
那些得到清晰表達的局部關懷，我們似乎就沒辦法再在概念上把
握「何謂我們存在著」這個問題了。沙特的策略是把這兩個問題
或被解釋項一併處理，但這不是為了用第三個概念性的要素去解
釋兩者，而是期望用彼此去解出對方，就像聯立的兩個方程式一

樣；也就是說，《存在與虛無》旨在表明：要想理解我們的存在
（existence）與同一性，就必須認爲我們之存在（exist）所遵循的
模式不同於此世中的對象所遵循的模式，而正是自由對我們的不屬
於此世的存在模式做出了定義，這也就相應地修改了常識中的「自
由」概念（我們藉此將會看到：常識在一個過於膚淺的層面上去定
位我們的自由）。沙特想要一直這樣進行下去，直到根據自由與人
的個體化（你的「我」和我的「我」之間的區分）這兩者分別理解
了對方。

　　「人的存在」與「自由」這兩個概念彼此向對方展開，這其
中的關鍵在於：我們之所以不得不把「人是自由的」這個判斷理解
爲「思辨的」命題，是因爲我們不可能將這兩個概念中的任何一者
僅僅視爲另一者的述項。黑格爾認爲主述結構的崩潰揭示出**一切**實
在的終極結構，沙特則認爲這種崩潰揭示出人類主體的結構。根
據沙特的論述，定義人類主體的存在模式並不具備主述形式：在
最終的分析中，我們並不作爲可供某些屬性充當述項的主項存在
（exist）。由此得出兩點。首先，（《自我的超越性》曾論證過）
必須拒絕常識所構想的，亦即心理學學科所構想的人格性，這種拒
絕對於理解人之自由來說是必需的。如果我們的存在（existence）
展現出主述判斷的形式，那麼我們就不能認爲自身是自由的。其
次，我們必須要理解：動詞「存在」（exist）在用於人時所遵循的
是一種獨特的語法，我們在上面已經開始見識到這種語法上的獨
特性──當我們說某個人類主體存在（exist），這就等於把它把握
爲主動的並談及了它的活動模式與活動結構；也可以這麼說，人的
存在（existence）本身就表現爲一種相對於人外秩序（extra-human
order）的**事件**或出現。（在此預告，沙特的關鍵哲學命題還在另
一個方面體現出它們不遵守概念上的規則：他將會論證，既然人的

存在〔existence〕不符合主述形式，那麼從哲學上對人進行闡明也就允許甚至要求矛盾的論述。）

　　如果回顧《自我的超越性》，我們就能看到它爲這裡的關鍵想法做了準備。沙特注意到，胡塞爾有關先驗的「我」的論述訴諸一個傳統的構想：述項屬於「某物」，即某個「X」，它是述項的承擔者，是「中心的連接點」；因此對述項的「思考離不開」那個X，「但述項又能與之區別開」。[41] 可是沙特又表明，自我或人格與精神狀態之間的關係並不符合這個模型：主體 X 對由它的述項所表達的屬性必然是**無動於衷**的，然而

> 行動或狀態又返回於自我[42]以便對它進行限定（⋯⋯）由自我生產的每一個新狀態在自我生產它的那一刻就為自我著了色並給它帶來了細微的改變（⋯⋯）它不是拉斯柯爾尼科夫所犯下的，被併入他的自我的那種罪。不過更確切地說，它確實是罪，但是以凝縮的形態、以淤青的形狀出現的罪。[43]

26

狀態與活動就像依附於自己的起源那樣依附於自我，但「不是作為先前已經存在於自我之內的東西而被給予」：自我「總是被它所生產的東西超越，不過從另一個角度來看，它就是它所生產的東西」，並且只能是它所生產的東西；[44] 自我「透過可確證的連續創造過程來維持它的各種性質」，而如果我們把這些性質剝離掉，

---

[41] 《自我的超越性》，p. 29；沙特在此援引胡塞爾的《純粹現象學通論》（*Ideas*）。

[42] 本段與下一段中的所有「自我」都是 ego。——譯者注

[43] 《自我的超越性》，pp. 35-36。

[44] 《自我的超越性》，pp. 32-34。

「就不會剩下任何東西,自我也就消失了」。[45]基於這種帶有悖論性質的形成模式——它禁止我們把自我與它的狀態、性質和行動之間的關係設想成流溢或實現,但鼓勵我們把它與詩性的創造相比較[46]——沙特建議爲人類主體的統一性提供一個更好的模型,此即音樂旋律,這當中顯然沒有什麼 X。[47]

因此,人格與精神狀態之間關係的邏輯不僅全然不同於我們在人的世界之外所發現的一切邏輯,而且比後者更加豐富與複雜;在沙特的論述中,這種邏輯之所以在概念上是極其獨特的,是因爲常識中的人格觀是透過反思的虛構性操作才得自意識的,因而缺乏實在性(它囊括了一種自發性,但只是以「退化」的形式,一種「僞自發性」,其中又保留了「對意識自發性的記憶」[48])。我們將傳統的實體結構不融貫地疊加於意識的非主述結構之上,繼而形成了常識中的人格觀,所以這種人格觀最終是「非理性的」。[49]

與自由的主題以及存在的模式交織在一起的,還有第三個論證要素,它在沙特的體系中所涉及的層面根本上說是實踐意義上的,廣義地說也是倫理意義上的。在沙特看來,哲學對人的存在(existence)的種種錯誤構想是與某些特定的生活取向或生活態度——無論是以第一人稱視角還是以第三人稱視角來經驗,生活都是缺失的——分不開的,前者強化並擔保了後者。[50]沙特意在眞實

---

[45] 《自我的超越性》,pp. 32-33。

[46] 《自我的超越性》,p. 32。

[47] 《自我的超越性》,pp. 29-30。

[48] 《自我的超越性》,pp. 33, 35。

[49] 沙特對異常的思考經驗特別感興趣:我們把所思當作對象,因此也是當作異己之物來經驗:參見 "The legend of truth", pp. 40ff., *Nausea*, pp. 144-145,以及 *The Imaginary*, pp. 155-156。沙特在這些地方所描述的思考者與所思之間的種種病態關係體現了那種爲主述模型所蘊含的現象學。

[50] 因爲雖然意識在它的「自然態度」中努力把自身吸收進**我**(**受格**),但這種努力「從未得到完整的補償」(《自我的超越性》,p. 49)。

地表述人的存在（existence），他認爲這份表述將有助於修正我們
的基本生活取向。雖然哲學不能取消那種內在於人的生活之中的不
足──相反，根據《存在與虛無》的結論，人的生活**就是**關於欠缺
的現象──但是它能夠幫助我們區別哪種缺失具有形上學意義上的
必然性，哪種缺失又可以補救；而這種療癒作用可以被當作是對哲
學之眞的一種衡量。

27

　　因此，《存在與虛無》對自由的論證既展示了它的形上學體系
的融貫性，又有能力去解決根本性的哲學難題，而根據沙特提出的
理由，這些難題如若不以這種方式得到解決，就會變得非常棘手。
《存在與虛無》並未嚴格論證這些難題不可能有其他的解決方法，
但是沙特至少可以讓人們接受這種看法。這也許不足以讓一個斯賓
諾莎主義者，或是任何一個聲稱自己對於人之自由的實在性並無基
本直覺的人失去信心，但如果沙特在《存在與虛無》中成功打造出
一個統一的、綜合的觀點來看待作爲形上學現象的人的生活──這
個觀點將自我意識、時間性、對他人之心的認識、性慾和情緒等各
式各樣的現象以可理解的方式彼此關聯起來，還進一步承諾對實踐
取向的重新選擇具備療癒的作用──那麼這就能最大限度地吸引到
我們的關注。

　　《存在與虛無》在探索「何謂人類主體存在（exist）」的問題
時，不僅採用了高度抽象的形上學語言，還在其哲學邏輯的各處與
正統的分析方法涇渭分明──我們已經開始見識到這一點：沙特區
分了不同的存在模式（即否認了「存在」〔exist〕一詞只具有唯一
的意義），設想不同種類的存在物（existent）擁有不同程度的實
在性，並認爲存在物（existent）的一個種類（即人類主體）的特
徵在於自我同一性的欠缺，以及在充當主項時擁有矛盾的述項。值
得注意的是，在所有這些方面，沙特的立場並不是沒有歷史上的先

例：在中世紀，「存在」（existence）的單義性在很長一段時間內
都是處於爭議中的課題；而從柏拉圖一直到康德，都有哲學家基於
五花八門的理由對不同程度的實在性進行區分；至於非自我同一性
在概念上的身影，以及認爲矛盾可以內在於實在的觀點，這些都可
以在黑格爾的著名思想中找到。但是，哲學上的先例並不能自動地
爲沙特的做法提供解釋或藉口，而否認這些概念形式造成的種種困
難則是愚蠢之舉，因爲無論如何，它們都讓沙特的主張立刻變得十

28 分複雜。那麼，我們對它們應當抱什麼樣的態度呢？

很多來自英語國家的評論者認爲沙特的那些在邏輯上成問題
的概念形式不過是隱喻罷了，他們還在更寬泛的意義上認爲沙特在
《存在與虛無》中提出的形上學——既然很難把兩者分開來看——
需要翻譯成其他的哲學語言，例如：當代分析心靈哲學的語言。誠
然，用這種方式來處理沙特的思想確實能帶來一些收穫，但有理由
認爲它代表著一種根本無法令人滿意的選項。沒有什麼簡單的翻譯
方法能夠生成融貫且有趣的，具有原創性但又帶有鮮明沙特風格的
哲學圖像，而典型的結果則是讓人認識不到沙特的中心觀點背後的
理由，也無法很好地捍衛這些觀點，反而使它們看上去只是用誇張
的方式表達一些庸常的眞理（某些採取這種翻譯途徑的人承認這一
點，因爲在他們的描述中，自己的工作是部分地重建沙特作品中那
些值得挽救的要素）。

需要注意的是，如果我們一心想要規避哲學邏輯中的錯綜複
雜之處（這種動機包括對自然主義的同情，對形上學的反感以及認
爲建構哲學體系既不可能也沒有用的懷疑主義），就不會生發出
那種不願僅僅從表面上看待沙特形上學的傾向。同樣非常重要的是
下面這種說法所透露出的意思：沙特的那些實質性主張（其中最重
要的是關於人之自由的主張）實在是過於強勢了，讓人根本沒辦法

支持。這種說法反而表明：當我們在針對《存在與虛無》的「形上學」解讀和「非形上學」解讀之間做抉擇時，我們究竟在賭什麼？後者背後的哲學信條恰恰是沙特所拒絕的：一般而言，這些信條把由前哲學的、常規的、「自然的」意識所提供的信念視爲衡量哲學可信度的標準。既然沙特的哲學是一份意在挑戰和修正常識的、雄心勃勃的激進規劃，而他的形上學（它提供了一種供我們穿透常規思想的手段）對他迎接這份挑戰來說又是必需的，那麼，當某種非形上學的解讀馴化了《存在與虛無》並讓它貼合於我們常規所思，它就悖逆了沙特的意圖。無論沙特對常識的挑戰是否成功，事實仍然是：如果我們尚未正確領會沙特究竟出於何種意圖才提出他的那些主張，又是出於何種理由令這些主張如此奇特，我們就無法理解沙特的挑戰。

3. 沙特與康德

29

　　在上一章中，我已將沙特置於一個傳統之內，該傳統認爲「存在」（existence）概念具有實踐上的和價值上的意義；我們剛才也已看到：概括地說，沙特如何認爲本體論經由自由而與價值相關聯。現在，如果我們把沙特與他的哲學先輩康德做一些比較，那麼就可以更加完整地描繪出沙特在《存在與虛無》中的論斷；畢竟，沙特在很大程度上再度承擔起了由康德所構想的哲學任務。

　　沙特認爲自己在 1930 年代末已經走出了胡塞爾唯心主義的困境，轉而擁抱海德格的實在論 [51]，他還常常把《存在與虛無》努力表達清楚的哲學直覺描述成對於實在論之眞的信念。然而，沙特所肯定的實在論有兩個組成部分：其一論述的是經驗對象的實在性，

---

51 參見 *War Diaries*, p. 184。

這對應於「實在論」這個術語的通常用法；其二則並非如此。在1969年的一次訪談中，沙特宣稱《存在與虛無》旨在「爲實在論提供一個哲學基礎（……）換言之，如何讓人在實在的對象中間獲得他的自律性與實在性，在避免唯心主義的同時又不落入機械唯物主義」。[52]因此，在沙特的理解中，他試圖確立的實在論對立於自然主義，因爲它囊括了人之**自律**的實在性作爲它的第二個組成部分，而沙特認爲唯物主義是與之相悖的。[53]沙特關注「人之自由」的主題，並認爲它定義了哲學的任務；這讓他與費希特、謝林一道穩穩地站在直接發源於康德的那條脈絡當中，站在反自然主義的先驗論傳統之內；但是對於康德所提出的「自然與自由」之間的著名對立，沙特的解釋卻是相當獨特，這不僅體現在這個對立究竟意味著什麼，還體現在人之自由難題究竟應當如何解決。

康德對於人之自由難題的解決基於兩個條件：首先，我們得接受先驗唯心論，也就是接受康德的以下論點——自然只具備有限程度的實在性，它是經驗的領域，我們在其中只能發現經驗上的因果關係，這種關係構成了普遍決定論的充分條件；其次，我們得接受康德關於道德法則的論述——作爲對我們的義務進行規定的原則，道德法則預設了人的自由，而我們對於道德法則的察覺（它所要

30

---

[52] "The itinerary of a thought" (1969), pp. 36-37。

[53] 至少那種「機械論式的」唯物主義確是如此。除此之外，沙特唯一承認的唯物主義是「辯證唯物主義」，而它的「自然辯證法」——「一種把人生產出來並將之融入物理規律的集合當中的自然過程」——也被沙特拒絕了（《自我的超越性》，p. 37）。沙特對於自然主義的無條件拒絕在《戰時日記》（pp. 21, 25ff.）中得到了清晰的表達：沙特形容，把人當作「物種」來看待是「對人性的羞辱」、「對人之條件（human condition）的貶低」。值得注意的是，沙特的拒絕更關乎價值，而非理論哲學（就像他從胡塞爾到海德格的轉向也包含著某種價值取向一樣：他在《戰時日記》（p. 185）中聲稱自己於1938年「所尋求的哲學不只是某種思辨，還得是一種智慧、一種英雄主義、一種神聖性——任何可以讓我去堅守的東西」）。

求的那種立即的尊重）以某種方式保證了我們確實擁有這種自由。以上兩個條件在康德的下述論點中結合在了一起：經驗對象只是顯像（「現象界的」存在物）；而本身作爲具有天賦自由的道德能動者，我們的地位等同於自在之物的地位（「本體界的」存在物）。因此，康德的策略其實是一種討價還價：我們曾樸素地設想經驗世界具備全部的實在性（「先驗的實在性」），但現在我們放棄了這種常識性的設想；而只要進一步答應以道德上的要求去約束我們的意志，那麼我們最終就有權利認爲自己擁有一種力量——我們可以在世界之中開啓一段事件序列，但並不是先前的經驗條件迫使我們這麼做的；換言之，這種力量使我們成爲行動的眞正發出者——這種力量放在任何一個單純的自然存在身上，都會變得無法理解。

　　針對康德策略中的兩個部分，都有一些常見的批評：他的先驗唯心論至少讓經驗世界喪失了實在性，而他的道德論證只給了人之自由以最微弱的證據支持。沙特支持這兩種批評，他接過了康德方案中的一個關鍵性特徵，但認爲康德對於人之自由難題的解釋在一個基本的方面是有誤的。沙特從康德那裡接受的當然是那種認爲「我們與自然對象在本體論的層面上區別於彼此」的想法；但是，在康德的構想中，我們自一開始就糾纏於經驗因果性的網絡，我們需要從這片網絡中脫身出來，而在此之後，我們與自由的關係在認識論上永遠都是間接的——沙特拒絕這種構想。相反，他認爲我們的自由是首要的：他沒有把對自由的認識侷限於道德，而是設想認知的或自我意識的每一個例子都蘊含著自由；如果有人認爲，爲了聲索自由，我們必須做出特殊的抗辯，以便從經驗因果性中得到豁免，那他不僅多此一舉，更是犯了錯誤。

　　如此說來，或許可以懷疑沙特的自由至上主義能否避免成爲純粹獨斷的教條：自由的實在性當然不是那麼顯然的，也不是那麼

容易就能確保的。但是在此需要承認的是，忽略自然主義決定論的威脅，繼而只是反過來肯定自由的實在性，這遠不是沙特的做法；事實上，沙特在某個意義上承認自然主義為真：自然主義者所構想的自然的獨立實在性在沙特所構想的自在的存在中得到了表達，沙特還認為自然主義在下述意義上是正確的——事實上，如果某種存在物具備全部的本真存在，那麼這種存在物的**典範**就是物質對象，或者換句話說，落在物質自然的界線之外的任何東西都不可能擁有（全部的、本真的）存在，所以必定是「無」。

至此，沙特的思想以一種令人好奇的方式與某些自然主義者所偏愛的取消物理主義（eliminative materialism）相類似，根據後者的觀點，意向性與現象性（它們是「精神之物」的傳統「標記」）在實在的結構中是沒有地位的。但是沙特並未停留於此。在做完大掃除以後（即我們拋棄了下述觀點：存在著一個統一的本體論領域、一種自然秩序，供我們發現自己原初地置身於其中），我們現在必須重新肯定自己的存在（existence），並去正確地把握它的本體論特徵：既然確如自然主義者所言，只有物質自然有條件具備全部的本真存在，但又因為我們總是會認為自己以**某種**方式存在著（exist）——從這個角度來說，取消物理主義實在是不可思議，所以我們不得不認為由我們的存在（existence）所例證的**存在模式不同於**物質自然的存在模式，進一步而言，前者在某個意義上是後者的反題；所以沙特將我們的存在模式等同為「虛無」。總之，沙特的策略是：他先是為那種奠定了自然主義並賦予其權威的哲學直覺提供了一種闡釋，之後卻翻轉了整個局面，用這種直覺去**揭示自由**（不嚴格地說，這就像笛卡兒用懷疑主義去揭示知識的真正依據）。相較於康德的策略，沙特的策略具備雙重的優勢：它保留了外部實在的完整性，同時也讓自由不受某些條件的約束。

　　沙特的策略中有一個特徵是康德的策略中所沒有的：他完全拒絕了常識據理（但又有些含糊不清）堅持的一個觀念，即我們事實上是處在經驗秩序之內，透過因果關係纏繞在一起。從某些哲學立場來看，這肯定算是個（災難性的）弱點，但基於上面給出的理由，從沙特自己的角度來看，這算是進一步強化了他的立場，因為根據他的論述，常規意識中的一個嚴重的錯誤就在於它預設了我們的自然性。因此有人或許會補充道：《存在與虛無》表明，一種融貫的反自然主義所要求的不是去重新構想經驗實在，而是去重新構想**我們自身**，而一種準倫理的自我變革則必然與之相對應。[54]

　　沙特對自然主義的闡釋並不是透過反思自然科學的成果抑或科學方法在認知上的優點而外推出來的，而是要回溯到一種經驗或經驗類型，沙特認為它既支撐著我們對世界的整個日常意識領域，也可以透過某種純粹的、露骨的、尖銳的形態展現給我們。常規經驗與例外經驗之間的連續性對沙特來說很重要，它也是現象學方法不可或缺的一部分：沙特所訴諸的特殊經驗片段並不比笛卡兒的我思更多地**超越於**常規經驗；它仍處於常規經驗的範圍**之內**，但透過把自己孤立出來而強化了常規經驗中那些富於哲學意義的層面，從而有資格作為（或足以成為）「形而上的直觀」。[55]沙特在《嘔吐》中用了一段著名的文字去描述這種超乎常規的經驗，此時小說的主人翁發現自己被吞沒了，而吞沒他的則是由一段樹根所展現出的野蠻、原始而異己的存在（existence）。

32

---

54 列維恰當地形容《存在與虛無》中的哲學「確實體現出了一種融貫的反自然主義」（*Sartre*, p. 404）。

55 沙特在某些地方（例如：《什麼是文學？》〔*What is Literature?*〕，第 230 頁，注釋 18）使用了這個術語。

　　我剛才在公園裡。橡樹的樹根深入地裡，恰好在我的凳子的下面。我再也記不得這是樹根。詞語都消失了，隨著它們一起消失的，有事物的意義，它們的使用方法，人們在它們的表面畫上去的那些微弱的記號。我坐著，微彎著身體，低垂著頭，孤獨地面對著這堆黑色、多節而完全沒有感覺的東西，它使我害怕。接著我就領悟到了一番道理。

　　這個啓示使我透不過氣來。在這幾天以前，我從來沒有質疑過所謂「存在」（exist）的意義（……）如果那時有人問我什麼是「存在」（existence），我會誠心誠意地回答：存在是無，不過是一種加給外部事物的空洞形式，絲毫不改變事物的本性。然後，突然間，在這兒了，一切都清楚了：存在突然揭開了簾幕。它失掉它的那種屬於抽象範疇的無害的面貌，它是事物的材料，這條樹根是混合在存在裡的。

　　（……）我徒然一再重複地說：「這是一個樹根。」這不能再叫我相信了。我看得很清楚人們不能夠從它的樹根的職能、它的吸水筒的職能而**轉到這個**，轉到這層又粗硬又細密的海豹皮，轉到這個油光光的、胖脹的、頑固的容貌。職能並不能說明什麼（……）這一個樹根，連同它的顏色，它的形體，它的固定運動（……）是任何解釋都不適用的。[56]

56　*Nausea*, pp. 182-183, 186。（譯文參考《沙特小說選》〔鄭永慧譯，西安：西安交通大學出版社，2015年，第207-211頁〕，並根據英文略有改動。——譯者注）

此處至關重要的是自我與對象之間的異質性：對象不只是像任何一個外部對象那樣區別於我，不只是在性質上區別於我，而且是在最根本的層面上、在它的存在模式上區別於我，以至於讓這份經驗成了一份關於對立（antitheticality）或厭惡的經驗。這種對於外部物理實在的領會——其中，感知對象純粹是透過單一的、不定的「存在」（existence）概念而得到領會——充當了一把現象學意義上的鑰匙，供沙特開啓他的哲學反思；我們還可以認爲它精準地含括了《存在與虛無》的基本本體論。

但這豈不是把太多的賭注都押在了——畢竟，沙特也承認，從某種意義上說——**異常**的經驗上嗎？並且，即便承認這種經驗不是全然隨意的（因爲我們很難看出它如何能夠僅僅作爲心理特質或文化史的產物），但對於那些從中得出的哲學結論，我們能放心地認爲它們具備必要的嚴格普遍性嗎？在此重要的是，我們要認識到沙特並沒有說自己只是從一種情感充沛的感知狀態中讀出了某種形上學：現象學不是經驗主義，現象學方法也不等於援引純粹基於經驗的理由。只有當哲學反思的語境已經有了之後，《噁心》中的經驗才能展露出它那公認的形上學意義。所以沙特爭辯道，對於意識結構的反思支撐著他去闡釋《嘔吐》中的經驗，而這種闡釋向人們展現了面對客觀實在究竟意味著什麼，並洞察到人之自由的依據：一旦清楚明白地把握到主觀性與客觀性之間的分隔，那麼根據《自我的超越性》中的說法，我們就發現了自我當中的一個缺口、一種分隔與異化；沙特將會論證，我們的自由恰恰取決於這個缺口。

因此，沙特對待自然主義的方式與康德的方式形成了鮮明對比，對後者來說，自然科學在認識論上的權威性屬於被給予的基本材料，它應當成爲哲學反思的起點。但沙特在構想哲學任務時並未將合法性賦予科學認知，相反，他認爲哲學自然主義的權威性有著

存在上的（existential）起源，即普通經驗實在論中的基本經驗，
並賦予這種經驗以全新的形上學闡釋，並由這種闡釋得出：人類主
體落在自然科學的範圍之外。

我們還能從沙特與康德的比較中得出最後一個有價值的預備
性論點。兩位思想家都認為：從某個角度來說，主體不是世界的**內
容**，而這對人的自由是至關重要的。在康德看來，主體相對於物質
世界的外在性（extra-mundanity）首先取決於對經驗知識的分析所
揭示出的先驗主觀性：主體不可能隸屬於經驗的自然秩序，因為這
種秩序的構成需要主體的先天參與。康德還基於另一個角度而認為
主體不屬於世界，這個角度相關於並預設了主體的先驗同一性：它
是本體界的道德能動者。

沙特基於不同的角度來看待主體相對於世界的隱退：我們已
經看到，沙特拒絕了唯心主義，所以不接受某種不同層次間的水準
劃分，一者是先於物質世界的，實施著構成作用，另一者則是被構
成的。相反，對沙特來說，自我和世界之間的劃分是一種不同領域
間的垂直劃分，對應於**兩種不同的存在模式**，但都處於同一個層
次。[57]因此，或許可以說：康德式的主體憑藉其先驗的相對於物質
世界的外在性，包圍著或**包含著**世界；而沙特式的主體雖然沒被包

---

[57] 《存在與虛無》第 175-176 頁肯定了沙特的哲學仍有資格被形容成真正的「先驗
哲學」：沙特聲稱，他的研究旨在確定那些「必定使任何經驗成為可能」的東
西是什麼以及「對象一般而言如何面向意識而存在（exist）」，並確認了「使一
切經驗成為可能的東西」是先天的（亦即「自為的源初湧現」）。（中譯本將
此處第一、第二和第四個短句分別譯為「應該使任何經驗成為可能」，「一般
而言的對象怎麼作為意識存在〔exist〕」以及「自為的原始湧現」。——譯者注）
沙特的獨創之舉在於，他表示這些先驗條件具有本體論上的意義（他論證說，
這一點是從「必然**存在著**先驗條件」中得出的，換言之，承認先驗之物就等於
承認先驗之物具有本體論上的意義）。

含於世界之內，但在遭遇後者時則是平等待之。[58]在這一方面，或許有理由認爲沙特讓自己承擔了一個更艱鉅的任務，即在不向唯心主義求助的情況下確保自由。

這也可以讓人們理解：克服實在論與唯心論之間的對立爲什麼會成爲《存在與虛無》的一個突出的結構性原則，在幾乎每一個重要的探討語境內都會被提起。在沙特看來，實在論取消了自由的可能，唯心論則過於輕易地實現了自由——因此對自由做出了錯誤的論述，因爲它沒能認識到，當我們浸沒於世界時，這種浸沒所具備的廣度和性質：對象包圍著我們、牽涉著我們，而在與對象的關係中，我們的自由需要得到維持；可是對象不能（像沙特眼中的康德所認爲的那樣）被還原成我們對它們的認識，它們也不是這種認識的產物；自由的實在性要求我們與對象本身的存在相關聯，也就是要求我們認識到對象不能被還原成我們對它們的認識。所以在沙特看來，只有在實在論與唯心論之間找到一條通往兩者之外的出路，我們方可確證自由。

35

* * *

沙特曾承諾要「讓人在實在的對象中間獲得他的自律性與實在性」，他究竟有沒有完成這個承諾？這個問題仍有待考察。《存在與虛無》中哪些論點容易招致批評，人們對此有著高度的共識。透過翻閱二手文獻，我們就會發現：大多數評論者對沙特提出的批評雖然在表述上各有不同，但在本質上可以歸爲三類主要的反對意

---

58 那種認爲「主體包含著世界」的唯心主義觀點大體上等價於沙特的「主體**為世界負責**」的觀點（參見下一章第 35 節），但後者是自由學說帶來的**後果**，而非它的前提。

見。如果我們從一開始就把它們裝在心裡，這以後會給我們帶來一些幫助。它們是：(1)《存在與虛無》中的二元本體論是不融貫的；(2) 沙特關於絕對自由的學說即便不是荒謬的，那也是空洞的；(3) 沙特讓價值虛無主義變得不可避免，而當他聲稱自己在《存在與虛無》中已經為倫理上的種種價值提供了一個基礎時，他就自相矛盾了。[59]在適當的時候，我們將看到這些反對意見的實質是什麼。

　　哲學史中一切偉大的思想結構都具備著一種視覺上的、願景上的力量，人們出於快速參考的目的，便可以把它們縮減成一堆意象與大膽的口號。《存在與虛無》也不例外，當人們在接受它時，以及當人們在把存在主義轉變成一種彌漫性的文化運動時，沙特的早期哲學就已經遭受了極端的簡化，甚至庸俗化。我們也有理由說，沙特本人需要為此負一定的責任：因為沙特在《存在與虛無》的一些段落中盡情施展他的文學掌控力，讓這些段落充滿了華麗的辭藻；[60]因為他為學院之外的讀者和聽眾複述了自己的立場；或許還因為沙特的那些與哲學作品相平行的文學作品似乎蘊含著一種可能性——我們無須硬著頭皮去讀沙特的哲學論文，也能把握到他的思想。因此，在閱讀《存在與虛無》時，我們的任務是把沙特的思想在流行的過程中所失去的微妙與複雜歸還給它，因為只有這樣，我們才能評判那些常見的批評具有多少分量，以及沙特可以在多大的範圍內去回應。

36

37

---

59 下一章第 11 節引自華爾《存在主義簡史》（*A Short History of Existentialism*）第 28-30 頁的內容，以及篇幅更長的馬塞爾〈存在與人類自由〉（"Existence and human freedom"）和梅洛-龐蒂《可見的與不可見的》（*The Visible and the Invisible*）第 2 章，均明確陳述了這些反對意見。

60 正如賈尼科（Janicaud）所言，《存在與虛無》讀起來既太難又太容易（"à la fois illisible et trop lisible", *Heidegger en France* I, p. 60）。沙特在 1975 年的一次採訪中責備自己「在一份應當運用純粹技術性語言的文本內使用了文學表達」（"Self-portrait at seventy", p. 9）。

3　文本閱讀

（一）基本的本體論

　　《存在與虛無》[1]的導言「對存在的探索」與第一卷第 1 章「否定的起源」（xxi-xliii/11-34）闡述了沙特形上學立場的基礎。這份繁複的導言屬於整部作品中最難釐清的部分。沙特採用了一些極端抽象的術語——「存在」、「現象」、「顯像」、「本質」、「超現象的」——這些術語經過了一系列的排列組合，有時彷彿要將讀者帶入一間深不可測的迷宮。然而，把握住沙特在導言中的思路實乃重中之重，因為沙特在此提出了一些有關意識及其對象的強式的形上學論點，它們對於沙特在書中提出的幾乎所有的主要論斷而言，著實具有本質的重要性：《存在與虛無》中那些最振聾發聵的論點，尤其是涉及人之自由的論點，很大程度上是對導言中確立的形上學立場的補充說明抑或直接引申。

　　不過，當沙特的形上學圖像最終得到揭示時，其遠遠不如用以支撐該圖像的論證過程複雜：沙特在導言中旨在表明，我們若將某些事情作為原始的概念接受下來，便可解決一系列的哲學疑難與謎題。以此，沙特向我們展現出一個樸實而清晰的本體論結構，該結構蘊含著可對人類主體加以闡釋的豐富內涵。

---

[1] 本書對照的《存在與虛無》中譯本為生活・讀書・新知三聯書店 2007 年版。——編者注

1. 沙特對現象的構想（導言，第 1 小節）

　　《存在與虛無》開篇即從沙特的角度陳述了哲學當前所秉持的立場，而對該立場加以界定的則是某種針對「現象」的構想，沙特認爲，這一構想在胡塞爾與海德格的作品中已經出現了。它旨在回答下面這個問題：事物被給予主體，主體將之把握爲擁有**實在而客觀的存在**（existence）並且**超越於**主體的事物，這意味著什麼？人們可能會認爲，存在著某種相對於主體的顯像，與某物擁有**實在的存在**（existence），這兩件事情根本是**獨立**於彼此的。在這種情況下，我們需要把上面的兩個概念扭結在一起，而扭結的方式又必須讓我們能夠有理由聲稱自己可以**認識到**這種方式所蘊含的意義；這就是我們的任務，它因此孕育出許多傳統的認識論和形上學立場。然而，現象學所表述與捍衛的設想則有所不同，該設想認爲，那些我們認爲具有客觀存在（existence）的事物，應當被理解爲由**實在存在的和各種可能的顯像所組成的、具有原始概念特徵的統一體**（conceptually primitive unities of real existence and possibilities of appearance）；換言之，按照我們的設想，它**構成著**某物對實在的存在（existence）的擁有，它應當在顯像中顯露自身，並且現象「按它顯現的樣子**存在著**」（xxvi/16）。

　　更精確地說，實在的、客觀的存在（existence）揭示自身，當然不是按照對數量有限的顯像進行加總的方式，而是按照一種特殊的顯現**模式**，在這種模式中，對象的每一個單獨的顯像——面向主體的每一次展現，對象看上去是這個樣子而非另一種樣子的每一種情形——都讓我們趨向該對象的數量不定的其他可能的顯像，而這遵循著某種使得顯像序列有理可循的「法則」或「原則」。這種將某個對象的不可窮盡的可能顯像統一起來的法則或原則，同時也是該對象的「本質」，換言之，對象的本質使之成爲擁有某些特定性

質的、某個特定種類的事物。故而，我對於桌子上鋼筆的意識，隨著我從某個角度按照由對象的本質所規定的某個序列去看它，去摸它，而有可能獲得無窮的對於這支鋼筆的有序感知經驗。

　　沙特並沒有為這種針對現象的構想做出詳盡的辯護。他採取的態度是：胡塞爾和海德格已經將這種構想牢固地建立起來了。另一方面，沙特著力強調了這種構想擺脫某些疑難的方式，而這些疑難在傳統上占據了哲學關注的中心。它確實起到了認識理論的效果。尤為重要的是，它擺脫了顯像和實在之間的區分，因此也擺脫了康德所秉持的立場，因為在沙特看來，康德認為存在「隱藏在」顯像的「背後」，而顯像則為存在所「支持」，或以存在為依據。與此相對應，沙特暗示，在把殊相和共相關聯在一起時遇到的難題也消失了——對象的本質正如對象自身，同樣處於顯像的層次；對象在顯現自身的同時也顯現了自己的本質。根據沙特的看法，對象的形而上的「內部」和「外表」之間的二元性，以及那種亞里斯多德式的「潛能和活動」，抑或潛在性和現實性之間的二元性，也同樣消失了。

　　然而沙特認為（xxiii-xxiv/13-14）：儘管這種對於現象的嶄新構想聲稱已經消解了那些與傳統的二元性連繫在一起的難題，但它自己所面臨的一個難題不僅質疑了上述說法，還讓這一切看上去只是把之前那些難題替換了而已。目前的分析「以現象的**客觀性**取代了事物的**實在性**」（xxiii/13），而這是透過對現象的無限序列做出假設來實現的。但這種想法面臨著一個困難。很顯然，在對鋼筆加以感知時，這支鋼筆在某一時刻向我展示出特殊的感知方面，此即特殊的顯像，雖然任何特殊的顯像都以某種方式被給予我，但並沒有無限的顯像以同樣的方式被給予我：無限的序列自身並不顯現，而是由這種在現實中被給予的感知方面「表明」的。但又是什

39

麼讓這種「表明」關係成為可能的呢？這就要求單一的感知方面「超越自身」並趨向該對象其他可能的顯像，或者說——換用與主體相關的術語重新表達——這就要求主體超越被給予的單一的感知方面而「趨向它所屬的整個系列」[2]（xxiii/13）（正如沙特所注意到的，儘管對象的顯像在總體上或許是無限的，但我必定會對這種總體至少擁有一個**觀念**）。因此，看來我們至少又復返於某些古老的二元論：對於任何被給予的感知方面，對象一方面被包含於內，另一方面又身在其外；可以將對象設想為一種在感知方面得到實現的潛在性；並且，構成它的本質與顯露它的單一顯像看來必定在數量上有所區分。沙特總結道，我們能夠斷言的目前已經獲得的進步，只在於我們不再（像康德那樣）構想一種「對立於」存在的顯像。

40

2. 存在的現象（導言，第2小節）

第1小節承認了我們對包含於現象之中的超越性結構——或者換用沙特的表述，對有限中的無限——加以把握時所遇到的困難，但在《存在與虛無》中，這個困難在很後面的地方才重新得到審視。在第2小節中，沙特回到了他的出發點，亦即針對現象的構想，並就此提出了一個新的問題，而對該問題的考察進一步導向了一系列重要的、具有奠基意義的結論。

雖說現象牽涉到實在的存在（existence）與顯像之間的某種構成性的連繫，但這種說法並未決定這種連繫的性質：現象學堅持顯像「有自己特有的**存在**」（xxiv），但必須要問：顯像「擁有」存在，這意味著什麼？「存在」和「顯像」這兩個概念是如何得到協調的？在第2小節中，為了進一步澄清我們在此所面對的那種不可

2　中譯本譯為「趨向顯現所屬的整個系列」。──譯者注

分析的、原始的單元，沙特拒斥了對於顯像的存在的某些誤解。

不能認爲顯像就像糖「**是甜的**」那樣「**擁有存在**」：存在當然不是事物的性質。但是可以認爲，既然我們將存在把握爲某物而不只是無，那麼就必須承認存在**自身**便顯現著，以至於每一個顯像都牽涉到**其存在的現象**（phenomenon of its being）（也就是說，向我顯現的不僅有**桌子**，還有桌子的「**存在**」）。沙特承認有「**存在的現象**」這樣的事物，因爲在諸如厭煩這樣的心緒中，我們對「**存在著的一切**」（everything that exists）抱有一定的態度，以一種具體的情感來對待這一切，而沙特注意到，對於存在的現象在現象學意義上的實在性，這些心緒所提供的證言可以作爲（支持性的）證據。這表明沙特拒絕那種「緊縮的」存在觀，而根據這種觀點，存在的概念並不具備概念之外的意義，它可以被分析爲單純的邏輯功能。目前爲止，沙特與海德格保持一致。接下來的問題是，是否正如海德格所認爲的那樣，存在的現象構成了顯像的存在？

根據沙特的闡釋，海德格將存在的現象設想爲現象學領域中某種更爲深遠的事物，某種居於特殊存在物（existent）的顯像之上的事物；他還假定存在物和大寫的存在之間有著一種**揭示**關係，並設想主體爲了把握其大寫的存在而以某種方式「**逾越著**」存在物；他以這種方式回應了「存在和顯像的概念應當怎樣協調在一起？」這個問題。然而，沙特完全不接受這種說法，因爲這就把顯像對存在的擁有當成了一種關係，而這種構想是令人費解的：「對象不**占有**存在，它的存在（existence）既不是對存在的分享，也不是完全另外一類關係。它**存在**，這是定義它的存在方式的唯一方法」（xxv/15）。沙特支持這一論點的論據如下：如果大寫的存在由顯像揭示，那麼就有望辨識出某種與**進行揭示活動的對象**「**相關**」的事物，但這是荒謬的，而且無論如何都是徒勞的，因爲就現象學的

41

角度去理解對象，如果對象被給予了主體，那麼它的存在亦被給予了。這就再次確認了存在必然同時伴隨著其顯露的可能性：存在本身便時刻準備著，也能夠顯露自身（按照沙特的說法，一切存在都是**為揭示的存在**），並不需要把顯露的可能性附加於存在。所以，海德格犯了重複計算的錯誤——**與那種緊縮的觀點不同**，確實有存在的現象，但這並未構成某種相關於存在物的、需要得到進一步理解的**深遠事實**；因此，《存在與時間》對此在的闡釋試圖釐清那些為了讓大寫的存在得到揭示而必需的某些起媒介作用的附加條件，這自然是誤入歧途。[3]

　　海德格在各式各樣的存在／存在物和大寫的存在之間做出了（「本體狀—本體論的」〔ontic-ontological〕）區分，而對大寫的存在做出闡明則界定了哲學的根本任務；沙特拒絕了海德格的構想，因而也拒絕了海德格對「何謂顯像擁有存在」這個問題的闡釋；但他依然肯定確實有某種「存在的現象」。沙特斷定，我們當然可以在反思中將我們的注意力重新導向某個對象，譬如一張桌子，以便轉而聚焦於它存在的確定事實；但在這種情況下，我們面對的是新的、**不同的**現象，它**自身**並不能構成這張桌子的現象的存在。因此「現象的存在不能還原為存在的現象」（xxv/16）。

42　　在海德格看來，哲學是「基礎本體論」，它應探究大寫的存在所具有的意義；可既然這種構想是錯誤的，得到的結果主要是消極的，那也就意味著沙特仍然承擔著對顯像和存在進行協調的任務，

3　我認為，沙特在此表明的與其說是海德格立場的荒謬性，不如說是海德格所提出的種種主張就其哲學語法而言與傳統形上學命題之間的距離：因為沙特致力於（如前所述，參見第1章第13條注釋）一種相對傳統的哲學探求，所以他沒興趣對海德格做出善意的闡釋。（值得注意的是，沙特在《戰時日記》第183頁中聲稱自己當初於1934年未能理解《存在與時間》，因為他無法在這本書裡找到任何「傳統的難題」，關於意識、認識、實在論和唯心主義等。）

仍要解釋從「存在的現象」中應當得出什麼。沙特繼而得出下面這些更進一步的結論。

對海德格的批評已經表明，顯像的存在並沒有以「存在的現象」這種形式為我們所獲得，沙特主張，這意味著我們與顯像的存在之間的關係**不可能是一種認識關係**——因為沙特所理解的認識牽涉到「在概念中規定事物」，而我們在概念中規定的任何事物都只可能是現象。此處對認識的定義相對偏狹，擁有可爭論的餘地，但沙特做出這樣的區分並不是沒有很好的理由：只有當我與對象（以O表示）的存在處於某種關係之中時，對O的認識才是可能的。但O的存在並非作為認識的對象而向我浮現，因為O的存在是對我來說存在著有待我去認識的某個對象的條件，而且O擁有存在也不可能是我所認識到的**有關**該對象的事情。因此，沙特並不認為，如果我認識到O那麼O存在（exist），而如果O不存在那麼我就不認識O；這種觀點就太無聊了。沙特認為，O的存在必定是以一種與我所認識到的有關O的一切都有所不同的模式而**面向**我的某個事物，這種觀點才具有實質的意義。因此，用沙特所偏好的術語來說，我們與顯像的存在之間的關係必定是「本體論的」，而非認識論的。

但是，確實也**存在著**存在的現象：存在**可以**被當作現象，而以緊縮的方式對存在做出說明則是錯誤的。沙特表明了存在的現象如何排除掉不同於海德格的另一種解釋存在和顯像之間關係的方式，此即現象主義或唯心主義的設想——實在的存在（existence）能夠被**還原**為顯像的各種可能性。如果存在可以顯現，能夠表現為現象的形式，那麼存在就不可能**落腳於**現象性——一種僅僅對現象的單純**可能性**加以顯露的現象是讓人無法理解的。因此，存在必定是

「超現象的」，所謂「顯像[4]的存在就是它的顯現」（xxvi/16）是錯誤的說法。[5]沙特寫道：「雖然現象的存在與現象外延相同，卻不能歸為現象條件」（xxvi/16），意思是說，儘管一切存在都可以顯露自身，但並不是**因為**它可以這麼做所以才是（存在著）存在。在第 6 小節沙特會對存在的現象做出更多的論述。

3. 意識（導言，第 3 小節）

　　第 3 小節的開頭繼續與唯心主義或現象主義進行爭論。沙特把「顯像的存在就是它的顯現」這種說法歸之於貝克萊並（失之偏頗地）歸之於胡塞爾。由於第 2 小節已經得出了強有力的結論──顯像的存在是超現象的，唯心主義似乎已經被駁倒了，但沙特表示，他事實上還沒有完成與唯心主義相關的工作。

　　首先，沙特承認自己所捍衛的立場──該立場堅稱存在是不可還原的──似乎有與古典實在論過於接近的危險，而他認為古典實在論是很成問題的；他也承認唯心主義具有很強的吸引力，因為它所講述的有關存在和顯像的故事更精練、更直白。其次，在第 2 小節，沙特曾就認識理論與本體論之間的關係提問，而如果以另一種方式表述唯心主義的核心論點，那就是它主張存在可以被**還原**為我們對存在的認識（xxvi/16），或是存在「是由認識衡量的」（xxxiii/24），因此，沙特現在想針對這種表述方式來考察唯心主義。最後並且最重要的是，有人可能這樣反駁沙特：之前的論爭並沒有駁倒唯心主義，因為唯心主義者可能會回應說，即便對顯像的認識需要超現象的存在，這種超現象的存在也無須落在顯像的那一邊，因為**主體**的超現象存在可以在此扮演必需的角色。唯

4　中譯本譯為「顯現」。──譯者注
5　換言之，沙特的論證表明現象主義者致力於一種緊縮的存在觀。

心主義者可能會同意，認知以及對認知的主張必須做出存在上的
（existential）承諾——既然認知本身，或者說進行認識的狀態必
然是一樁事情，故而必須有某物爲「認識的存在」提供「基礎」或
「保證」（xxvi/17）——但他們補充道，唯心主義本身便提供了該
承諾，因爲唯心主義者並不試圖將認知主體還原爲顯像。沙特說，
胡塞爾的現象學就是這麼做的，因爲它讓認識返回到意識之中，也
就把認識者「作爲**存在**」，而不是作爲被認識的對象（xxvii/17）。
因此，沙特之前得出的反唯心主義的結論尚有被推翻的危險。然
而，直到第 5 小節沙特才宣布第 3 小節中與唯心主義爭論的結果是
什麼，他用本節其餘的篇幅爲自己的主體理論奠定了第一批綱領。[6]

　　沙特跟隨著胡塞爾的思路，並沿用了先前幾部作品中[7]的假
定，提出了以下關於意識的論述：

　　(1) 意識必然是對某物的意識：它是「對某個超越對象的**立
場**」，是一種「對世界的**立場性**意識」[8]（xxvii/17-18）。（這裡解
釋一下沙特使用的術語：**立場性**意識是帶有對象形式的意識，是**對
O 的意識**；**正題**意識是帶有判斷形式或命題形式的意識，是**對命題
p 的意識**。）沙特認爲從該論點可以直接得出：「意識是沒有『內
容』的」，而那種認爲事物的存在居於意識之**中**的想法是錯誤的，
哲學的第一步「應該把事物從意識中逐出」（xxvii/18）。[9]

44

---

[6] 沙特使用了一些我未採用的士林哲學術語：percipere（主動不定式）＝ to
perceive（感知）；percipi（被動不定式）＝ to be perceived（被感知）；percipiens
（現在分詞）＝ perceiving（在感知）；perceptum（完成分詞）＝ that which is
perceived（被感知的東西），the object of perception（感知對象）。

[7] 尤其是《自我的超越性》和〈意向性〉（"Intentionality"）。

[8] 中譯本譯爲「一個超越的對象的位置（position）」與「對世界的位置性意識」。
此處對 position 一詞的翻譯參考了倪梁康著《胡塞爾現象學概念通釋》（上海：
三聯書店，2007 年，第 368 頁）中的解釋。——譯者注

[9] 〈意向性〉強調這種「驅逐」的淨化作用和奇幻特徵。

　　如果說，意識擁有對象似乎無法排除掉意識**也**應當擁有內容，因此上面的說法尚有可爭辯的餘地，那麼沙特的看法是：必須把意識**等同於**一種對對象進行「意向」的關係，一種出去把握對象的關係，而不能認爲意識僅僅牽涉到對象而已；所以，認爲意識也可能負載著其他**種類**的關係，亦即對某物的「包含」關係，這就轉向了另一個話題，它談論的是某個關係中的一個**項**，並非**關聯活動**，而意識恰**是**這種關聯活動。（這裡我們開始認識到，沙特所理解的意識絕對不同於常識中所謂的「心靈」；同樣值得注意的是，雖然關於「觀念之幕」的傳統學說引發了一些認識論上的難題，但避免這些難題並不是沙特將內容從意識中逐出的直接理由；當然，沙特很明白，以自己的立場，對「表象」黏附於物質對象的方式做出說明純屬多餘。[10]）

　　(2)意識必然是一種**對自身的意識，**一種**前反思的自我意識**——沙特稱之爲 conscience (de) soi，以表明這種「關係」的特殊性。這種說法充滿了新意，而且沙特解釋道，它和有關精神之物的認識論所涉及的任何主張都有著重要的差別。笛卡兒主義中一種相當常見的說法是，如果我意識到了對象 O，那麼我也認識到我意識到了對象 O。但沙特所主張的並不是這一點；當沙特說意識意識著自身時，他主張的是：他把這種結構視爲主體對自己的意識有所認識的**在先的依據，**它使得自我認識成爲可能。

45

---

10 〈意向性〉第 4-5 頁認爲那種有關「意識內容」和「內在生活」的（「消化性的」）哲學從純粹現象學的角度而言是虛假的，故拒斥了這種哲學，但根本沒提到它所造成的認識論難題。沙特在《想像》中攻擊了那種用「事物—形象」來理解想像的觀點，但他依然只是間接地做出了一些認識論方面的考慮：他指控這個觀點無法說明那種將形象區別於感知的、現象學上現實的自發性和確定性（例如：參見第 94-101 頁）；但並未指控它會不可避免地導向帶有懷疑色彩的結論（所以這部作品的副標題是「一份**心理**批判」）。

沙特從還原（reductio）入手，論證爲什麼必須對意識的自我關聯活動做出假定（xxxviii/18-19）。假設我們將一般意義上的自我意識等同於自我認識（沙特認爲斯賓諾莎就是這麼做的：自我意識就在於「對認識活動進行認識」，是一種「對觀念的觀念」）。然而，沙特觀察到，認識關係引入了主體（認識者）和（被認識的）對象之間的區分，而就**自我認識**而言，這立刻就引發了下面這個問題：認識主體**如何**認識到它與認識對象之間的同一性？更準確地說，它如何以一種極其特別、獨一無二而又直截了當的必要方式認識到這種同一性？認識到我正處於疼痛之中或我正看到一支筆，和認識到暮星等同於晨星並擁有晨星的特性，二者之間顯然有著根本性的差異，我們需要尊重這種差異；一個人意識到他的自我就是他**自身**，這絕對不是一件普通的事情——比如最終認識到一件事物和另一件事物是相同的。

傳統上人們認爲，「反思活動」就是心靈將注意力轉向自身；這種有關「反思活動」的傳統見解可能會對上面提出的問題做出回答。但沙特注意到，訴諸於反思（la réflexion）的做法只不過重申了上面的謎題而已：是什麼允許我的反思之中的「我」認識到自身等同於被反思意識之中的主體，抑或是什麼允許那個關於「我」的意識能夠認識到自身與被反思意識是同一個意識？我們似乎被逼著引入一個「第三項」，它確實認識到前兩者的同一性，但這個第三者，這個「超」我相對於前兩者的關係仍有待說明，由此便出現了無窮倒退。因此，只要某種說法認爲自我認識是沒有依據的，它就會遭遇無法克服的困難；但是，正如我們承認對對象的認識必定擁有某種在先的，作爲這種認識之依據的事物，此即對對象的意識，我們也可以類似的方式認爲自我認識也擁有前認識（preepistemic）的依據，而這是解決上述困難的唯一辦法。[11]我們能夠從為世界所吸引的前反思意識直接過渡到對自身的反思意識，而對象意識所具有的原始的自我關聯性或自我包容性將會對這種直接性做出解釋。

沙特還給出了另一個論據（xxiv/19-20）：即便承認反思的動作足以對自我認識的可能性做出解釋，但除非我們預設一種前反思的自我意識，否則就會導致荒謬的結果。如果前反思的自我意識不存在，那麼某些尋常的認知成果就會令人感到費解。比方說我數了數香菸，共計十二根，我給出回答：「十二。」對每一根被數到的香菸，都有一個相應的對象意識（對第一根香菸的意識，對第二根香菸的意識等）。但如果這十二個對象意識尚未意識到自身，那麼我就需要再數一下**它們**，以便得到「十二」的結果；然而，即便我們能夠理解什麼叫「數一下意識」，我們通常對數量的認知也顯然不涉及這一點，而且它也無法避免無窮倒退，因為二階的反思意識自身也要被計數。所以，關鍵依然在於，為了讓主體的統一性能夠為人所理解，那麼就必須有某種事物去調和立場性的對象意識和反思性的察覺（awareness）兩者之間的關係，而這種事物自身既不能是立場性的對象意識，也不能是反思的動作。

儘管沙特並沒有言明，然而還有一個更加廣闊的理由奠定了並推動著沙特提出有關前反思意識的論點，該理由獨立於沙特為澄清自我認識而給出的辯護。我們要如何去思考意識呢？我們對意識能夠形成什麼樣的概念，又是在什麼樣的基礎上形成這種概念的呢？為了讓意識是其所是，本質上就要（以正確的途徑）把它和其

---

11 曼弗萊德・弗蘭克（Manfred Frank）解釋了沙特的觀點，並把它追溯到早期的後康德思想家：參見 *What is Neostructuralism?* trans. Sabine Wilke and Richard Gray (Minneapolis: University of Minneapolis Press, 1989), pp. 194-195。

他所有事物區分開，因爲對它而言，每一樣事物都會成爲超越性的對象，都可以算作「世界」。導致這種區分的基礎不能**外在於**意識自身，不然的話，意識爲了認識到自身是意識，就需要（荒唐地）求教於超越性的事態。所以，如果我們在實在的一個部分和另一個部分之間做出了區分，但這種區分卻又不包含那種內在於意識的，可以讓意識對立於世界的功能，那麼這種針對意識的構想就不能成立。因此，我們關於意識的概念必須是，它**將自身區別於對象**，並且**在這麼做的同時也意識著自身**，換言之，它擁有前反思的自我意識。因此，我們在一定的條件下才能思考抑或形成某種關於意識的概念，而意識的反身性恰恰被包含在這些條件之中。[12]

（3）意識是**自律的**，是一種**絕對**，不過它是一種**並不為自己提供基礎的非實體的絕對**（xxxi-xxxii/22-23）。我們已經在《自我的超越性》一書中見到了上述主張的前半部分，沙特在《存在與虛無》中重申了這一點：「不可能賦予意識異於它本身的動力」，意識展現著「自身對自身的規定」[13]（xxxi/22）。沙特此處再度支持了該主張，不過他是從先前有關意識的論點中將它引申出來的：任何有可能被認爲是規定或推動著意識的事物都必須與意識處於某種關係之中，但如果它不是意識的對象（因爲意識**就是**意向性），也不存在對這種關係的意識（因爲意識前反思地意識著**自身**），它就不

---

[12] 有必要指出的是，當沙特談到意識時，他從未把意識設想爲一種被我們**歸於**自身或他人的狀態：沙特努力凸顯出意識在被歸定之前的現象，此時的意識獨立於並先於它在判斷中的歸屬。按照沙特的觀點，我們在心靈哲學中所看到的是一種非現象學的哲學反思，這種反思不去把握意識本身的現象，而是去考慮在何種條件下可以**認爲**「存在著對某個對象的意識」或「一個人擁有對某個對象的意識」，以及從這些命題當中可以得出些什麼。結果我們所構想的就是帶有第三人稱特點的意識（甚至包括我們自己的意識），此即沙特所謂的「心內之物」；參見第 24 節。

[13] 中譯本譯爲「自己對自己的決定」。——譯者注

可能與意識處於某種關係之中。所以，沒有任何事物能夠從意識的外部（以他律的方式）規定意識，除非它被吸收和轉化為意識的自我規定（自律）。

自律關注的是某物擁有存在（existence）之後所呈現出的形式，所以並沒有給出該物存在（existence）的條件和原因，但沙特說「意識憑藉自身而存在」（la conscience existe par soi），意識是「憑藉自身的存在」[14]（existence par soi）（xxxi-xxxii/22，巴恩斯翻譯為「意識的存在來自意識自身」和「啟發自身的存在」），這就等於說意識的**存在**（existence）是出於自身的。沙特繼而推出：出於相同的理由，意識必然是自律的（任何事物，只有當它是意識的一個實例時，才能是意識的「存在原因」）。但他表明：從這個前提（他先前的論據已經確保了該前提成立）還能推導出，從**本體論**的角度來看，意識純粹是**起源**，換言之，它並不隸屬於任何更高的概念。只有當意識的可能性被置於事物的次序之中，並且先於它的創生（因而它的本質就會先於它的存在），我們才能合理地認為意識是由某個非意識的原因導致其存在的。但根據沙特的闡釋，意識並不是任何種下面的一個屬，而這就意味著，我們並不能設想某種可以從意識的潛在性過渡到其現實性的次序。

但是有一個非常重要的難題等著我們去處理。[15]如果**毫無保留地**承認是意識讓自身存在，那它就會成為一種自因（ens causa sui），而根據傳統形上學中的規則，這就會賦予意識以一種

---

14 中譯本譯為「意識是自己存在的」與「依賴自己的實存」。——譯者注

15 此處所描述的這些斷言以複雜的方式結合在一起，我們在《戰時日記》第109頁也能清楚地看到這一點：意識或人的實在 (1)「不是自己的基礎但又推動著自身……意識推動著自己的結構」，並且 (2) 可以沒有基礎——「意識的任何超越性基礎都會在產出意識的同時親手殺死意識」；所以意識的事實是「不可還原的、荒謬的」。

足以對上帝做出定義的屬性。這種含義會讓沙特躋身於絕對唯心主義者之列，還會與他之後針對意識的起源所做的（晦澀）說明（我們將在本書第9節看到這部分內容）相衝突。爲了避免這種情況，就需要做出進一步的區分。沙特想要賦予意識的那種存在上的（existential）自我啓發，其實只是把意識的自律和那種「並不來自或出於任何事物」的**消極**屬性融合在一起；這不同於那種**無條件**的存在上的（existential）自足，這樣一種強得多的屬性意味著，無論其他事物存在（exist）與否，它都會存在（exist）。沙特並未將後者——完全是傳統意義上的實體性或沙特所謂的「是其自身的基礎」——歸於意識，從沙特已經提出的任何主張中都不能得出這一點；而且意識並沒有意識到自身是一種將存在（existence）加諸自身的動作，這項事實也構成了對它的反駁。因此沙特說，在把意識說成是「自身的原因」[16]時要三思（xxxi/22，雖然他仍然採用這種說法，例如：在第 xl/32 頁）。

注意，如果對每個存在（exist）的事物而言都有其存在（existing）的充足理由，那麼上述兩種屬性就是不可拆分的：按照傳統的設想，那個弱一些的屬性可以導出那個強一些的屬性，否則我們就破壞了事物形而上的次序。但是沙特直截了當地拒絕了那種無限制地訴諸充足理由律的做法：意識的存在（existence）是一種絕對的偶然。因此，意識的非實體性有兩層彼此關聯的含義：它既指出意識的存在（existence）是偶然的，也指出意識是純粹的顯像，其背後並沒有支撐著它的載體。

49

---

16 中譯本譯為「自因」。——譯者注

4. 反對「存在即被感知」（esse est percipi）（導言，第 4 小節）

直到第 3 小節結束，唯心主義似乎已經得到了確證，因爲無論沙特針對意識的自身因果性附加了多少限制條件，他看來還是捍衛了唯心主義將主體構想爲絕對的做法。可是在第 4 小節的一開始，他卻宣稱「我們避開了唯心主義」（xxxiii）。

然而，我們已經避開的唯心主義只是將一般意義上的存在還原爲**已經被認識到的**存在 [17]。根據另外一種立場，超現象的存在是主體的特權，而意識的對象則可被還原爲顯像；沙特將這種立場歸在胡塞爾名下，認爲它也應當被稱爲唯心主義，並且沙特認爲我們尚未避開這種立場。第 4 小節和第 5 小節旨在瓦解這一立場。第 5 小節將爲意識對象的超現象性給出正面的論據。第 4 小節沒有那麼雄心勃勃，但它爲第 5 小節的論據提供了必要的準備，它試圖表明：貝克萊針對意識對象而提出的現象主義—唯心主義公式——它們的存在（esse）就是它們被感知（percipi）——是無法爲人所理解的。

沙特指出，即便按照現象主義—唯心主義的觀點，我們只能談論「被感知」的對象，但最起碼也要承認，必須在（被感知的）意識對象和對該對象的認識抑或揭示該對象的綜合之間做出區分，否則對一張桌子的認識就成了**對**意識的認識（所有的對象意識都成了反思，這是荒謬的）。這足以保證，我們可以**某種方式**追問桌子的存在。既然依靠同一性——桌子**就是**這種主觀印象，或者說桌子的存在**就是**意識的存在——實現的直接還原被排除了，沙特建議，現象主義—唯心主義的還原應當表述爲下面這種主張：桌子的存在是**相對於**感知主體的存在。

---

[17] 沙特腦海中的唯心主義是那種從合法的（de jure）（亦即康德的角度），而非實際的（de facto）角度去設想先驗條件的唯心主義。

　　除了這種相對性以外，根據現象主義—唯心主義的分析，桌子的存在也是**被動的**（確實，感知必然是**對**桌子做出的某種事情，而不是桌子做的某種事情）。沙特認爲這種想法是自相矛盾的。當且**僅**當對象能夠被認爲是受到了影響——也就是說，對象承受著本質上是由自己的存在方式所規定的改變——並因此被認爲是某種**自在**的事物，我們才可以談論「被動的存在」。現象主義—唯心主義者不可能認爲對象支撐著它的改變，不可能認爲對象擁有一種存在來作爲它所受影響的基礎。除此之外，沙特還認爲：現象主義—唯心主義者想像著一種形而上的交易，意識作用於對象以便將存在**賦予對象**抑或**使得對象**存在；但是這種交易又必須超然於那種不斷創造對象的活動，因爲察覺到自身從事著這種活動的主體「甚至不能幻想脫離他的主觀性」（xxxiv/25）；但這種交易對意識做出了矛盾的構想：就像一隻手只有在能夠受壓時才能施壓，意識只有在反過來發現自身受到作用的時候才能將存在傳遞給顯像的統一體；只有在互惠的情況下，互動才是可能的。對這一點做出設想，就相當於否定了那條不容置疑的、不可動搖的洞見：意識是「完全的能動性，自發性」（xxxv/16）。（沙特認爲：正是爲了應付這個難題，胡塞爾引入了有關「原素」〔hyle〕的想法，它是供綜合的**質料**或素材，但這只造成了矛盾的結果，因爲胡塞爾既要它展現出意識的特性，又要它展現出事物的特性。[18]）

　　所以可以得出結論：「意識的超現象存在不能爲現象的超現象存在奠定基礎」（xxxvi/27）。

50

---

[18] 沙特起初接受了原素的存在：參見 *Imagination*, pp. 132-133。

5. 沙特的「本體論證明」（導言，第 5 小節）

　　與笛卡兒遙相呼應，沙特將第 5 小節所包含的論據稱爲「本體論證明」。它的首要攻擊目標依然是現象主義—唯心主義：它要表明意識對象的存在是超現象的，不過理由與第 4 小節所給出的不同。現在沙特主張：**意識**的存在直接蘊含著這一點。次要攻擊目標則是關乎外部世界的懷疑論：如果這番論證是可靠的，那麼這種懷疑論就是錯的。沙特試圖表明這個論證其實既簡單又有力：

51
　　　　有一種不是從反思的**我思**，而是從**感知的**[19]**反思前的**存在獲得的「本體論證明」（……）意識是對某物**的**意識，這意味著超越性是意識的構成結構；也就是說，意識生來就被一個不是自身的存在**支撐著**。這就是所謂的本體論證明（xxxvi-xxxvii/27-28）。

該論據既簡單又具有（沙特所聲稱的）說服力，兩者的結合令人心動，不過也需要闡釋。

　　下面是理解本體論證明的一種方式。我們先前注意到，對沙特而言，必須從內部，以意識的視角去設想意識。而沙特堅持認爲，意識緊鄰著存在（第 4 小節已經表明存在必然是超現象的），這依然屬於意識的視角。既不同於 G. E. 摩爾針對外部世界的實在性所給出的著名的「兩隻手」證明，也不同於任何以直接實在論是一種基於常識的感知理論爲由而對它做出的辯護，沙特堅持認爲該論證訴諸的是**前**反思的意識。雖然他和摩爾以及直接實在論者都認爲，

---

19 中譯本譯為「感知者」。此處「感知」的原文為拉丁文 percipiens，本書作者用括弧注明該詞對應的英文為 perceiving；由於翻譯已經涵蓋了兩者的意思，故在此刪除了作者的解釋。——譯者注

對外部實在的認知不涉及推斷，但上述論據的不同之處在於，它並不聚焦於反思性判斷——「我感知到 O」並且這個判斷恰好具有最高的認識價值——而是聚焦於能夠對意識加以（正確）設想的條件。出於它的先驗性質與視角性質，沙特的論據很容易被忽略（它可能根本就不是什麼論據）或是被誤解（它不過是重複了摩爾的手勢，抑或毫無根據地斷言了外部世界的實在性是透過經驗被給予的。總之，它完全獨斷的）。

沙特論證的關鍵在於，如果我認為我對外部實在的意識中有（甚至是**可能有**）一個「缺口」或認知上的不足，那麼這種想法就必須要在一定程度上**對象化**位於主體—世界關係中的我這一端的某個事項——因為這要求我做出以下反思：屬於我的這個表象（抑或**信念狀態**、**精神內容**或是其他什麼）雖然包含著實在的形象或者說在意向中指向實在，但它卻無法黏附於實在——而在沙特看來，它就對自身提出了控訴。而沙特的反論是，意識**根據**自己所抵達的事項，亦即根據超現象的存在而前反思地把握自身，因此，根據之前已經給出的理由，不能認為意識無法觸及它的認識目標。意識的視角駁回了懷疑性反思的視角。

52

但有人也許會問：在某些特殊的情況下，是什麼**保證了**「我的意識所抵達的東西」隸屬於**外在的**實在？諸如夢境和幻覺這樣的狀態又是怎麼一回事呢？畢竟在這種狀態中，意識的意向對象絕非外在的實在。即便沙特正確描述了如何從意識的視角去看待事物，但這不也就意味著：當反思（可以在笛卡兒的「第一沉思」中發現的那種反思）無法支持由這個視角所提供的出路時，我們便會遭遇認知上的衝突，因此也就有了建立懷疑論的依據？沙特為什麼會認為前反思意識的視角就推翻了由反思得來的結果，讓其失去了聲音？

如果想要完整地重現沙特的本體論證明，就要用到下面這些非

常重要的論點。首先需要回憶一下，根據沙特的說法，我們不需要在對於對象 O 的意識上**附加上**任何東西以便把 O 規定爲外部實在，因爲自我與非我的區分是與意識與對象的前反思性區分一齊得到表述的。其次，之前我們已經注意到，沙特秉持的觀點是，對非實在的意識是從對實在的意識中衍生出來的，前者也依賴於後者；這一主張源自他有關想像的理論，針對該理論他也提出了一系列獨立的論據。

　　第三，沙特又回到早些時候由胡塞爾提出的論點，以對本體論證明加以擴充。該論點是：某個對象的感知顯像是潛無窮的，這表明了它的客觀存在。沙特贊同胡塞爾「訴諸無窮」的做法，因爲這種做法把握到了意識是如何擁有一個具有客觀存在的對象的——它把握到了這一事態在現象學意義上的實現。（注意，它扮演著比認識**標準**更爲重要的角色，因爲顯像的潛無窮並不是一種參照物，供我們分辨意識是否可信。對沙特來說，那種認爲我們需要某種「分辨方式」的想法本來就是錯誤的。）但沙特進一步發揮了胡塞爾的思考，因爲他提出了有關這種結構何以**可能**的問題。胡塞爾所訴諸的無窮顯像在被給予時當然不是現實中的主觀印象，而是**不在場**的。由此可得，根據「意識是其對象的存在的構成成分」（xxxvi/27）這一唯心主義原則，如果對象 O **作爲**我的主觀性中的**某種欠缺**而存在（exist），那麼 O 就擁有客觀的存在。這就無法解釋我對 O 的意識如何讓自身「從主觀的東西中走出」[20]，以便獲得「作爲**在場**，而非不在場」[21]（xxxvii/28）的對象 O。（它還產生了一個形上學方面的悖謬：「非存在怎麼能成爲存在的基礎呢？」

53

20　中譯本譯爲「出自主觀的東西」。——譯者注
21　中譯本譯爲「是一個在場，而不是一個不在場」。——譯者注

第 xxxvii/28 頁。）既然意識似乎超越了自身而趨向於處於在場狀態中的對象，那麼要想讓這種結構可以爲人所理解，唯一的前提便是對象超現象的存在。（注意：如果一個懷疑論者甚至去否認自己至少可以在最原始的層面上**將自身帶離**自己的主觀性，那麼他就輸掉了這場爭論，因爲他已經暗中承認他可以意識到的事物僅僅是精神影像；無論我們怎麼去理解這一點，這都意味著他的情形不同於我們的情形，而後者才是我們爭取在認識論上加以正確闡釋的對象。）[22]

最後，前反思的視角比反思性的懷疑論更勝一籌的原因在於，意識是原初的而反思是第二位的（沒有趨向於對象的一階意識，反思就不可能出現）；還在於，在追溯了前反思意識的視角以後，我們明白了懷疑性的反思是以錯誤爲基礎的。我在沒有察覺到認識上的不一致之處時確實可以一直**思考**下去，而反思性的懷疑判斷也確實具備前反思意識所缺少的權威性（就像笛卡兒的做法所表明的那樣）；但這恰恰是本體論證明的題中應有之義：因爲它告訴我們，在反思的層面，根本**不可能**證實與實在的外在對象之間的關係。所以在某種意義上，一旦對本體論證明做出了解釋，如果仍有懷疑論者去問我們怎麼能夠確切認識到有關外在意識的某些實例是可信的，那麼我們也沒辦法進一步回答他的疑問。不過我們可以認爲，陷入這種狀況的原因在於，我們不可能滿足這位懷疑論者在提出這個問題時所做出的預設：他要求由反思去規定一個它實際上並不能

---

[22] 沙特指出，在他的本體論證明和康德在《純粹理性批判》中對唯心主義的拒斥之間也存在著差異：後者僅僅確立了合法的先驗條件，雖辨識出認識上的要求但並未表明這種要求會被滿足（xxxvii/28-29）；沙特的證明則表明了先驗之物的實際地位，它在本體論上的現實性。有趣的是，沙特把那種康德式的規範性要素內置於意識的本體論結構中，這也是沙特在重新構想先驗之物時所體現出的特點：參見第 14 節，其中討論了作爲「義務」的意識。

54 　規定的事物（看上去這位懷疑論者是在要求由反思**製造出**實在的對
　　象）。

6. 自在的存在與自為的存在 [23]（導言，第 6 小節）

　　在正式解決了有關實在論和唯心主義的問題之後，沙特又回到
了第 2 小節已經探討過的「存在的現象」，他宣稱我們現在可以對
它做出正確的把握。與我們能夠從這種現象中得出的存在有關的一
切資訊——以及**對現象的存在而言所存在的一切**——都被包含於以
下幾個命題之中，它們簡潔得令人吃驚：①「存在存在」（est）；
②「存在是自在的」（est en soi）；③「存在是其所是」（est ce
qu'il est）（xlii/34）。提出這些奇怪的公式並不是爲了對這種存在
做出一番富有教益的描述，也不是爲了斷言有關該存在的分析性眞
理，而是爲了讓我們注意到它與概念和判斷之間的關係，一種特殊
的、非同尋常的、**否定性**的關係。在被用於現象的存在時，繫詞只
相當於是一種提示或是一種具有表達作用的符號（它指向存在，或
者說它表達著意識與存在之間的對抗）。而沙特提出的這些命題旨
在向我們表明：①除了使用該繫詞，思維功能已經無法對這種存在
做出更多的探討了；②之所以如此，**是因為**對該繫詞的使用已經把
存在一網打盡了：思維在這裡走到了極限，但這種極限**也**是**存在**的
極限。（正如主述式在主客關係當中**主觀的**一極中是缺失的，在這
種關係當中相反的、**客觀的**一極中——出於某些不同的理由，並且
在相反的意義上——它也是不在場的。）

---

[23] 一般將 being in itself 與 being for itself 分別譯為「自在的存在」與「自為的存
　　在」，我們將在某些地方直接使用「自在存在」與「自為存在」以替代上述譯
　　法，以避免過多的「的」可能帶來的誤解。讀者在某些地方也會看到「自在之存
　　在」與「自為之存在」這樣的表達，它們分別對應的是 the being of the for itself
　　與 the being of the in itself。請讀者注意這些術語之間的區別。——譯者注

　　沙特提出的這三個命題的意思是：現象的存在無須理由也無須辯護而存在著（exist），上帝或自然法都不能對它做出說明，因為它就「存在」而已；我們甚至不能用「非創造的」或者「自我創造的」這樣的詞語來描述它；它是一種絕對的充盈，是自我同一的，它不帶有意識卻依然是完整的；那些基本的概念範疇，諸如主動性與被動性、否定與區分、可能性與必然性，都不適用於它；它超乎生成之外，並脫離了時間性（xlii/33-34）。其全然同一的存在（可以用「A 是 A」表達）意味著它「是在無限的壓制下存在，屬於無限的致密性」──它不需要綜合性的統一，因為它的統一性「消失並轉化為同一」（74/116）。沙特將其命名為「自在的存在」（being-in-itself），儘管他注意到，對反思性的暗示（「自」〔itself〕）非常具有誤導性（76/118）。我們不能認為有什麼事物對自在的存在做出過辯護，抑或賦予其必然性或可能性，就此而言，它超乎理性和模態之外，所以說，自在的存在是**偶然的**──這是一個特殊的、絕對意義上的判斷，與那些常規的、相對意義上的針對偶然事物的判斷形成了對照。（請注意，自在的存在如何基於所有這些理由而不是「物質」。）

　　沙特強調，自在的存在之所以無法得到解釋，原因並不在於我們的認知能力只能如此：這種原因「與我們相對於自在的**立場**無關；並不是說，由於我們『**在外面**』，我們就不得不去**理解它**和**觀察它**（……）自在沒有奧祕」[24]（xlii/33）。

　　因此，現象的超現象存在是自在的存在（l'être-en-soi）（xxxix/31）。它在所有方面都與我們在意識中所發現的超現象存

55

---

24 中譯本將這段話的前半部分譯為：「與我們相對於自在的位置有關，在這個意義下我們將被迫了解及觀察自在，因為我們『在外面』。」與英譯本的翻譯表達了完全相反的意思。──譯者注

在相對立，而對後一種存在，沙特現在將其命名爲「自爲的存在」（l'être-pour-soi）。自爲的存在的形上學特徵恰好是自在的存在的形上學特徵的反面。自爲的存在被定義爲「是其所不是且不是其所是」，是「**應是**其所是」（a à être ce qui'il est）（xli/33）的存在，《存在與虛無》的第二卷將會對此做出解釋。

　　沙特指出了自己對自在的存在的說明與海德格的觀點相抵牾的地方。海德格認爲，我們與大寫的存在之間的關係推動了對存在之意義（Sinn）的追問。但沙特認爲，「超越」自在的存在而「走向它的意義」既無必要也不可能（xxxix/30）。沙特拒絕了海德格對大寫的存在的追問，這其中還有一個更深層的目的。海德格對於此在與大寫的存在之間關係的構想蘊含著以下觀點：大寫的存在在某種程度上**需要**人類，並且，由於海德格斷言「此在的在世」的那種不能分解的、不可分析的、融合的完整性是最重要的，他就確保了此在的異化不會超過一定的限度。無論此在有怎樣的錯誤或過失，大寫的存在總是恰好**隸屬**於此在，正如此在也總是恰好隸屬於大寫的存在。所以，不管此在與大寫的存在之間實際上的距離有多遙遠，此在都可以在大寫的存在中安家，至少在原則上總是有這種可能性的。沙特排除了這種形上學的樂觀主義。如果自在的存在在沙特所提出的 3 個論點中已經得到了澈底的探討，它也沒有奧祕可言，那麼世界本身的存在便是以一種無條件的冷漠去面對人類的關懷。

7. 作為整體的存在（導言，第 6 小節，第 xlii-xliii/34 頁）

　　導言部分以一組問題結束，帶著這些問題，沙特在後文中正式開啓了自己的探索之旅：

　　這兩種存在的深刻的含義是什麼？為什麼這兩種存在都屬於一般的存在？這種在自身中包含著截然分離的存在領域的存在意味著什麼？如果這些在理論上並無交流的領域事實上又由某些關係統一起來，但唯心主義和實在論都無法對這些關係做出解釋，那麼我們還能給這個問題提出別的解決辦法嗎？[25]（xliii/34）

沙特稍後在有關虛無的那一章的開頭（3-4/37-38）又提出了這個問題，正如沙特所言：「(1) 所謂『在世』的綜合關係是什麼？」，「(2) 為了使人和世界的關係成為可能，人和世界應該是什麼？」（4/38）。這清楚地表明，人們可以期待哲學去闡明由存在構成的可理解的整體，這個想法完全是合理的，因為我們事實上在單純意向性意識的領域之外確實發現了存在的兩個領域之間的關係，這也就是我們的「在世」（「在世的人這個整體」，第 4/38 頁）。

　　自為與自在的關係所具備的特性，沙特和海德格對我們的「在世」所做出的不同理解，以及這給「存在構成了一個整體」的想法所帶來的困難，所有這些都應得到強調。

　　沙特談及自為的「噴射」（jaillissement, surgissement），談及作為「絕對的事件」的自為，這是「在自在中發生」（arrive à）的某個事件，是「自在的唯一可能的偶發事件」（216-217/268-269）。這些隱喻和句法形式表達了對沙特而言至關重要的一點。按照我們平常的想法，世界是一個永久的存在物或結構，它包含著一

---

25 中譯本將後兩個問題譯為：「這種自身中包含著截然分離的存在領域的存在的意義是什麼？如果唯心主義和實在論都無法揭示那些事實上用來統一那些確實無法溝通的那些領域的關係，能夠給這個問題提出別的解決辦法嗎？」——譯者注

系列的變化或事件，其中之一便是人類的出現。但沙特並不認爲我
們的出現是世界歷史中的一個事件，因爲他認爲，除了「存在」，
其他任何先在的形上學範疇都無法含括自爲——自在的存在所提供
的形上學範疇並不足以對自爲加以構想，自在的存在並沒有對自爲
的存在做出任何概念上的展望。因此，沙特從自爲的存在中看到了
一個新的形上學範疇：他看到了**事件**。所以，自爲的存在相對於自
在的存在，正如事件性相對於實體性。（借用一個類比，自爲的存
在相對於自在的存在，正如空間**距離**相對於慣性**物體**。距離並非源
自物體，它既不會影響物體也不受物體的影響，但如果沒有物體，
距離也就不可思議了。）沙特堅持認爲，這兩種在本體論的層面上
彼此相異的存在類型在形上學的層面上又以一定角度彼此連繫著。
這當然重申了沙特的反自然主義立場，但也反映出他與海德格之間
的分歧。毫無疑問，人類主體對沙特而言必然是「在世」的，對海
德格來說也一樣；但是（我們會在第 12 節看到）它所在的世界只
是噴射的相關物，而自爲即**是**這種噴射；所以，對於海德格而言，
介詞「在」暗示著我們**隸屬於**某種超人類的本體論秩序，但對於沙
特來說，介詞「在」根本不具有這樣的暗示。

　　在結論部分，沙特又回到了這個問題：在何種意義上，存在構
成了一個整體（參見第 46 節）？請注意下面幾點。首先，沙特既
然就存在的整體性提問，並把這個問題尊爲《存在與虛無》中的首
要問題和最基本的討論框架，這個事實表明，沙特所關心的問題與
傳統形上學非常地接近，《存在與虛無》的內涵也遠遠超出了哲學
人類學的範圍——即使這兩種存在類型的「終極意義」是由人構成
的，沙特還是想**根據**一般意義上的存在去**表明**人在形上學上的突出
地位。其次，沙特並不接受由實在論和唯心主義給出的解決方案，
他斷言：實在最終無法成爲一個融貫的整體，但這同樣具有相當重

要的意義。他的這一舉動很不同尋常,因為上述說法不會得到之前任何傳統形上學體系的支持。當我們在第 46 節回到有關存在之整體性的問題時,我們會思考上述說法將沙特置於何種境地。

8. 本體論關係與認識論

我們已經看到,沙特在第 2 小節引入了一種與認識關係形成對照的本體論關係,他在第 5 小節的本體論證明中也對這種關係加以利用;但沙特對這種本體論關係的想法需要得到澄清,就像沙特在《存在與虛無》中對認識論採取的那種更為一般性的態度也要得到澄清一樣,因為它看上去有些模稜兩可:有關本體論證明的討論已經顯示出,我們既可以認為沙特提供了一種對直接實在論的認識理論有利的原創性論證,也可以認為沙特提出了一種「消解方案」,該方案否認了任何認識論難題的存在(existence)。[26]

沙特認為,本體論關係是一類比認知關係更為原始的關係;它是認知的前提,認知隨附於它。本體論關係使認知成為可能,而從認知的觀點來考慮,正是由於這些本體論關係,由這些關係所導致的認知(由它們推動的從一項抵達另一項的認識路徑)只是緣於每一項的單純**存在**。想要進行辯護的念頭並不適用於本體論關係本身,雖然本體論關係與那些擁有確定性和不可懷疑性的認識狀態是**相關**的。(注意,我們不應認為本體論關係在概念上就**是**某種處於特權地位的認識關係,因為談論本體論關係完全是為了去**解釋**這種認識關係是何以可能的。)對於那些直接隨附於本體論關係的認知來說,它們的形式是一種原始意向性的「與對象的關聯」,而不是那種複雜的對對象的判斷,也就是說,它們的形式是立場性意識而

---

26 參見本章第 10 條注釋,其中涉及現象學與認識論之間的間接關係。

58

非正題意識。

可以透過海德格對胡塞爾的批判來理解沙特有關本體論關係的想法。海德格反對胡塞爾的說法，他認為意向性的最基本形式不可能擁有認知的特徵，**所以**也不可能具有意識的特徵。沙特在這一點上贊成海德格的說法，他也認為基本的意向性是非認知的，但他贊成胡塞爾把意向性認同為意識的做法，因此並不接受海德格的「意向性的基本形式是實踐的」這個論點。[27]（在第 73/115-116 頁和第 85/128 頁，沙特批評了海德格「克服」意識這一層的做法。）

從這些我們可以看出，沙特雖然對認識論問題持有模稜兩可的立場，但這並沒有掩飾任何不一致之處，我們也可以看出該立場為什麼應該保持這種模稜兩可的狀態。海德格認為，認識論議題以錯誤的形式出現，或者說，它們是**無意義**的，所以他轉而離開了這些議題，這在一定程度上體現了他對傳統哲學的拒斥；但沙特的本體論轉向與此不同，認識論方面的動機仍在沙特的議程之內，他把其他哲學理論在解決認識論難題上的無能當作一份論據來支持自己提出的本體論。然而，雖然沙特保留了意識，但他比胡塞爾更進一步地離開了傳統認識論：沙特用意識的先驗視角來奠定本體論，他認為該視角同時也解決了認識論試圖填補的缺口。[28]由此便產生了方才描述過的、本體論關係（沙特提出了有關的理論）和認識論關係（沙特並沒有給出正面的理論，但他認為並不需要這麼做）兩者之

---

[27] 沙特在〈意向性〉中解釋了他如何恰好位於胡塞爾與海德格之間（與之外），採用了各自的術語去（重新）闡釋對方：我們的存在是「在世」之在，但這種「在」必須被理解成一種「運動」，具體來說就是意識所是的運動，因為意識只是「一種逃離自身的運動」。也可參見 "Consciousness of self", p. 132。

[28] 基於這個理由，當梅洛—龐蒂斷言「沙特期望」透過他的二元本體論「去說明我們對於事物的原初接觸」（*The Visible and the Invisible*, p. 52），他一方面是正確的，但另一方面又是誤導性的。

間的重疊。

　　訴諸本體論關係的第一性，並指責對立的立場因爲假定了「認識的第一性」而犯了方法論上的錯誤，這種策略在《存在與虛無》中的某些關鍵時刻會再度得到運用，尤其是涉及有關他人之心的問題時（參見第 27-29 節）。並且，沙特在有關超越性的那一章說明了認知的本質，該章會進一步充實對「作爲本體論關係的認識」的構想。本體論關係在《存在與虛無》中處於核心地位；這些關係涉及自爲的結構抑或它與自在的關係，並與認識論關係疊合在一起；它們是**否定的**和**內在的**。內在的否定（une negation interne）是兩個存在間的這樣一種關係，「即被另一個存在否定的存在透過它的不在場本身，在它的本質內規定了另一個存在。那麼否定變成一種本質的存在連繫，因爲它建立其上的各種存在中至少有一個是指向另一個存在的」（175/223，同時參見第 86/129 頁）。注意，否定的本體論關係本身並不等價於（雖然它們可能支持著）「一個存在對另一個存在做出否定**判斷**」這種關係（這種還原會再度主張認識的第一性）。內在的否定可能會進一步展現出一種**動態**的特徵，憑藉這種特徵，本體論關係中的一項所擁有的能動性不需要任何因果性的媒介，也不需要一者對另一者的「表象」，便可對另一項的存在做出改變：內在的否定是「在互相否定中構成的兩項的綜合能動的連繫」（252/310）。而在**外在的**否定中，關係不會影響到關聯項的存在（例如：擺在桌上的報紙並不是桌子），這種否定適合於客觀的經驗眞理（185/234）。（附言一句，以完成類型上的劃分：我們會在討論「占有」關係的第 41 節裡看到，內在的本體論關係並不完全是否定的。）

60

9. 虛無的形上學（第一卷，第 1 章，第 3-24/37-60 頁）

　　關於自在的存在和自為的存在的基本本體論，雖然我們方才已經考察過了，但它仍然是不完整的，直到沙特闡述了虛無的形上學才將其補充完整。這部分內容被包含在第一卷第 1 章的前半部分（3-24/37-60）。在該章其餘的部分（24-45/60-84），虛無的形上學被發展成一種有關自由的理論，我們會在第 32 節和第 37 節回顧這部分內容。

　　沙特的核心主張是，虛無隸屬於實在的結構，而將意識等同於虛無的做法解釋了實在的虛無何以可能。可以認為，沙特的論據是沿著四個階段逐步推進的：①否定是認知的不可還原的、必然的組成部分與條件，但它不能被還原為某種判斷功能。②否定在本體論的層面上是實在的，其實在性可以透過現象學的方式得到證實，因為我們發現，虛無是具體的經驗對象。③必須認為虛無的實在性來源於意識進行否定的力量。④透過考察其他有關虛無的理論（黑格爾和海德格的理論），我們得出結論：意識之所以擁有進行否定的力量，是因為意識**即是**虛無。最後，作為對該理論的補筆，沙特針對自為的起源提供了一份帶有思辨色彩的建議。

　　(1) 我們姑且先對否定做出初步的理解，認為它不過是以否定詞對事物進行思考。就我們對世界的認知而言，否定是遍在的、必需的：這是沙特進行論證的起點。沙特一開始是根據「**考問**」這一概念來表明這一點的。沙特指出：否定是考問的前提，它包括考問者的無知，這種不知道的狀態，還包括得到否定回答的可能性。既然能夠被思考的一切事物既有可能是考問的題目，也有可能是對於考問的回答，那麼可思考的一切事物都在邏輯的層面上與現實的或可能的否定連繫在一起。在「考問的態度」這一標題下，沙特不僅容納了認知上的探求，還進一步容納了一切實踐事務，因為無論何

時與事物打交道，其中都擁有考問的結構：對於我的一切嘗試（比方說，對化油器加以檢查，以對車子進行維修），世界都可能回答「不」（7/42）。

對考問的考察導向了進一步的觀察，這些觀察表明了否定是無處不在、不可消除的。首先，如果要對世界做出澈底的描述，就需要某些特定的概念，譬如失敗、毀滅和易碎裂，而組成它們的否定性部分是不可還原的：失敗便是不成功，毀滅便是讓某種事物不再（8/42-43），易碎裂便是展現出在某種情況下不再存在的可能性（8/43）。和進行考問的時候一樣，在這些情況下，涉及人類主觀性的某種關係同樣捲入其中。沙特認爲：甚至就易碎裂的情況而言，也需要人類主體將處在現實狀態的對象和一種被謀劃出來的可能的未來狀態連繫在一起（這裡請回憶一下先前對「超乎於否定之外」的自在的存在所做出的說明）。沙特更進一步將否定作爲認知的先驗條件：沙特認爲，每一個概念、每一個思想動作都涉及否定。對任何概念的運用都預設了否定，不管是在個體化某個對象時，還是在對它做出敘述時：判斷 X 是 F，就是將 X 規定爲一種獨特的形式，也就是說，它與 Y 等等是**不**一樣的。譬如，在確定空間距離時需要確定界限，因此也需要否定（20-21/56-57）。因此，要對一個由個體化的，擁有確定屬性的對象構成的世界有所意識，否定就是必需的：我連續用否定性去「孤立並規定存在物（existent），即用否定性來思考他們」（27/64）；否定是「實現」認知統一性的「紐帶」（21/57）。如果根據「眞理」這一概念來表達上述先驗的主張，那麼可以說：「眞理，作爲對存在的區分，引出了」非存在，因爲如果（判斷出）某種事物是眞的，那麼就（判斷出）世界「是這樣而不是那樣」（5/40）。或者換用「認識」這一概念：「不是我的東西是面對我在場的」，而「這個『不存在』

62　　先天地被一切認識的理論所包含」（173/222）。

　　（2）因此，表明否定是遍在的和必需的，這相對比較容易——事實上，任何贊成「規定即否定」（omnis determinatio est negatio）這條傳統形上學公式的人都會同意這一點。對沙特來說，更艱難的任務在於表明否定不僅僅是思想或判斷的特徵，雖然人們很自然地默認了否定屬於某種主觀的東西。常識以一種典型的原始自然主義的方式將實在等同於**存在著**的一切事物，這意味著否定僅僅隸屬於我們對於事物的**思考**，而並不隸屬於事物本身。[29]而這可能會得到下述論點的有力支持：否定是以人類爲轉移的，否定如要出現，就需要某種涉及人類行動或人類認知之可能性的關係。沙特也勉強承認了這一點。因此，按照判斷理論，我們就會把否定設想爲「判斷的一種性質」（6/40）——在判斷或思想的動作中運用否定的範疇——還會把虛無的概念僅僅理解爲一切否定性判斷的「統一」（6/40-41）。

　　首先，沙特對這種觀點展開攻擊的理由在於，我們與否定的關聯已經超出了判斷的範圍，正如在考問中所表現出的那樣：雖然我想知道命題 p 是否成立，但是我並沒有對「我不知道 p 的眞值」這件事情做出判斷，然而這種意識是考問的前提。正如沙特所言，我們擁有對「非存在的那種直接理解」（8/42），擁有對虛無的「判斷前的理解」（9/44），而且這些判斷前的理解不可能被集體轉換爲判斷，甚至在原則上也不可能。與此相關，其次，沙特堅持認爲：否定在被給予我們時並不是主觀的——對象碎裂的可能性抑或它已經被毀滅的事實在被給予我們時是**在世的**，是「一個**客觀事實**

---

[29] 對於此處問題的澄清，參見 Gert Buchdahl, "The problem of negation", Philosophy and Phenomenological Research 22, 1961, 163, 178。

而非一種思想」（9/44）。第三，沙特詢問道：基於「存在與肯定性充實著一切」[30]這個假設，那麼按照判斷理論，到底是什麼會把基本的可理解性賦予否定的範疇？畢竟，如果實在所包含的一切事物（我們的精神狀態也不例外）都具有肯定的特徵，我們又怎麼能夠「設想判斷的否定形式」（11/46）呢？

這些論點雖然很有力，不過或許並不足以迫使人們拒絕判斷理論。判斷理論可能會提出這樣的說法：只要我們把否定當成先天的範疇（或者天賦觀念），就不需要說明它是如何獲得可理解性的；而且，在諸如毀滅或者易碎裂這樣的情況下，我們可以在事件本身或者說物質的重組過程和我們針對它們的否定性的思維模式之間做出區分；前者確實是在世的，而後者則並非如此。

沙特宣稱，下述事實可以讓我們「有把握地做出決定」去反對判斷理論（9/44）：否定採取的是具體的形式。沙特提出了一個現象學主張：虛無作為經驗的立場性對象而出現。沙特舉了一個很有名，同時也頗具說服力的例子來支持這個主張：我走進咖啡館去見一個人，但我沒在那裡看到他（9-10/44-45）。我發現皮埃爾不在咖啡館，和我從一份完整的顧客名單或從有關皮埃爾在他處的報告中推斷出皮埃爾不在這裡，兩者的方式是不同的。它被給予我和咖啡館中的某些對象抑或這整片區域以其存在的充實被給予我，兩者的方式也是不同的。我發現皮埃爾不在咖啡館的某個地點或所有地點，和我看見一個坐在角落的人，兩者的方式也是不同的。皮埃爾的不在場**經由**整個咖啡館而讓我發現，而整個咖啡館是作為一種不包括他的綜合整體而組織起來的：皮埃爾的不在場「限定了咖啡館」，咖啡館「承擔著」並「呈現出」那個被索求的皮埃爾形象，

63

---

[30] 中譯本譯為「一切都是存在的充實體和肯定性」。——譯者注

而這個形象「以咖啡館的虛無化爲基礎，將自身作爲虛無」而凸顯
出自身[31]：「呈現於直觀的正是虛無的閃光」，它是「皮埃爾不在這
裡」這個判斷的**基礎**（10/45）。因此，以這種方式，皮埃爾不在
咖啡館的事實被給予了我，而這種方式使它有別於無數同樣適用於
該咖啡館的完全抽象的否定性事實（惠靈頓公爵不在這間咖啡館
裡，諸如此類）。判斷理論可以說明這些抽象的否定，但是不能說
明具體的否定性。這個例子「足以說明非存在不是透過否定判斷進
入事物之中的，相反，正是否定判斷受到非存在的制約和支持」
（11/46）。

　　如果判斷理論要對此做出回應，它只能要麼否認現象學的可靠
性（它可以沿著這樣的思路：我們並沒有**經驗到**皮埃爾的不在場，
我們只是**認為**他不在場，又莫名其妙地把這種想法和對咖啡館的
經驗**混淆在一起**），要麼否認現象學上的否定和邏輯上的否定是同
一事物的兩種形式（它可能會說，現象學上的「否定性」是一種事
物，完全是經驗的一種性質，只是很偶然地，或許只是在隱喻的意
義上與那種本眞的、判斷上的否定連繫在一起）。然而，這兩種回
答都有些牽強，而且我們現在已經看到了沙特對於否定做出的說明
所具備的優點。

　　(3) 皮埃爾的不在場是沙特所謂的「**否定態**」（négatités）[32]的
一個實例，**否定態**指的是一種包含著否定並由否定構成的「否定
化」（negativised）的事態（21/57）。否定態以期待和人類的其他
傾向爲前提，但它們又是立場性意識的超越**對象**——它們不是經

---

[31] 中譯本譯為「這就是皮埃爾，他作為虛無消失到咖啡館的虛無化這基質
　　中」。——譯者注

[32] 英譯本直接採用了法文原文，中譯本則譯為「否定性」，但如果採用這種翻譯，
　　該術語就無法與 negativity 區別。此處參考本書作者給出的英文解釋（negated），
　　姑且譯為「否定態」。——譯者注

驗，而是某些**被**經驗到的東西：皮埃爾的不在場是「與這座咖啡館相關的實在事件」，是「一個客觀事實」（5/40）。 由此出現了「虛無」（le néant）的概念，它與否定不同，指的是那構成否定態之否定性的東西所具備的本體論類型與地位：虛無是「實在物的一種成分」（5/40），或者說是「實在物結構」（7/41）。正如分析所表明的，**否定態**並不是與存在涇渭分明的純粹虛無的自足單元：皮埃爾的不在場並不是「對**烏有**（rien）的直觀」（9/44）——一切否定性都是**屬於**某個存在的（屬於咖啡館的，也是屬於皮埃爾的）。透過一定的操作，某個存在可以與否定性重組在一起，而這種操作被沙特稱爲「虛無化」（néantisation）；有鑑於**否定態**指涉著或此或彼的人類傾向，故而自然可得出推論：意識是否定性的載體，換句話說，意識擁有虛無化（néantir, néantiser）的力量。

就具體的**否定態**而言，虛無支撐著否定性判斷，但從這個事實並不能得出虛無是一切否定性判斷的本體論基礎，而且沙特確實承認「某某不是」可以「只是**一個想法**」[33]（11/45）（例如：在「飛馬並不存在〔exist〕」這句話裡）。但是，一旦接受了虛無在形上學層面上的實在性，我們就有充分的理由用虛無以及虛無化的力量來回答沙特提出的問題：是什麼使得判斷的否定形式可以被設想？我們由此獲得了一種有關知性和感性的統一理論：否定成爲概念活動（判斷和概念運用）和感知活動（否定提供了一種不同於時空形式，但比之更爲基本的直觀形式）的單一的先驗條件。

65

(4) 接下來，沙特轉而考察了有關虛無的兩種說法。雖然判斷理論對虛無的實在性持否定態度，但這兩種說法都正確地將實在性賦予了虛無，也就是說，它們將虛無視爲某種非主觀的事物。但是

---

[33] 中譯本譯爲「僅僅是**思想**」。——譯者注

沙特認為它們不夠完備、不夠全面，只有把剛剛描述過的有關虛無的形上學再往前推進一步，才能排除掉它們的缺陷。

在《邏輯學》中，黑格爾將虛無描述成存在的辯證對立面，這兩個範疇在澈底的抽象狀態中展現出同樣的完全無規定性，所以它們是空洞的，而根據這種內容上的同一性與空洞性，兩者彼此的區分也就崩潰了，生成了「變」的範疇。根據沙特的闡釋（第3小節，第12-16/47-52頁），黑格爾的說法斷言了存在與虛無之間的**對稱性**，他把它們當作「兩個完全同時性的概念」，當作「實在物的兩種相輔相成的成分」，「就像光明和黑暗那樣」；它們不能孤立地考察，並且它們「在存在物（existent）的產生中是以某種方式結合在一起的」。

針對黑格爾的理論，沙特提出了若干項反駁，譬如對黑格爾的唯心主義主張提出異議：在沙特看來，黑格爾認為存在**就在於**本質的顯露（13-14/49）。然而，沙特最主要和最有力的反駁是，黑格爾的圖式把虛無還原為某種與存在一道存在著（existing）的事物——所以虛無**存在**，或者說**擁有存在**——如此一來，便消除了存在與虛無之間的區分。一方面來說，這確實就是黑格爾自己秉持的觀點：被設定的區分消失了。但沙特的論點是，我們應當這樣去看待上述區分的崩潰：它表明了把存在和虛無「相提並論」（15/51）在一開始就是一個錯誤，尤其是，它沒有看到存在和虛無各自的未分化性是不同的：抽象的存在是所有**規定**的虛空，但虛無則是「**存在的**虛空」（15/51）。因此，它們真正的關係是一種非對稱的矛盾關係，而不是對稱的對立關係：否定是對之前便**存在著**的事物的否定，虛無「從邏輯上說則是後於」存在的（15/51）。黑格爾將存在還原為被本質的顯露，由此體現出他犯了一個根本性的方法論錯誤：他讓**存在**等同於存在的**概念**，或者說，他並沒有把握住存在

概念的**獨特性**（這裡我們又回到了沙特在導言部分提出的反對唯心主義的論據，第 2 至第 5 節對此有所描述）。

66

　　沙特認為，為了對存在與虛無之間的區分做出融貫的思考，我們必須認為它們在概念上是不對稱的，而這就要求我們做出以下表述：存在**存在**而虛無**不存在**（15/51），它「只可能有一個借來的存在（existence）」，[34]它「從存在中獲得其存在」（16/52）。沙特的觀點是，如果繫詞「是」（is）在概念上提示著存在，那麼就不可能**同時**被用來提示虛無——為了對虛無做出標記，我們必須使用「是」的**否定**。由此而產生的構想是：實在既包括「存在」的事物也包括「不存在」的事物，但虛無依賴於存在，並且透過存在的虛無化而出現（正如對皮埃爾不在場這個例子的分析所表明的）。

　　海德格避開了黑格爾的說法所遇到的各種麻煩（將存在與虛無置於對稱的位置上，以及概念上的還原論），他讓虛無依附於人的實在（第 4 小節：第 16-21/52-58 頁）。被定義為在世之在的此在處於存在之中並「被存在**包圍**」（17/53），但世界的出現只是因為此在擁有超越性的結構——此在超越存在而趨於自己的未來：根據海德格的說明，此在由此與存在拉開的距離引入了虛無，而「世界正是憑藉這種虛無而顯示出了自己的輪廓」[35]（18/54）。

　　沙特在海德格的說法中找到的缺陷比黑格爾的說法展現出的缺陷要更輕微一些，它與海德格的解釋順序有關。沙特和海德格都認為虛無是先驗的，但對海德格來說，它的地位僅僅是次要的和衍生的：此在超出自身的超越性是源初的，而虛無僅僅是由它**蘊含著**的，「被超越性所支持，所制約」（17/53），是「一種超越

---

34 中譯本譯為「只可能有一個借來的實存」。——譯者注
35 中譯本譯為「使世界獲得一個輪廓的東西」。——譯者注

性的意向的對應物」（19/55）。爲了反駁這種觀點，沙特只需要表明，海德格用來描述此在之超越性的肯定性術語「全部掩蓋著暗含的否定」（18/54）：爲了超越世界，此在必須起初就把自身看作「**不再自身之中，又不是世界**」。沙特還補充道，海德格的說法讓虛無「從各方面包圍了存在，同時又從存在中被驅逐出來」（18/54），而且這種「物質世界之外的虛無」（19/55）並不能說明我們在世界**之中**，而非在世界**之外**「所遇到的一片片非存在」[36]（19/55）。（根據沙特的診斷，這些錯誤按照一定的模式反覆地出現：在海德格的構想中，原初的世界是由「上手」〔ready-to-hand〕的存在物所構成的「工具性的總體」〔equipmental totality〕，但他沒有看到，這種構想必須要以一種只有基於自爲的否定性才得以可能的對存在的切入爲前提（200/250-251，參見第 21 節）；而且，在涉及他人之心時，海德格也沒有把物質世界之外的或「本體論的」事物和物質世界之內的或「本體狀的」事物連繫起來。）

　　在表明了黑格爾和海德格對虛無的非主觀主義說明所面臨的侷限之後，沙特下一步就能夠從中得出推論。沙特已經證明了，實在包括否定，因爲意識擁有否定的力量；沙特現在想要表明，意識擁有這種力量，因爲它**就是否定**：「**虛無由之來到世界上的存在應該是它自己的虛無**」（23/59）。這種本體論上的認同既超越了「意識是否定性的**載體**」這一主張，也與「虛無只是『我們之中的永恆在場』[37]（11/47）」這一論斷相容；海德格宣稱此在能夠將虛無引入實在，而沙特需要利用上述關聯去解釋此在何以能夠如此。（沙特的論證策略是逐步消除其他備選項，第 22-23/58-59 頁給出了論證

---

36 中譯本譯爲「遇到的那些非存在的小湖泊」。——譯者注
37 中譯本譯爲「永遠在我們之中」。——譯者注

過程的細節。）

　　沙特最後回到了那個問題：自在的存在和自為的存在是怎樣連繫起來的（第 7 節）？沙特的提議涉及自為的存在的起源，人們起初或許會將這個提議稱為沙特的「非創造的神話」（de-creation myth）：他提出，自為的存在是**已經經受過一次虛無化的自在的存在**。沙特認為，只有自身被虛無化了的存在才能本身便擁有虛無化的力量。因此，沙特暗示：人類存在是一種「沉沒的」（fallen）、被否定的自在的存在——就好像它原本是某種事物，但經受過形而上的毀滅之後，它被剝奪了存在，如今以意識的形式存在於（exist）世間，彷彿幽靈或幽影一般。這就是作為整體的存在所包含的兩個領域之間的「綜合關係」的其中一個元素：自為的存在在經受過虛無化之後從自在的存在中被創造出來，並以此與自在的存在連繫在一起。

　　一般來說，沙特的提議會鼓勵人們產生這樣的想法：自在的存在之所以會被消除，是出於某些帶有道德或神學色彩的理由——就好像犯了一個錯誤，無論這個錯誤是由我們犯下的（那種有關人之墮落的敘事 [38]）還是為我們犯下的（普羅米修斯的故事）。然而，沙特並沒有將這種提議貫徹到底，而且很明顯，他的基本本體論也拒絕說明是誰或者是什麼消除了我們的存在。因此，這種涉及自為之起源的人類發生學提議在《存在與虛無》中的地位是曖昧的。一方面，似乎應該把它僅僅看作「好像如此」，看作一種形上學的虛構，它只是用來反映有關人類經驗的某種被人們感受到的性質，在該書中這個比較早期的階段，它似乎並不擁有更多的含義。但之後在第二卷，我們將會看到：沙特對於我們從自在中的消除而給出的

68

---

[38]《倫理學筆記》（*Notebooks for an Ethics*）第 11 頁明確提到了這一點。

說明，構成了他對自我意識（79/121，參見第 14 節）、對作爲自爲的一種結構的「欠缺」（86ff./129ff.，參見第 17 節）進行說明的前提；沙特還在這個基礎上建立了有關人的動力的形上學，沙特對該形上學的說明也是以它爲前提的（參見第 38 節）；我們的「人爲性」，作爲自爲的諸結構之一，也是透過它獲得了直接的形上學解釋，這種解釋完全是非虛構性質的（84/127，參見第 16 節）。在討論到最後一節時（第 48 節），我們將再次考察關於這種消除過程的故事到底擁有多少分量，並且詢問：既然沙特允許自己的二元論否決一切有關自爲之起源的進一步猜測，那他的這種做法是否正確呢？

10. 作為虛無的意識

　　沙特的虛無理論似乎一開始就遭遇了一個顯而易見的難題。沙特說，虛無「不存在」，換言之，虛無不擁有存在，而如果某個事物不擁有存在，那麼它就不存在（exist）。所以，如果意識**就是**虛無，那麼它就不擁有存在，那麼也就不存在（exist）。但是可以肯定的是，沙特堅稱**存在著**意識：沙特或許會對取消物理主義（eliminative materialism）感到親切，但他可能並不願意去否認「意識存在（exist）」這句話也表達著某種眞理。

　　毫無疑問，沙特想給「意識就是虛無」這一主張蒙上一層悖論的幽影，用它不斷提醒我們在本體論上的獨特性，但如果我們回憶一下他對「存在（existence）擁有多種模式」這一學說的堅持，承認他所構想的虛無是存在的一種**模式**，並且承認被加在「虛無」後面的「不存在」就是用來表達這種模式的，那麼在闡明他的立場所蘊含的意義時也就不會遭遇悖論了。既然在沙特的理解中，虛無的概念並不是從判斷的某個形式中獲得其源初的哲學意

義，那麼把意識認同爲虛無的做法並不等於宣稱意識不存在：實在作爲存在物（existent）的總體，既包含**以存在的模式**（「存在^{存在}〔exist^{IS}〕」）存在（exist）的事物，也包含**以虛無的模式**（存在^{不存在}〔exist$^{IS\text{-}NOT}$〕」）存在（exist）的事物。

因此，沙特將意識所擁有的特定存在方式等同於虛無的做法避免了矛盾。而且它還有著強有力的、可以理解的理由，該理由獨立於第 9 節所描述的有關虛無之起源的發生學推斷，也比後者更加直接。

沙特已經在導言部分宣稱：從本體論的角度來說，意識以一種特定的（意向性的與反身性的）方式依賴於它的對象。現在，我們對意識的概念（就其現象學意義而言，而且出於先前已經給出的理由，沙特認爲意識的概念是一個**只**能擁有現象學意義的概念）必須反映出這種依賴性。因此，一個從現象學的角度構造出來的意識概念必須表明它自己並**不是**它的對象，表明自己原初地「相異於」並「區分於」它的對象。現在，意識的對象具有自在的存在的地位，而我們知道，這只是存在的一種模式，並不是存在本身和一般意義上的存在；這也就是爲什麼從意識「相異於自在的存在」這個事實並不能得出意識因相異於存在本身而非存在（non-existent）。然而，只有在晚些時候才能在自在的存在和其他存在模式之間做出區分：我們只有經過哲學反思以後，才能說意識對象的存在僅僅是存在的**一種**模式。與此相對照，在那個具有原始先驗性的情形裡，由於意識將自身區別於它的對象，那麼對意識而言，存在就**只**能被構想爲其對象的存在。

這樣一來，沙特將意識指定爲虛無的做法便得到了擔保：某些事物作爲示例向意識表明**存在**是什麼，而意識必定在與這些事物的**否定性的關係**中原初地經驗到自身，因此必定經驗到自身**即是虛**

無。又因爲沙特要求哲學思考奉主觀性爲圭臬，所以這種構想不可能就此打住：《存在與虛無》會繼續揭示出一大批更深層次的結構，相對於這些結構，單純的對象意識會顯得相對膚淺，但有了這些結構之後，沙特將意識構想爲虛無的做法會得到詳細的闡發，不會被作廢。意識對作爲虛無的自身所擁有的源初經驗會被用來把握更加複雜的主觀性結構，而之後的論證會表明這些結構只有作爲虛無的諸種形式，或者說作爲成爲虛無的諸種方式才能爲人們所理解。

　　剛剛概述的思路在後面有關超越性的章節中（參見第 20-21 節）得到了明確的闡發，該章根據自爲的諸種結構對意識重新加以闡釋（特別參見第 173-174/222-223 頁和第 180-183/229-232 頁）。沙特注意到，我們當然可以認爲認識對象「**不是**意識」，換句話說，將否定性運用於對象，而非運用於意識；但是這個判斷只有在「自爲是一個已充分形成的實體」的情況下才是**第一位的**：正是透過**源初的**否定，「自爲使自身**不是**事物」[39]（174/222）。自爲——對自身的個體化——「具體地否認了它是一個**特殊**的存在」[40]（180/229），亦即這個存在，這被意識到的存在。這種指示特性，亦即對象的「這性」（thisness），是自爲的作品；意識是某種直指的動作，但它與那種指向某物的常規動作有著進一步的區別，即它是**反身的**和**否定的**——或許可以說，意識這樣「談論」**自身**：它不是這個事物。

　　沙特的虛無概念很明顯不同於平常所認爲的虛無概念，無論它究竟會是什麼：它是一個專門的**哲學**概念，其意義在《存在與虛無》中會不斷得到充實，僅僅在全書的結尾處才能得其全貌。（我

39　中譯本譯為「自為使自己**不是**事物」。——譯者注
40　中譯本譯為「一個具體地否認了**這樣**一個**特殊**存在的自為」。——譯者注

70

們將會在第 14 節中看到，沙特關於自我的理論怎樣進一步完善了虛無的形上學；第 78-79/120-121 頁給出了這部分內容。）如果把該書提出的哲學重構爲基於單一原則的體系，那麼這個原則便是將人類等同於虛無。所以，在目前這個階段，我們還無法確保，也不需要確保沙特將意識的存在模式和自爲指定爲虛無的做法必定會帶來收穫並得到人們的理解，只有當我們見識到否定性在全書打算探討的一切情形中所發揮的作用之後，才能對上述做法做出評價。比如說（而且尤其重要），我們會在第 14 節看到，沙特也能夠把**自我**意識當作他將自爲等同於虛無的根據。如果有人建議用其他的本體論觀念去取代虛無，認爲它同樣既可以起到分析的作用，又可以起到統一的作用，那麼對沙特來說也不會有什麼損失。但很難看出這個觀念究竟會是什麼，就此而言，沙特的虛無形上學擁有可靠的理由。

71

11. 針對沙特本體論的常見批評

之前已經說過，對沙特的批評通常沿襲著既定的路線。華爾在1949 年就沙特的本體論表明，沙特在胡塞爾的引導下接受了「某種唯心主義，但它與」沙特得自海德格的「某些元素並非全然協調一致」。[41]問題在於：

> 「自在」與「自為」，哪個才是第一位的？在沙特的哲學所遭遇到的一切問題中，這個問題最為棘手。當他說「自在」是第一位的，他把自己歸為實在論者；當他強調「自為」時，它把自己歸為唯心主義者（……）鑑於這

---

[41] "The roots of existentialism", p. 24.

兩種形式的存在在一切方面都是絕對對立的，人們不禁要問，把兩者都稱為存在是否依然合適。如果本體論是關於唯一存在的科學，那麼在這種關乎本體的理論中還有沒有任何本體論呢？

其次，人們可能會問，實在當中是不是真的有某種事物可以算作沙特所定義的「自在」（……）沙特對「自在」的肯定誠然從他的角度回應了認識論上的關切，也滿足了對獨立於思維的實在做出肯定的需要；但是他真的有權利從上述斷言過渡到下面這種想法嗎——這種實在就是唯一存在著的東西，事實上，也就是某種龐大而穩定的事物？[42]

因此，與此相關的不滿包括：①沙特的形上學混淆了實在論和唯心主義；②沙特涇渭分明的二元論是不融貫的；③沙特對自在的存在的構想是無本之木。

72　華爾為沙特提供了一條出路以逃離上述困境：

沙特哲學中的二元性或許是其內在的特徵之一，它不該受到輕視。在沙特的哲學中，對辯護的追尋以及辯護的不可能性是兩個反覆出現的主題。他的哲學絕佳地體現了刨根問底的風格（problematism）和當代思想的曖昧（因為對當代的心靈而言，人看上去的確是曖昧的）。

---

[42] "The roots of existentialism", p. 24；華爾補充道：沙特的實在論—唯心主義「困境」導致「他在某些論點上從海德格的構想返回到，甚至可以說是退縮到黑格爾和胡塞爾的構想」（p. 28）。

　　　　這並不是説，沙特努力消除曖昧的做法是不明智的或
不可能的（……）説不定以後會有另一位沙特把這種曖昧
消除掉。[43]

華爾認爲，存在主義竭力忠誠於活生生的個人經驗，從而與古典
哲學保持距離，這在一定程度上構成了存在主義的本質特徵。[44]然
而，沙特從未消除或試圖超越華爾所宣稱的曖昧性，而且當時另一
位對沙特進行評論的評論家也注意到，以華爾提出的純粹主觀的方
式去確證沙特的思想，其代價便是：它因此而喪失了其「形上學關
懷」[45]。一種缺少形上學關懷的形上學，一種沒有得到辯護的哲學，
不過是一份古怪的虛構作品，我們沒有理由認爲沙特會對這類東西
感興趣。所以，我們只能試著考察一下，能否將沙特的本體論從那
種認爲它不融貫的指控中解脱出來。並且，如我們在第 7 節所見，
沙特肯定沒有忽視華爾所提出的那些問題。

12. 實在論，唯心主義和處於可理解的已分化狀態中的對象世界

　　不過，沙特與實在論和唯心主義的關係到底如何？不難看出爲
什麼人們會認爲沙特在這個問題上惹了麻煩。[46]出現了一個嚴重的
困難。沙特已經肯定現象的存在是自在的存在。在他的描述中，自
在的存在既不是能動的，也不是被動的；它「超乎於否定之外」、
「超乎於生成之外」、「脱離了時間性」，它是「自身充實的」，
是「**實心的**」，它展現出「未分化」的狀態（xl-xlii/32-33）。這

---

[43] "The roots of existentialism", p. 25.

[44] "The roots of existentialism", pp. 4, 26.

[45] Marcel, "Existence and human freedom", p. 62.

[46] 關於《存在與虛無》在實在論和唯心主義上的模稜兩可，參見 Natanson, *A Critique of Jean-Paul Sartre's Ontology*, ch. 9 。

73　確實阻止了人們把自在的存在認同爲經驗實在，後者是組成已分化
的對象世界的繁多現象。那麼這個對象世界又源自何處呢？

　　唯一可能的答案似乎是：源自主體。沙特對自在的存在的肯定
貌似讓他獲得了他所需要的實在論，他可以藉此否認自己的本體論
屬於唯心主義；但現在，他又以徹頭徹尾的唯心主義去說明經驗實
在：自爲必須以某種方式將處於可理解的已分化狀態中的對象世界
「引入」自在的存在。這樣一來，他不得不放棄原來的觀點。

　　不過這並沒有立即引發一場災難。雖然沙特自詡已經全然**超脫
於**實在論和唯心主義，可這與上面的說法相抵觸。不過沙特仍然可
以宣稱自己保留了實在論和唯心主義分別包含的眞理，並將兩者**融
爲一體**，「避免了」各自的偏頗，超越於在兩者之間形成的矛盾。
這似乎確實是沙特的想法：我們在第 9 節中已經看到，沙特認爲，
甚至在形成和運用「空間中的直線」這一概念時，虛無也是需要
的；這表明沙特認爲經驗實在預設了主觀性的先天參與；在探討可
能性（第 18 節）和時間性（第 22 節）時，沙特也採納了類似的
思路。這種把沙特詮釋爲唯心主義者的思路得到了下述觀察的進一
步支持：當沙特談到要避開實在論，談到實在論的不融貫之處時，
他所理解的實在論認爲對象就**在我們意識到它們存在時**也是獨立於
意識而存在的（existing），並且認爲正因爲它們施加了某種對其
內在本性而言實屬偶然的因果性，我們才對它們有所認知（參見第
151/197 頁和第 223/277 頁，並在第 588/677 頁可找到關於實在論
的定義）。[47]根據康德的描述，這種立場像對待「物自體」那樣對
待經驗中的對象，康德將之稱爲「先驗實在論」。所以，似乎可以

47　參見 "Intentionality", p. 4：「胡塞爾不是實在論者：這棵樹扎根於焦乾的土地，
　　但它不是某種之後會與我們發生交流的絕對。」

合理地將沙特的立場解釋爲對先驗實在論（當然也包括對貝克萊的單純經驗範圍內的唯心主義）的拒斥，並認爲他贊成按照眾所周知的康德模式將先驗唯心主義和經驗實在論融爲一體。

把這種立場歸於沙特的另一個動機在於，這樣好讓他在需要的時候借力於康德。第 8 節已經討論過沙特提出的「本體論關係」，可即便允許沙特使用這一策略，我們還是可以說，某些被沙特忽略的傳統認識論問題仍有待回答。在第 20 節中我們將會看到，對經驗的（因果、空間等）形式，沙特只給出了（相對而言）不太站得住腳的說明。但是，如果在前反思意識的層次加入「賦予形式並構成對象」這種先驗功能（該功能的運轉同時也與自爲的個體化有著必然的連繫），我們便是以先驗唯心主義的進路來解釋沙特，這就將那些難題順理成章地一筆勾銷了。

然而，以康德解釋沙特面臨著一些困難：沙特否認自己的立場屬於唯心主義，他明確陳述了自己的反唯心主義立場——「主觀性無力構成客觀的東西」（xxxviii/29），自爲「**沒有**給存在**添加**什麼」（209/260）——並提出論據以反對康德式的認識主體。

我們有理由不去理會沙特拒絕被貼上標籤的做法，在解釋他對唯心主義的拒斥時也可以區別「構成」一詞的不同含義（先驗的與經驗的），而爲了應付上面的第三個困難，我們可以評論說：沙特反對康德的論據無論如何都是成問題的。沙特拒絕康德提出的主體形上學，其主要理由是，它包含著某種先驗自我（ego），並在意識中引入了「範疇」和「法則」（先驗的概念和原則，它們對經驗對象的形式做出了具體的說明），從而與意識的必然空洞性（第 xxxi / 22 頁與第 11/46 頁）相抵觸。但是完全可以辯解道，康德式的先驗主體並不是一個存在物，而僅僅是一項功能，它與沙特在《自我的超越性》一書中所攻擊的「人格性的」自我（ego）毫不

相干，而康德賦予意識的結構與沙特自己給出的先天的「自為的直接結構」（之後會在第二卷中討論）在種類上並無區別，前者事實上是對後者的補充。所有這些都修正了沙特對自己的看法，不過為了把沙特的形上學從矛盾中拯救出來，付出這些小小的代價也算合理，否則這些矛盾會威脅到沙特的形上學。[48]

　　然而，真正的問題在於，沙特將實在論和唯心主義結合在一起的獨特方式看上去並不牢固，至少可以說，它令人感到困惑。沙特似乎想把意識的**對象**完全等同於自在的存在（參見第 5 節），並斷言我們所意識到的自在存在是未分化的（參見第 6 節）。如果是這樣，那就很難搞清楚自在的存在如何與已分化的對象世界共存。如果我們所意識到的自在存在是不帶有任何形式的，那它們就不可能既作為內容又作為形式（某個現象**已成形**的內容不可能**作為**未成形的或不帶形式的東西而被人們意識到）。他們之間的關係也不可能是本體性的依據和現象性的顯像之間的關係：沙特否認自在的存在是本體性的（xxxviii/29），他也必須這樣做，因為他的理論認為那些基本的形上學範疇對自在的存在並不適用，這也就意味著它的存在是不可思的。如果自在的存在被闡釋成對象世界的**依據**並與對象世界保持一定的距離，那麼就會出現一個認識論上的難題：我們何以能夠**認識到**這個依據擁有所有那些由沙特賦予它的否定性特徵，雖然沙特堅持這麼認為？（因此，曾被沙特駁斥過的那些思辨上的可能性就會再度出現——比如，他所謂的自在的存在其實是精神性的，或許是某種「神聖的心靈」。）在沙特所描繪的圖像中，

---

48 沙特也反對那種他在先驗唯心論中所發現的主體觀，即認為主體是至上的，它凌駕於世界並擺脫了實在之重。然而可以質疑：描繪是準確的嗎？如果是，那麼先驗唯心論是否因此區別於沙特自己的主體觀？（沙特對康德提出的批評也常常被用於沙特本人：參見第 4 章有關梅洛—龐蒂的內容。）

似乎潛伏著斯賓諾莎式的或巴門尼德式的太一，但這個太一不知怎地仍然是可見的，由現象性的對象組成的縹緲幻景投射在它上面，它則位居其後，透過這層幻景而展示於世人面前。就算在這幅圖像中並沒有直接的邏輯不一致之處，它恐怕也是不融貫的。[49]

一些評論者已經表明，沙特的形上學就此終結；但如果我們沿著來時的路折返回去，我們可能會看見另一條可供選擇的道路。

之所以會出現當前的問題，是因為我們一開始只顧著在自在的存在和已分化的對象世界之間做出對比，把兩者的區別看成是兩個（或兩組）**對象**之間的區別，一者是難以理解的、不帶有任何形式，另一者則帶有可理解的形式。所以我們才問自己經驗到後者而非前者的原因是什麼。但這很可能是個錯誤。我在第 2 章中表明，小說《嘔吐》中有關樹根的段落非常典型地體現出了《存在與虛無》中的基本本體論，該段落表明的是：這種區分**首先**應當被理解為對同一個（確定分化的）事物的兩種**領會模式**。沙特並不是把某種樸素的、不帶有任何性質的基質或單純的物質拿來和概念化的、擁有確定屬性的對象進行對比。恰恰作為令人噁心的偶然之物，樹根依然保有其第一性的質，甚至還有其第二性的質。樹根到底是擁有還是缺乏**可理解性**，此二者之間甚為微妙的對比造成了對樹根的日常感知和感受到其噁心之處的哲學感知之間的區別：領會到自在的存在就是領會到某個對象並沒有以任何方式參與到人的實在中來，對意識而言它不意味任何東西也沒有任何意義，它不關涉到我們，也不「為了」我們。這符合沙特提出的命題：自在的存在是「未分化的」。因為該命題的意思可以被理解成：恰恰作為就自在存在的某

76

---

49 康德的先驗唯心論可能也是不融貫的，但不融貫的方式不一樣，因為康德並沒有斷定我們對於感覺（它們提供了現象的質料）的**基礎**擁有意識。

物而言，不管該物處於怎樣的分化狀態，這種狀態對我們來說都**無足輕重**──該物**也可能**擁有別的什麼性質，抑或根本不擁有任何性質。

如果這是正確的，那麼，方面感知（aspect-perception）的切換──更確切地說是兩種狀態的切換，即我們無法認出某個方面（岩壁或茶渣中的某個形象）與我們能夠認出這個方面──就爲我們理解上面的對比提供了一個更好的模型。

但是，我們不能就此打住，因爲對沙特而言，自在的存在和對象可理解的分化狀態並不**只是**主觀的領會模式，也是意識**對象**自身的模式。當我們領會到某個對象「處於」自在的存在「這一方面」，我們正在把握的到底是什麼呢？

自在的存在可以被理解成對已分化的對象世界進行刻畫的存在模式或存在方式，但這種存在方式並不是爲了標明對象世界在概念上的基本特徵，而是指出這些特徵的**依據**。沙特的洞見在於，我們需要一個概念去標明本體論中那個**使得**存在**有可能**獲得確定形式的東西，亦即那個**使得**有關經驗實在的簡單判斷（這些糖是白色的，那支筆在桌子上）**有可能**爲眞的東西。換言之，之所以述詞（在桌子上）能固定在主詞（那支筆）上，是因爲自在的存在提供了依據：作爲自在存在的對象（**屬於**對象的自在存在）允許對象占有並展現出與我們的判斷（O 是 F）相對應的結構；事物中的這一層面使得事物有可能在形上學的意義上與主述判斷保持一致。如果這就是「自在的存在」這一概念所表達的意思，那麼就很容易看出爲什麼沙特應當否認自在的存在擁有特定的結構，處於已分化的狀態抑或以某種方式構造而成：不管是什麼樣的本體論依據使得**規定性**有可能**存在**，我們都不能設想它擁有對象世界所擁有的結構化的、已分化的特徵，否則就會被吸收進對象世界（其自身就又需要一個

本體論依據，如此便陷入了無窮後退）。[50] 所以，當沙特說「存在物」（the existent）——已分化的對象世界的內容——區別於作為其「基礎」的「存在」（xxxviii/30），此處「基礎」一詞指的並不是某個截然不同的依據；相反，沙特的意思是，對象以自在的存在為其存在方式，這是其確定分化狀態的先驗依據。（注意，如果人們認為已分化的確定存在是無條件地被給予的，不需要對它做出哲學上的解釋，那麼上述思路也就不成立了。**如果**我們認識不到也不能設想**任何其他的**存在方式，那麼我們或許有資格這麼做，但是沙特的立場是，我們可以並且確實認識到了另一種存在方式，亦即自為的非自我同一的、非確定的存在方式。）

　　針對自在的存在的此種闡釋表明，我們在一開始詢問處於可理解的已分化狀態中的對象世界起源何處，這其實是一個錯誤的問題：自在的存在並不是某種可以獨立於已分化的對象世界而存在的（不帶形式的）「事物」，所以我們不應該認為對象世界**來自**它。而且可以補充一句：我們一開始的問題也提得過早，因為沙特還沒有打算說明它與自在的存在之間的關係。我們之所以走錯了路，是因為沙特在引導我們注意自在的存在時談到了複數形式的「顯像」（他不得不這麼做，因為根據他的說法，並沒有獨立的路徑可以通往自在的存在），但他目前所把握到的有關現象的一切**只是**其自在的存在這一層面。導言部分僅打算讓我們理解到意識和自在的存在之間的基礎性對立，此即《存在與虛無》的**基本本體論**。該書第二卷會**進一步**為意識補充一組本體論結構（自為的直接結構）。已分化的對象世界與這些結構處在同一個層次，它們一起構成了《存在·

78

50　沙特因此觸及了在比如柏拉圖的《巴曼尼得斯篇》（「巴曼尼得斯」即「巴門尼德」——譯者注）中出現過的有關一與多之間關係的傳統形上學難題。

與虛無》的**全部本體論**，其全部的本體論圖像如下圖所示：

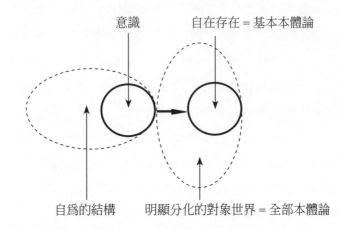

就我們當前的問題而言，關鍵之處在於已分化的對象世界並**不是**
與意識相關聯，而是與自為的直接結構相關聯。正如沙特所言：
「世界，就是說自為的湧現」（207/258）；「認識就是**世界**」
（181/230）；世界「相關於」自為（183/232）；「沒有自身性
（selfness），沒有人格，就沒有世界」[51]（104/149）；自為「透過
否認它是存在而使得一個世界存在」[52]（306/368）。因此，在意識
的層面上就處於可理解的已分化狀態中的對象世界提問，這是錯誤
的。意識的虛無需要「沿著」自為的諸種結構才能讓對象顯露出來。

　　但是，就沙特與實在論和唯心主義的關係而言，上述思路將我
們帶至何處呢？那看似需要唯心主義來解決的直接難題或許已經得
到處理了──如果自在的存在並不是某種確實**沒有結構和屬性**的**事
物**，那就用不著去解釋它何以擁有了或好像擁有了結構和屬性。但
是還可以換一種方法去提一開始的問題，它同樣有力地支持了對於

---

[51] 中譯本譯為「沒有自我性，沒有個人，就沒有世界」。但在第二卷中，中譯本
　　又將 selfness 翻譯為「唯我性」。──譯者注
[52] 中譯本譯為「由於它自己否認它是存在，它使得一個世界存在」。──譯者注

沙特的唯心主義詮釋。當我們對方面做出變換，並重新發現了已分
化的對象世界，這到底是緣於什麼呢？既然已分化狀態以虛無為前
提，而且沙特還在對象世界中容納了一些與個體自為的謀劃相掛鉤
的性質（我稍後將考察這一點），那麼沙特就不能從實在論的角度
回答說，已分化的對象世界就是獨立於我們的本然存在的世界；所
以看上去對象世界又不得不緣於主體。如上圖所示，全部本體論的
兩個部分之間是不對稱的：關於**主體**的全部本體論獨立於自在的存
在，而關於**對象**的全部本體論（將自在的存在詳盡地闡發為已分化
的對象世界）則是沿著主體的方向擴展的，處於可理解的已分化狀
態中的對象世界似乎是先驗地以自為為條件的。

　　以康德式的先驗唯心主義去詮釋沙特也不是不可以，但在下這
個結論之前，還要對這個困難而（出於若干組理由）關鍵的問題做
最後的評論。

　　沙特想要把下面兩點主張結合起來：①不同於實在論，「意識
與獨立於它的存在物（existent）之間的關係這一難題」是「無法
解決的」（xxxv/26），因為「超越的存在完全不能作用於意識」
（171/219）；②不同於唯心主義，「主觀性無力構成客觀的東西」
（xxxviii/29），而且「意識也不能透過把那些從其主觀性中借來
的成分客觀化來『建造』超越的東西」（171/219）。此外我也證
明了，沙特設想：③處於可理解的已分化狀態中的對象世界和人類
主體的基礎結構之間有著一定的相關性。根據康德式先驗唯心主義
的詮釋，應當把這種相關性理解為一種**構成**關係，這就要求沙特放
棄或澄清第二點主張。但是，在接受這種詮釋之前我們務必要確
認，確實不存在其他的選項──即便僅僅是出於下述原因：沙特拒
絕站在唯心主義一邊的做法如此強烈地表明了，他無論如何都認為
我們可以透過非唯心主義的方式來理解這種相關性。

於是便出現了下面這幾種可能：①雖然對象世界與人類主體之間的相關性緣於主觀性的結構，但並不是由「構成對象」這種關係確保的，而是由其他方式確保的；②這種相關性體現了某種預定和諧；③根本無須認為這種相關性「緣於」什麼，因為它不需要任何解釋。

第一種可能性雖然還帶有一絲唯心主義的味道，但如果沙特認為，既然不存在構成對象的活動，所以這種可能性已經與康德和胡塞爾拉開了一段足以讓它擺脫掉「唯心主義」標籤的距離，那對於這種可能性我們也能理解。然而，這就需要為主體在沒有構成對象的情況下規定對象的方式做出正面的說明。同樣，第二種可能性也需要得到進一步的闡發，因為如果某種和諧已經被建立起來了，那麼總歸是由某種事物將其建立起來的。

我們之後會看到，沙特有關「對於（我的）世界的責任」的學說明確建議將前兩種可能性結合起來（第 35 節）。根據對該學說的詮釋，它可以主張這種相關性並不是由上帝建立起來的，而是由我的**自由**建立起來的：在自為和對象世界之間建立起和諧的關係，就如同某部虛構作品的作者在人物和場景抑或情節之間建立起作品內部的融貫性；這種和諧並不是在（虛構的）世界之**內**被建立起來的（實在論和唯心主義便認為如此，而這是錯誤的），而是從某個**外在於**它的地點——也就是說，由我先於物質世界的主觀性（在沙特所謂的我「對自我的源初選擇」〔original choice of self〕[53]中）——建立起來的。

但沙特的學說也極力暗示第三種可能性。如果可以拒絕實在

---

[53] 中譯本將 original 譯為「第一次」或「原始的」。我們一律將 original 譯為「源初的」，primitive 譯為「原始的」，將 primordial 譯為「原初的」，以區別此三者。——譯者注

論和唯心主義的被解釋項，那也可以拒絕這些形上學立場，而沙特試圖超越實在論和唯心主義之間對立的勃勃雄心也就得到了很好的滿足。至於說沙特是否擺脫了這種對立，這就有些微妙了。沙特可以合理地宣稱，很多事物在傳統上需要訴諸實在論或唯心主義來解釋，但他在說明這些事物時卻沒有預設其中任何一種立場。這種相關性的認識論方面（我們「抵達」對象的可能性以及對象與我們「溝通」的可能性）是透過下面兩個事實得到解釋的：超越性是意識的一種結構，而現象則是由實在的存在（existence）與各種可能的顯像所組成的，具有原始概念特徵的統一體。而對於諸如處於可理解的已分化狀態的對象世界這樣的事物而言，其存在的可能性則是透過自在的存在與自為的諸種結構（包括它否定的力量）這兩者得到解釋的，前者使得確定的存在成為可能，而後者則讓存在處於已分化狀態。不過有理由說，沙特還有一樣事情沒有說明，此即上面引述過的康德學說中的被解釋項：我們的對象世界擁有**特定的概念特徵**，（尤其是）必然的因果秩序。也許沙特會否認這種必然性，也就是說，把因果秩序容納在自為之存在的全部「偶然性」當中。抑或，也許他會再次把「對自我的源初選擇」當作解釋。這兩種態度都擁有文本上的印證。我們對這個問題持有何種看法（尤其是，容許沙特有關「對於世界的責任」的學說承擔如此巨大的形上學重負，這在我們看來究竟是不是一種明智的做法），決定著我們是否會認為沙特最終避開了康德式的先驗唯心主義。

81

華爾認為沙特混淆了實在論與唯心主義，目前我們已經表明這種混淆主要源自何處，但仍有一個方面有待處理，其解決方案也更簡單。華爾詢問道：「『自在』與『自為』，哪個才是第一位的？」他聲稱沙特主張兩者都是第一位的，而這是矛盾的。

　　對上述兩種理論路徑，沙特確實都採納了，然而這裡似乎並不存在任何矛盾：沙特的觀點在於，自為在**方法論上**是第一位的——「應該從我思出發」（73-74/116）——而自在則在**本體論上**是第一位的（619/713）。整個導言部分在構造「自在的存在」與「自為的存在」這兩個**概念**時一直讓兩者互為參照，也採用了一種相互依賴的或曰辯證的方式去處理這兩個概念——兩者都不是第一位的，原因在於，如果我們想要解釋任何一種存在方式，都必須對照另外一種存在方式——但是自為在本體論上無疑是依賴於自在的。有人可能會問（尤其是黑格爾主義者，他們可能會提出下述反對意見）：既然「自在的存在」和「自為的存在」這兩個概念是對稱的，我們又怎麼能認為兩者在本體論上是**不對稱的**？我們為什麼不直截了當地把概念之間的辯證關係帶進這兩個概念所指涉的本體論當中呢？其實沙特已經在本體論證明中給出了自己的回答：這種不對稱性是前反思意識的視角所要求的，而這種視角並不是從任何**概念**之中得來的。

　　有關沙特與實在論和唯心主義之間關係的爭議，還有一個令人意想不到的地方，它揭示出沙特的立場究竟有多麼標新立異。意識的對象包括**否定態**和事物的性質（它們充滿魅力，它們令人憎惡等），我們已經看到沙特藉助它們來說明情緒。這些性質是「超越的」，按理說它們應該隸屬於已分化的對象世界，可他們顯然又是以自我為中心的（egocentric）：當我期待在咖啡館找到皮埃爾時，如果你沒有這種期待，那麼你就不會像我那樣直觀到他的不在場。我們之後在第二卷第 3 章中同樣會發現，在論述這個世界時，沙特認為它包含著各種有待完成的特定任務，而正是在這種論述的範圍內，沙特直接放進了自己對於客觀物理實在的描述。

　　這就引發了下面的問題：究竟是不同主體共享**唯一一個**已分化

的對象世界，還是**每一個**自爲都有一個**屬於自己**的對象世界。

有一個顯而易見的辦法，就是在對象世界中區分出實在的不同層次——一個是主體間「完全的」客觀性，它構成了世界**本身**；另一個則是隨附著的「準」客觀層次，它包含以自我爲中心的各種性質，構成了**我的**「世界」——但是沙特本人並沒有引入這樣的區分，而且根據他在其他方面的主張，我們也可以理解他爲什麼沒有這麼做。沙特的觀點在於，當我們將某輛電車把握爲「需要被趕上」時，對象擁有該性質並非主體之任何心理狀態的動力因：根據沙特的說法，對象的「可欲特徵」並不能令意識去欲求；至於說那種有關心理投射的機械論觀點——透過心理投射機制，欲望能夠產生有關對象的準感知性的顯像（參見第 604-605/695-697 頁）——沙特同樣拒絕接受。然而，對於沙特來說，下述觀點當然是成立的：在某種意義上，「需要被趕上」這一性質「緣於」我趕電車的謀劃，而根據之前提議的闡釋方式，沙特主張我「對自我的源初選擇」「預定了」我的主觀謀劃和對象的超越性質之間的和諧關係（從內在於物質世界的視點來看，這種關係肯定如「魔法」一般，而沙特也確實是這麼描述它的）。

如果這就是沙特的觀點，那麼我們很容易就能明白，爲什麼沙特沒興趣根據對象世界中的各種事項能否被不同主體共同抵達來劃分它們的實在等級，以及爲什麼他可以接受「不同主體的對象世界之間並沒有嚴格的同一性」這種觀點。對於唯我論的擔憂仍然有待解決（參見第 29 節），然而這種擔憂並沒有因爲沙特反常識的立場而加深，原因在於：雖然常識堅信，既然一切都被容納在同一個經驗母體當中，故而我們共享同一個世界；但是沙特拒絕從這種實在論—自然主義的角度對實在做出描述，而且（沙特將會論證）這種「共享同一個世界」的想法無論如何都無法制服唯我論（參見第

27 節）。仍需強調的是，雖然沙特承認對象世界在主體間有所變化，但這種變化絕不牽涉到它們相互的可理解性——我的對象世界並不是私人的，就此而言，它並不**只是我的**世界。

13.《存在與虛無》的形上學

考察過由實在論和唯心主義構成的難題之後，我們便徑直走向另外一個有爭議的部分，這個部分雖然不同於上述難題，但又與之相關。它既引發了一些困難，又指向沙特整個計畫的核心。它想要把不同的理論立足點結合起來，而人們似乎正是從這種結合中辨識出了沙特的哲學。

一方面，顯而易見的是，沙特認為自己在《存在於虛無》中表述的哲學觀點囊括了整個實在並使之變得透明起來。[54]沙特確實把某些事物當成是最後的、剩餘的、終極的「事實」，無須進一步的解釋便可接受它們：比如，在最高的層面上，這些事實包括自在的存在（existence）及其本性，也包括自為的出現。他把這些稱為「偶然性」。但是對沙特而言，這些事物之所以是終極的，並不是因為我們在表象、認識、解釋、概念或語言等方面的能力跟不上我們的認識目標：沙特承認人類的認知或哲學方面的認知是不受限的；當我們從哲學的角度去把握事物的嘗試走到了盡頭時，這並不是因為我們已經耗盡了認識兼認知上的資源，而是因為此處便是事物在實在中的終點。因此，自在並不擁有某種隱藏起來的，我們目前沒辦法弄明白的構成方式，有待上帝或未來的物理科學去把握：

---

54 梅洛—龐蒂在《可見的與不可見的》中強調了這一點，他說：《存在與虛無》試圖「思考整個存在——整個地存在著的東西」，所以立足於存在「之外」（p. 74）；它的哲學「擁有純粹的視野，全景式的俯瞰」（p. 77），「高海拔的思維」（p. 91）。梅洛—龐蒂將之視為《存在與虛無》唯一的立足點，相悖於我在下文中的論證。

正如我們所見，按照沙特的觀點，除了他在那 3 個命題中已經表達過的東西之外，關於自在**並無更多的東西可言**。對於意識以及自為的出現來說也一樣。對沙特來說，在意識的白晝中，「一切都在那裡，明明白白」（571/658）。[55]

　　《存在與虛無》中提出的主張是無條件成立的，這一點對沙特來說至關重要，而至於說為何如此重要，個中還有更為深刻的理由。一方面，沙特有關絕對自由的論點必須經受住懷疑論的考驗，而如果他的哲學只是從一個有限的視角去觀察我們的處境，那麼這種退讓就無法消除下面這種可能性：他為我們爭取的自由並不是真實的，它不過是一種宏大的、系統性的人類幻覺而已。從更為一般的角度來說，沙特只有把自己所描述的各種偶然性闡釋為具有形而上的終極地位，才能賦予它們某些至關重要的意義：它們表明人的處境從形而上的角度來看是孤獨的，人類事務也限制了充足理由律的適用範圍。沙特認為，只有明確理解了這些偶然性，我們才能承擔起自我責任。如果不具備這種形而上的終極地位，那就會為某種思辨上的可能性留下餘地，這種可能性大體上指的是：一般而言，在整個實在中最終有著一個超越了自為之存在的合理結構，人們或許會認為它奠定了並且合理化了人類的存在（existence），因此在最根本的層面上為我們免除了自我規定的任務；沙特把這種可能性與神學和黑格爾的哲學相提並論，並想盡一切辦法要把它們排除掉。這就足以解釋沙特為什麼要把人類放在一個與作為整體的存在相關的位置上，亦即我們在第 7 節中看到的內容。

　　然而，對自己探討的各種現象，沙特提出的許多說法又具有澈

---

55 這種無拘無束的哲學雄心是與沙特致力於凸顯的本體論的首要地位分不開的，他在 1975 年的一次訪談中強調了這一點：參見 "An interview with Jean-Paul Sartre" (pp. 14, 24)。

底的**視角性**——沙特說明了事物如何顯現以及如何要求人們去設想它們，而這些說明的確是以我們把握它們的某個角度為前提的。沙特的大部分哲學工作都旨在將我們的哲學視線引入正確的角度，讓我們進一步察覺到現象的**視角特徵**。對沙特來說，哲學反思本身不應該為了擺出沉思的姿態而放棄實踐中的立足點。正如先前所注意到的，或許可以說，這種對主觀性的重建與提純構成了沙特版本的現象學還原。我們所說的視角是沙特眼中奠定了人類立足點的主觀的、第一人稱的、實踐的視角。（作為說明，考慮一下沙特提出的命題：「這裡並不涉及一種可以不被規定的，先於自己的選擇而存在的自由，我們將把我們自身僅僅領會為正在進行中的選擇。」[56]〔479/558〕——這句話自然會被解讀成要求我們不再把自由設想成一件非視角性的形上學事實，而是從一定的視角出發去理解自由。在《存在與虛無》中，諸如此類的論證不勝枚舉，而且在晚期的一次訪談中，沙特說他之前在《存在與虛無》中「想要根據其對你我的呈現來定義〔意識〕」。[57]）

　　因此我們自然會認為，沙特就我們的認識對象所提出的主張完全是針對那些**相對於**我們的認知——實踐視角，抑或由該視角構成的對象的。沙特對悖論性語言的運用（參見第 23 節）也以一種不同的方式表明，在闡釋沙特的主張時，應當認為它們只具有保守的認識論意義：我們所理解的沙特只是說某些東西**會招致**矛盾的描述，而這種悖論旨在讓人們去關注存在於我們**思考**事物的方式當中

56　中譯本譯為「這裡的問題並不涉及一種將作為不被決定的權力和可能先於它的選擇而存在的自由。我們從來只不過把自己理解為正在進行中的選擇」。——譯者注

57　有待其他人「嘗試在唯物主義的體系內解釋它」（"An interview with Jean-Paul Sartre", 1975, p. 40），以及「哲學的領域面臨著由人設定的（est borné par）限制」（"L' anthropologic", p. 83）。

的張力，既然如此，那麼事物的真實本性也就可以是無矛盾的，沙特的那些矛盾的斷言也就不再成問題了。

於是出現一個難題，因為沙特似乎是在給出一種**無源之見**（即絕對的實在觀）的同時又給出了一種**有源之見**（即取決於視角的實在觀）。這兩種立場並沒有被分配給不同的現象集合，也不是相對於不同的論題：並不是說沙特有關實在的成熟主張只針對某一些事物，而那種有條件的、在認識論上是保守的、僅僅取決於視角的主張就針對另一些事物；更為典型的情況則是某個單一的段落甚至句子中間就同時涵蓋了上述兩種立場。在歷史上，這兩種立場隸屬於相當不同的哲學傳統。建立在視角上的觀點採用了康德的策略，即哲學方法上的哥白尼式革命；按照這種策略，哲學的任務在於澄清，但澄清的**內容**、**出發點**與**歸宿**都是人類的視角，這就讓一切帶有上帝視點的構想失去了效力；而採取絕對立場的觀點所展現出的形上學野心則絲毫不亞於早期近代唯理論哲學或是黑格爾的哲學。那麼，哪一個才能代表沙特真正的哲學觀點呢？沙特是站在康德這一邊，與提出過各類先驗唯心論的後康德主義者（如費希特或胡塞爾）保持著親緣關係，還是站在斯賓諾莎那一邊呢？[58]他的後設哲學究竟屬於先驗唯心論，還是屬於某種類型的實在論？

我建議可以這樣回答上面的問題：沙特認為這兩種立場具有相同的必要性，它們不是**互斥的**，透過最終的分析可以發現兩者其實是**重合的**——沙特真正想要主張的是，恰恰是透過（並只有透過）採納並強化那種依賴於視角的立場，我們方可把握到不受視角約束的實在。在讀到《存在與虛無》的副標題（「一份有關現象學

86

---

58 所以納坦森（Natanson）說：「沙特的『哥白尼式革命』本質上是試圖在本體論的層面上建構康德試圖在認識論的層面上展現的東西。」（*A Critique of Jean-Paul Sartre's Ontology*, p. 93）

本體論的論文」）時，我們應該這樣去理解：這並不是一份保守的
綱領，彷彿僅僅滿足於描述我們應當如何透過事物向我們顯現的方
式去設想事物的存在；它其實表明了沙特的後設哲學信念，即當且
僅當事物的依據暴露出澈澈底底的視角特徵，我們才能夠按照事物
本身之所是，亦即事物在「**無源的**」領會中將會是的樣子來認識事
物。因此，當沙特說他在《存在與虛無》中旨在「根據其對你我的
呈現」來定義意識，這也就是根據其**所是**來定義意識。在這種闡釋
下，我們立刻就明白了沙特為什麼拒絕使用「唯心主義」和「實在
論」這些傳統的標籤，並聲稱已經消解了兩者之間的對立。這也與
沙特在導論部分提出某些實質性的形上學主張的方式相符合，而這
些主張完全建立在「意識的本性怎樣直接蘊含著事物的存在」這一
基礎之上的。[59]

至於說這種立場（無論是以沙特所設想的形式，還是以其他任
何可以想像得到的形式）是否融貫、能否站得住腳，這就是另一個
問題了；但至少沙特已經在導言部分給出了某些理由，讓我們認為
它確實如此。原因在於，我們已經看到：沙特認為具有原始概念特
徵的「現象」融匯了視角性和非視角性，而從更一般的角度來說，
導言部分給出的基本本體論 —— 它既堅持認為自在的存在是絕對的
事實，又堅持認為意識具有視角特徵 —— 也要求我們必須透過某種
方式去承認實在的視角性兼非視角性。此外還有一點：沙特在意識
的存在中發現的不單單是視角性與非視角性的融匯，而且是某種**同
一**。雖然這些論點均無法充分解釋視角性與非視角性何以能夠在形

87

---

59 值得注意的是，這種帶有視角形式的實在論也浮現於梅洛—龐蒂的哲學，並且
是以更加明確的方式。梅洛—龐蒂斷言「非規定性」或「曖昧性」——這些我們
一般加給認識論的屬性 —— 內在**於世界**，而不只是內在於我們對事物的理解或
構想。

上學的層面上被認為是重合的，但它們至少提供了一條線索，供人們去理解為什麼沙特的思路會沿著這條路徑展開。我們之後（在第46節）會回到這個問題：沙特調和這兩種立場的努力究竟有沒有成功？[60]

從我們已經抵達的地方來看，要將《存在與虛無》中的論證推向新的階段，有兩條路可供沙特選擇：一是表明虛無形上學如何能夠被直接發展成一種**關於自由的理論**；二是審視**自為的諸種結構**，即辨識出人類主觀性中的虛無所採取的形式，並表明這種形式是如何與我們在本體論上的否定性互相闡明的。在一定的階段內，這兩項任務可以獨立於彼此而推進，但兩者最終會交會在一起，而後抵達相同的終點，此即我們的存在方式與我們的自由二者的同一——這符合上一章所給出的論證框架。

沙特實際採用的方式是：在我們剛剛所討論的這一章的其餘部分裡（24-45/60-84），沙特概述了虛無與自由之間的關係；但在闡明了自為的諸種結構之後，沙特才在《存在與虛無》的第四卷中對自由進行充分探討。然而，更簡單的做法是：我們直接開始探討自為的諸種結構，而後再一齊考慮所有涉及自由的文本材料，後者構成了本書第四部分的內容。

---

[60] 一個相關的後設哲學問題涉及沙特與「實踐理性的首要地位」之間的關係。沙特是否認為理論信念的合理性確實（至少部分地）由我們的實踐旨趣所規定？抑或，他是否認為理論探求具有相對於實踐的自主性？分裂似乎又出現了。一方面可以認為，沙特在推進《存在與虛無》時似乎是以下述嘗試為基礎：他對我們思考事物的必要方式做出規定，**是為了**讓我們可以視自身為自由的。另一方面，《存在與虛無》的結構（以本體論為起點，逐漸向倫理學過渡）似乎又蘊含了理論理性的自主性（也可參見 "An interview with Jean-Paul Sartre", 1975, p. 45，沙特在此肯定：本體論是實踐的權威）。不過，沙特似乎再度認為他無須做出選擇，因為他認為正確的本體論是以意識為起點的本體論，而意識已然是實踐的和價值導向的（參見第17節），實踐理性和理論理性根本是同一個理性。

思考題：

(1) 沙特關於意識的核心主張能否站得住腳？其他有關意識的觀
　　點中，有哪些是沙特拒絕接受的？他對這些觀點的批評是否
　　中肯？

(2) 怎樣才能對沙特的「自在的存在」這一概念做出最恰當的理解？
　　自在的存在與自為的存在形成了基礎性的對立，沙特也說明了
　　這一點，但他給出的說明能否得到充分的辯護？

(3) 出於什麼目的，沙特要將虛無的概念引入他對於意識的說明？
　　又有哪些理由可以為這種做法提供辯護？

(4) 沙特聲稱他已經對那種超越了實在論和唯心主義之間對立的主
　　客體關係做出了說明，請對此做出評價。

（二）人類主體的基礎結構

　　導論部分和第一卷已經擬定了基本的本體論，在此基礎上，
《存在與虛無》第二卷詳細闡述了人類主體最為抽象的形上學結
構，包括**自身態**、**時間性**和**超越性**。自身態與**人為性**、**價值**和**可能
性**等諸種結構相關，而超越性則帶領我們走向**認識**。沙特意在表
明：這些結構對有意識的存在而言是必需的，雖然他並沒有從概念
上斷言這種連繫。沙特並沒有嘗試去演繹，比方說從命題「Ｓ擁有
對於對象的意識」演繹出結論「Ｓ的經驗是時間性的」；相反，沙
特採用了百分百**現象學**的先驗方法，讓我們洞察到我們的意識是怎
樣與我們的時間性、價值取向等方面**內在地**關聯在一起的，從而讓
我們明白**我們的**意識不可能不帶有時間性、價值取向等方面。實現
這一點的方式在於表明：意識對於我們的意義，以及時間、價值等

的存在對我們的意義，此二者是如何互相闡明的。[61]（不過還有一種可能：我們可以合理地設想**某些**存在物的意識經驗或許並不具有時間性。但沙特並不關心這種情況，因爲如果他要是正確的，那麼這種存在物與我們的存在方式不可能有交集。）

　　我們到目前爲止一直在關心的基本本體論，與自爲的基礎結構所屬於的全部本體論，二者之間的關係需要得到澄清：在何種意義上，基本本體論是優先的？《存在與虛無》一書的組織方式會讓我們覺得全部本體論是從基本本體論當中衍生出來的，那它果眞如此嗎？

　　我們在第 12 節中已經看到，全部本體論當中位於對象一邊，亦即位於已分化的對象世界一邊的那部分確實基於自在的存在，但並不是直接從後者當中衍生出來的。只有在以自爲爲前提並與自爲相關聯的情況下，它才出現。而全部本體論當中屬於主觀性的那一邊，亦即自爲的諸種結構——這在第二卷中立刻變得一目了然——既不是從單純的意識概念當中建構出來的，也不是從中演繹出來的。相反，沙特把基本本體論當作一個平臺，由此出發去探求人的實在領域；透過這種方式，一系列**解釋**關係便浮現出來了：沙特將會表明，單純的意向性意識是以自爲的諸種結構爲**依據**的。（沙特把「人的實在」〔la réalité humaine〕一詞用作半個專業術語，它大體上等同於海德格的「此在」；該詞既指稱著人類，又指稱著恰恰作爲認知對象、行動場景等的世界。）《存在與虛無》一開始只考慮單純的意識與現象——沙特承認它們在某種意義上都只是一種「抽象」（171/219）——他這麼做的目的在於集中我們的哲學視線：基本本體論的優先地位確保我們能夠正確把握我們的主觀性。

89

---

[61] 欲了解此處對於沙特先驗方法的領會，參見 Sacks, "Sartre, Strawson and others"。

因此，基本本體論的優先性是方法論上的優先性，而從它當中衍生出全部本體論則是一個認識論問題：從本體論的角度來說，意識之於自爲正如部分之於整體；按照沙特的說法，意識構成了自爲的「瞬間的核心」（70/111）。隨著第二卷將這一核心逐步擴展成擁有一定結構的自爲，它同時也闡明了意識的概念，而導言部分只是將其視爲理所當然而已（173/221）——我們因此而明白：意識以及構成意識之存在的虛無究竟在於什麼。

14. 自我（第二卷，第 1 章，第 1 和第 5 小節）

《存在與虛無》中探討自身態的章節以兩種方式修正了《自我的超越性》中的立場（這解決了第 2 章提到的沙特先前的自我形上學所遭遇的一系列困境）。首先，沙特**人格化**（personalize）了前反思我思的反身結構；換言之，沙特認爲它**等同於**自我；抑或採用更加準確、更接近於沙特的說法，沙特認爲它等同於自身態的具體體現。其次，我們將在第 15 節中看到，沙特認爲構成前反思我思的反身關係等同於構成反思的反身關係：兩者都是同一種反身關係的不同形式。

這似乎讓沙特的立場更加接近常識中關於自我或人格的斯特勞森式的觀點。不過，與常識修好根本就不是沙特的動機，而他關於自我或自身態的說明更加深遠地反轉了我們平常對於人格態的構想。

首先我們應當注意到，存在一個具有一般意義的重要問題，它涉及沙特的探究方法。除了沙特對自爲的起源所給出的帶有思辨色彩的說明（第 9 節）以外，到目前爲止，《存在與虛無》採用的方法是一種**描述性**的方法，它基於我思以及給予我思的現象而大膽提出關於**存在著**的事物的各種主張。與此相對照，《存在與

虛無》在整個第二卷以及之後的大量段落當中主要採用的是**目的論的**解釋方法，即根據「X 為了 Y」這種形式所蘊含的目的和關係進行解釋──用沙特的話來說，就是把事物刻畫成一種**謀劃**（un projet）。沙特在第二卷中所引入的人類主體的一切基礎結構本質上都運用了「目的指向性」這一觀念。關於該論點，文中有一處已經說得足夠明白：沙特在總結有關反思的論述時說，反思並不是一種「任性的湧現」，而是「在『**為了……**』（pour）的視角中出現的」：反思的**意義**就是它的「為了……的存在」（être-pour）；而在更一般的層面上，自為「這種存在在其存在中奠定了某種『為了……』」（le fondement d'un pour）（160/207）。[62]

　　關於這一方面，有幾點需要我們注意。首先，沙特將目的論運用於人類主體，並不是因為他把「存在著（exist）的任何事物都有目的」視為普遍的真理──自在的存在就與這種想法不符──而是因為自為（該術語本身就蘊含了這一點）的特定本性要求這麼做；自為總是「為了……」（pour）的基礎。其次，沙特的解釋雖然是目的論的，但並不牽涉到功能。一個自然主義者可能會先根據人類主體處於其中的實在來確定人類主體的功能，繼而推導出它各方面的特徵對於該功能的發揮具有什麼樣的推動作用；但沙特並沒有這麼做。對他來說，情況恰好相反：主觀性**不可能承擔任何**功能。進一步而言，沙特認為構成人類主觀性的目的論結構事實上並沒有實現任何目的。人類主體是**目的性**的，但並不真的擁有**任何目的**。第三，沙特對於目的論的看法有別於常識中的看法，因為後者認為具有目的論含義的各種屬性是附加在一個可以機械地加以描述的下

---

62 中譯本譯為「在一個肯定方面的前景中產生的」，「為……的存在」和「自為是在其存在中是一個肯定方面基礎的存在」。──譯者注

層建築之上的，這種實在承載著目的論過程；但沙特的立場（這對
他的自由學說具有顯而易見的重要性）則是：自為的各個層面的實
在性就在於它們投向著某個目的。

　　沙特關於自我的理論是沿著一個個階段發展起來的；縱觀全
書，它構成了其中最為棘手同時也最為迷人的一部分段落。

　　(1) 第 1 小節，**74-76/117-118**。沙特首先回顧了前反思意識的
結構。我們從第 3 節中已經得知，沙特認為連結對象的每一個關
係都會復返於自身，這是「前反思我思的法則」[63]（69/110）：對象
意識蘊含著對對象意識的意識。由此可得，由於我的對象意識並不
是抽象的、不帶有任何規定的，而是帶有某種特定的**情態**——比如
帶著**快樂**，或是把意識的對象當作**信念**或**欲望**的對象——因此我的
對象意識同時也是對快樂的意識，對相信的意識等。反過來說，如
果存在著對相信的意識，那麼肯定就存在著信念（xxviii/18）。因
此，信念和對相信的意識互為充要條件。然而，對於這種關係的單
純邏輯上的描述並沒有向我們解釋這種關係，並且沙特認為我們在
此遭遇到一個困境，在形上學的層面上它只有唯一一個解決方案，
而該方案需要引入目的論。

　　第 3 節和第 10 節已經論證，我們的方法必須遵循的規則是：
要根據意識的視角去設想意識。現在，由信念和對相信的意識這兩
者所組成的結構有一個獨特的地方，就是它必須被設想成既是**一元
的**又是**二元的**。兩者既然互為充要條件，那當然必須得組成一個整
體；但它們同時又必須組成一個二元體，理由並不在於我們既然是
探討精神之物的理論家就可以強行對結構做出劃分，而是因為對相
信的意識**自身**必須將自身區別於它所意識到的相信。沙特還認為，

---

[63] 中譯本譯為「反思前的我思的法則」。——譯者注

諸如「在一種意義上是統一的，但在另一種意義上則是二元的」這類說法並不能解決上述矛盾；因為根據這種說法，我們就可以認為存在著（exist）「包含二元性的統一性」，而這相當於把上面那種結構僅僅視為一種綜合（76/118）。我們在同一個基礎上既把信念和對相信的意識視為統一體，又把它們視為二元體：單一的個體化原則在運用的過程中產生了彼此衝突的結果。我們要如何闡明這種悖論性的結構呢？

92

　　按照沙特的看法，我們只能轉而根據目的去構想意識。（包含這種過渡的段落從第 75 頁過了一半之後的地方開始，一直到第 76 頁的中間。）對相信的意識本質上是一種 reflect 信念的嘗試，這裡的 reflect 並不是指某種思想上的動作（réfléchir），而是指「反映」（refléter）。[64]（這種用同一個英文單字去翻譯兩個相當不同觀念的做法雖然很難避免，但確實容易造成混亂。因此我將用「反映」〔mirror〕一詞去指代 refléter，並沿用沙特所使用的法文詞組去指代 refléter 的不同名詞形式：le reflet 指「映像」〔reflection〕，而 lereflétant 指「反映者」〔reflecting〕。請參見巴恩斯的譯者注。）[65] 反映活動延續著意識的謀劃，但同時也是這種謀劃的映像。所以沙特寫到，對相信的意識「**為了**執行信任的動作**而存在**（exist）」[66]，而信念就取決於這種信任的動作（75/117）。

　　這就允許我們將這種既為一元又為二元的結構把握為一個未盡的目的論過程。沙特正在暗示一個複雜的類比：對相信的意識嘗試

64　reflect 在英文中既有「反思」的意思，也有「反映」的意思。本書作者為避免誤解，在下文中使用 mirror 一詞代替表達「反映」之義的 reflect。由於中文中的「反思」和「反映」已經是含義不同的兩個詞語，所以下文直接使用「反映」一詞來翻譯 mirror 以及相應含義的 reflect。──譯者注

65　下文將作者此處沿用的法文詞均翻譯成對應的中文詞。──譯者注

66　中譯本譯為「存在是**為著**造成一個信仰的活動」。──譯者注

對信念舉起一面鏡子，卻發現對象（亦即信念）如果不被反映就不能存在（exist），以及反映活動本身（對相信的意識）只不過就是它所反映的東西；結果就是，不可能捕捉到任何穩定的形象——進行反映的謀劃最終失敗了。

　　正如沙特所言，這也就意味著我們既不能說「信念**是……**」，也不能說「**……是信念**」；既不能說「對相信的意識**是……**」，也不能說「**……是對相信的意識**」。繫詞和同一關係在這裡和在沙特的其他語境內都是一樣的，它們標誌著對於實體性存在的占有，這種占有甚至可以意味著存在上（existential）的自足，至少可以意味著對一系列內在的、非關係性的屬性的占有。

　　既然信念和對相信的意識既不與自身相同一，也不與彼此相同一，那麼就只能把它們設想成**不得不是**彼此，這就類似於當我們在談及某物時說它**理應是**、或**應該是**某某（第 6 節已經提到了這種結構，avoir à être，沙特常常用它來表達上面的想法）。之後有一段文字或許表述得更清楚：「映像—反映者」這個二元體中的兩項是互指的，每一項「都使它的存在幹預另一項的存在」，但這種存在恰恰不見了蹤影：映像是「**為了**在反映者中被反映的**存在**（être-pour se refléter）」[67]，但這一目的只有在映像是「**某物**」（quelque chose）的情況下才能夠實現，然而映像不可能是某物，因為如果它是，那它就成了自在，而我思也就被摧毀了（173/221）。信念和對相信的意識因此構成了「反映的遊戲」，一種「互相指涉的雙重遊戲」[68]，其中「每一項都歸轉於另一個上面並透過另一個使自身成立，然而每一項又都異於另一個」（75/118），或者換用沙特的

93

67　中譯本譯為「為在這個反映者中反映自己的存在」。——譯者注
68　中譯本譯為「互相指涉的雙重遊戲」。——譯者注

另一個表述：每一項在**為**另一項設定自身時，又都**變成**另一項。

所以沙特深奧難懂的地方在於：雖然我們已經看到，在解釋他對於意識的看法時必須要運用「視角」這一視覺性的概念，但這個概念最後卻又會讓人產生誤解，至少也有一定的侷限——擁有或建構一個作為意識的視角最終並不只是一件準視覺性的、感知性的、思想性的事情：它更接近於「**肩負某項義務**」或「**接受某項要求**」的狀態（意識「就是下述義務：成為對某物，即對某個超越性存在的揭示性直觀」[69]〔xxxvii/29〕；對意識而言，「它只可能是下述義務：成為對某物的揭示性直觀」[70]〔618/712〕）。

(2) 第 **1** 小節，**76-77/118-119**。現在已經準備好要在理論的層面上引入那**蘊含**在映像和反映者的**互相指涉**之中的自我了。花瓶和反映它的鏡子之間的關係純粹是外在的——鏡子在反映花瓶時並沒有把它當成是鏡子本身。但是前反思意識中的映像和反映者是作為單一整體中的成員而互相關聯的，而且這個整體並沒有呈現為一種簡單的聚集，彷彿兩者湊在一起就可以把它創造出來一樣，而是呈現為（它們的）**主體**。然而，這個得到呈現的主體不可能是某些屬性的形上學主體，我們在第 2 章討論《自我的超越性》時已經見到了相關的理由；它也不可能是某種屬性。相反，這個主體呈現為**對於自身的關係**，而且沙特注意到，這種自我關聯活動在語言學中的標誌就是 il s' ennuie 這類表達當中的反身代名詞。由這種反身代名詞指明的關係便構成了映像和反映者之間互相指涉的本質，它讓後者具有了意義。沙特把這種前反思意識層面上的自我關聯活動稱為

94

---

[69] 中譯本譯為「意識的存在只體現在對某物，即對某個超越的存在的揭示性直觀」。——譯者注

[70] 中譯本譯為「意識顯然必須是揭示某種事物的直觀，除此之外，對意識而言，是沒有什麼存在的」。——譯者注

「面對自身的在場」[71]（présence à soi）。自我或「自身」（oneself, le soi）**就是**面對自身的在場，這是一種「要在作爲絕對一致的、毫無多樣性痕跡的同一性與作爲多樣性之綜合的統一性之間不斷保持不穩定的平衡」（77/119）的結構。因此，自身（soi）所擁有的存在既不是述語的主語，也不是述語，它不可能是也不能被領會成「實在的存在物（existent）」。

　　(3) 第 1 小節，77-79/120-121。目前爲止，沙特的理論聽上去可能與所謂的關於自我的「無主」理論（例如：休謨的理論）相類似，這類理論拒絕指涉「我」。其實並非如此：雖然我們剛才仔細闡述的那些主張主要是否定性的，但它們並不是沙特關於自我的全部理論。

　　我們已經根據介乎於同一性中的「一」與綜合統一性中的「一中之多」之間的自我關係而對自身（soi）下了定義；這裡面的關鍵在於，面對自身的在場（présence à soi）蘊含著一段相對於自我的距離，而對這段距離的分析需要藉助沙特的虛無形上學和關於自爲的目的論。從某種意義上來說，是烏有（rien）把自我與它自身分開的。我無法探查到或孤立出任何把我和我自身分開的**事物**。與空間上的距離以及時間上或心理上的差異不同，我甚至不能藉由那些彼此隔離開的明確事項去辨識和表達這種分離。沙特認爲，我們因此必須承認是**虛無**構成了這種分離——一種特殊的、**人格化了的**虛無，亦即**我**所是的虛無，或者以沙特的帶有目的論和準義務論色彩的表達方式來說，亦即我**不得不是**的虛無。這進一步發展了沙特的虛無形上學（第9-10節）：沙特說，只有在自我意識當中，我

---

71 中譯本譯爲「面對自我的在場」。——譯者注

們才能「以這樣的純粹性」[72]去把握虛無（78/120）。

因此，**不同於**無主理論所認為的那樣，自我的位置在本體論的層面上並沒有空出來。借用沙特的術語，正因為休謨沒有看到自我的存在屬於一種「義務」（78/121），換句話說，正因為休謨沒有看到──用沙特之後的話來說──自我為映像和反映者之間互相指涉的「無窮運動」提供了「**理由**」[73]（103/148），所以休謨才得出結論說自我是烏有（rien）。

最後，沙特把這種關於自我的理論納入有關自為之起源的人類發生學敘事當中（第 9 節）：自在透過某種源初的「本體論行動」而「退化成面對自身的在場」[74]，而藉由這種本體論行動，我**不得不**以某個自身（soi）的形式而**是**的虛無（néant）被存在了（est été）（79/121）。

(4) 第 5 小節，**103-104/148-149**。在進入下一個理論環節之前，沙特提及了《自我的超越性》一書，並重申了其中的結論：自我（ego）是超越的，它並沒有居於意識之內為主觀性提供某種內在的核心（102-103/147-148）。（之後在第 162-163/209-211 頁，沙特重申了他早先對於自我〔ego〕的看法，參見第 24 節。）

然後沙特解釋了他是如何修正其先前的觀點的。雖然**自我**（ego）並沒有把意識人格化，但這並不意味著意識沒有被任何東西人格化，並成為「無人格的」：面對自身的在場（présence à soi）賦予意識以人格性（pernonnalité），也正因為如此，超越性的自我（ego）也可以擁有人格特性，換言之，我可以把**那個**自我（ego）看作是**我的**自我（ego）。因此，在《存在與虛無》中，對

95

---

[72] 中譯本譯為「在類似的純粹性中」。──譯者注
[73] 中譯本譯為「無限運動的理性」。──譯者注
[74] 中譯本譯為「消解為面對自我的在場」。──譯者注

於「意識是否具有人格？」與「意識中是不是住著一個作爲意識狀態之物主的自我（ego）？」兩個問題，沙特是把它們分開來看的；但它們在《自我的超越性》中被認爲是同一個問題。

之後沙特又爲由面對自身的在場所構成了自我關係添加上（103-104/148-149）一個更爲深遠的目的論層面，他稱之爲「自身性」（ipséity），並將其描述爲「人格的第二個本質性的方面」[75]（104/148）。沙特在《存在與虛無》的第 1 章中已經論證過（我們在第 17 節中也將看到這一點），自爲必然以自我重合的自身爲方向。自身性就在於我與這個理想存在物的關係，因爲它在呈現給我的時候是不在場的，它是「不在場的在場」（103/148）。由此得出主體對自身的感覺永遠是「被送回的」（renvoyé），超出了自己的把握。

就我將自身投向這個具有形而上之理想性的大寫自我（Self）而言，我必須**經由**世界來做到這一點：事實上，正是由於這種投射，世界才**存在**，這個世界在一定程度上是「我的」世界（104/148-149）。我試圖穿過世界返回於自身，跨越存在的總體以便與自身相同一：這樣一個結構被沙特稱爲「自身性的巡迴」[76]（le circuit d'ipséité）（第 104/148 頁；另見第 102/146-147 頁）。

96

15. 反思（第二卷，第 2 章，第 2 小節，第 150-158/196-205 頁）

剛才概述的自我理論涉及前反思意識。沙特的自我理論目前還缺少對於反思（réfléchir 意義上的 réflexion）的說明，有關「時間性」的那一章中的第 3 小節將會補充上這一部分內容。

我們事實上已經見識到了反思的存在（existence），但是還是

---

[75] 中譯本譯爲「人的第二種基本形態」。——譯者注
[76] 中譯本譯爲「唯我性的圈子」。——譯者注

要問：第一，爲什麼要有這樣的結構？第二，這種結構何以可能？（150-152/197-198）畢竟，反思意識並不直接被前反思意識的存在（existence）所蘊含，因爲後者並不受制於「存在即被感知」（esse est percipi）這一原則。我們也不能一上來就把反思對被反思意識的關係理解成思維主體對表象的關係：如果是那樣，那麼兩者就隸屬於不同的存在等級，反思也就無法構成自我關係。更一般地說，反思意識和前反思意識體現了我們在有關映像—反映者的那部分內容中所見到的「統一性中的二元性」這種模式（第 14 節）：在把握它們的統一性時，不能認爲這是由兩個獨立的存在（existence）複合而成的（這樣一來，它們之間的關係就成了外在的關係，針對意識的反思性直觀所特有的確定性也就被摧毀了），但這種統一性也沒有把它們完全等同起來（這樣會把反思壓縮進前反思意識）（151/197-198）。

爲了充分理解沙特針對反思提出的先驗論問題，我們需要認識到爲什麼常規的反思概念在沙特看來是不完備的，雖然它讓我們覺得我們已經明白了它是什麼以及它爲什麼存在（exist）。在我們的常規構想中，反思是一種**認識媒介**：反思**使得**精神狀態的主體能夠**認識到**他的精神狀態。但是我們在第 3 節中看到，沙特並不認爲反思解釋了自我認識的可能性；他堅持認爲「是什麼使得自我認識得以可能」這個問題最終導向的並不是反思，而是（對）自身（的）意識（conscience〔de〕soi）。我們在第 8 節中看到，他還把認識論層面上的關係視爲次要的和衍生的，由此可得，如果用自我認識所提出的各項要求來說明反思，就不可能不錯誤地假定「認識的首要地位」。

然而，反思並不只是被某種獨立的、機械的、非意識的原因推動著去存在（exist），而如果反思既不是動力因的產物，也不能參

97

照認識論層面上的某個目的來解釋，那就只可能透過非認識論層面上的其他某個目的來解釋。

沙特在第 153-154/199-201 頁對該目的做出了以下解釋：前反思意識經歷了沙特所謂的「源初的分散狀態」（153/199）。因為映像—反映者的結構是轉瞬即逝的，自為就必須在其他地方尋找它的存在，但是它發現——在它面向自在存在的在場中以及在它時間性的流動中——它「將自身遭失在自身之外」[77]（153/200）。所以自為想要「恢復存在」，而出於這個目的，它用上了**反思**：依靠反思的方式，自為透過把自身匯聚成一個**統一體**並把自身**看**作是一個整體而「試圖把自身置於自己的存在之內」[78]（153/200）。所以自為在反思中的目標就是把自身變成「**被給予之物，一種最終是其所是的被給予之物**」[79]（153/200）。如果這種嘗試成功了，那麼自為就會在自己的內部成為「對自身來說的自在的對象」（154/200）。因此，在反思中，主體一直試圖成為自己的基礎——反思的目光想要把自為當作這道目光本身會與之相同一的對象而將其創造出來。可是，雖然自為在反思中以自身的「對象化」與「內在化」（154/200）為目標，但這一目標卻並不能實現，首先是因為反思本身並不是非時間的，而是在時間性的流動中被自身驅散的，更一般的原因在於反思是自為的存在，所以它自己的結構是非自我同一的。（沙特之後重申了這些觀點，參見第 298/359-360 頁。）

在接下來的段落中（155-158/201-205），沙特分析了反思與自身所保持的距離，自我認識的法則與限度，以及「被反思者（le réfléchi）在反思之外」這句話的模糊含義。我們將在第 24 節中看

---

[77] 中譯本譯為「投身於自身之外」。——譯者注

[78] 中譯本譯為「欲求在自己的存在中內在化」。——譯者注

[79] 中譯本譯為「給定物——一種是其所是的給定物」。——譯者注

到，在上述考量的基礎上，自身何以能夠被（錯誤地）表象爲一種「心理的」對象。

因此，我們通常對反思的看法是有缺陷的，因爲這種看法認爲反思所牽涉的是「某種額外的存在」，它表現爲由精神表象構成的某種額外的精神官能或精神層次；相反，我們必須將其視爲自爲「在內部結構上的改變」[80]（153/199），其可能性就包含在前反思意識的「映像─反映者」結構當中。由反思引發的改變再度調遣了居於前反思意識之中的虛無，爲了一種更高層次的（但並未實現的）統一性而虛無化了由「映像─反映者」構成的統一性（152/199）。沙特的論述使我們看到，前反思意識和反思意識共享著同一種結構，在前者中是內隱的而在後者中是外顯的，而且這兩種意識類型都包含著一種單一的、人格化的反身關係：它在前反思意識中顯現爲「映像─反映者」的結構，而在反思中則顯現爲「反思者─被反思者」的結構（153/199）。因此，我們在《自我的超越性》中所發現的漏洞，亦即沙特並沒有解釋爲什麼反思應該創造出一個「我」，在此就被填補上了。前反思意識和反思意識就被放回到一個更加基本、更加統一的目的論依據上，它最初作爲前反思意識實現自身，因爲這並沒有讓它更接近它所投向的目的，所以之後又作爲反思意識實現自身。這個依據爲一般意義上的反身性提供了解釋項。自爲透過這種方式成了一種**有機統一體**，但只是一種**渴望達成的**，**將會存在的**有機統一體，而不是某種已經達成的整體。

16. 人爲性（第二卷，第 1 章，第 2 小節）

從某種程度上來說，「人爲性」（facticity）這個詞指的是自

98

---

[80] 中譯本譯爲「結構間的改變」。——譯者注

爲**處於特殊性當中**的狀態：這種描述意義上的人爲性不過體現在下面這樣的事實當中——我在這間咖啡廳的這張桌子旁邊，我或是1942年法國的一名資產者，或是1870年柏林的一名工人，或是咖啡廳的一名服務生而非外交官。所以人爲性涵蓋了我們在物理上、時空上對世界的介入，以及我們各自在人際、社會、文化、制度、政治和歷史上的一系列特殊關係的總和。但沙特還認爲：更抽象地講，這個概念指的是我們總是像這樣處於特殊性當中的**必然性**；而從解釋的角度來說，這個概念表明了**究竟是**自爲中的**什麼**（牽涉到它的存在和結構）使得自爲必然處於特殊的處境。後者是沙特在第2小節試圖闡明的對象。透過肯定人爲性的這一層含義，沙特旨在說明人類主體如何發現自身在（無法解釋的、「未經辯護的」）特殊性的某個層面上存在（exist），他認爲唯心主義沒辦法把握這方面的真相。（用來闡明人爲性的「處境」概念提前出現了，而如果嚴格按照沙特的分析，「處境」是從人爲性與**自由的**合取中得來的結果。因此第二卷中的這一小節只是開啓了對人爲性的探討，第四卷則恢復並完成了這方面的探討；參見第33節。）

透過把我們的偶然性與沙特的人類發生學提議——自爲的存在是被否定的自在存在（參見第9節）——結合在一起，我們將我們的人爲性把握爲「我們處於特殊的處境當中」這種狀態的先驗基礎。爲了聯合這兩種觀點，沙特給出的（有些棘手的）思路以他的公理（第3節）爲起點：在自爲對其自身的領會中，它「不是自身的基礎」[81]，因此是偶然的存在物（existent）（79/122）。這種洞見被笛卡兒納入反思的我思之中，並推動他提出關於上帝存在的宇宙論證明；但是沙特認爲，自我奠定的或必然的存在是一個矛盾的

---

81 中譯本譯爲「不是存在自身的基礎」。——譯者注

概念（80-81/123）。如果必然的存在是不可能的，那麼它就不能爲我的偶然的存在提供基礎。但是沙特的探究並未止步於此，雖然它原本看上去好像必須如此——沙特認爲我們的偶然性需要透過，也可以透過某種方式得到說明。既然在自爲對其自身的領會中，它**也**在對其自身進行虛無化，它是「它自己的虛無的基礎」[82]（80/123），這就使我們能夠去運用關於消除過程的「神話」中的目的論框架——「自在爲了把自身奠定爲意識而不斷遺失作爲自在的自身，由此而成了自爲」[83]（82/124）——從而在對我們的偶然性加以承認的基礎上更進一步。這最終讓我們明白，爲什麼在先驗的層面上，自爲應當必然總是處於特殊性當中。我處於特殊處境當中的狀態總是對偶然性的例證——我現在正在咖啡廳當服務生，這或許是出於某些理由，但這些理由並沒有一路追溯到作爲自爲究竟意味著什麼：我是一名服務生，就等於說我作爲自爲而存在，這是一件偶然的事情。而我的這種偶然性**不過就是自在**的偶然性：自在在本體論的層面上被移除了，又在它所變成的自爲的層面上重新得到表達——「自在要自我奠定的努力」導致了自爲「事實上的必然性」[84]（le nécessité de fait），人爲性「就是自在在自爲中的遺跡」[85]（84/127）。

　　沙特補充道，我的這種偶然的人爲性永遠不能「在原始的未加修飾的狀態中」得到充分的「實現」或把握（83/126）——在對我的偶然性加以把握時，如果認爲它不過是對某些事實的單純占有，那麼這就等於把我自身構成爲自在的團塊。我如果想要領會我

100

---

82 中譯本譯爲「自身虛無的基礎」。——譯者注
83 中譯本譯爲「自爲，就是爲了被奠定爲意識而像自在一樣消失的自在」。——譯者注
84 中譯本譯爲「一種事實的必然性」。——譯者注
85 中譯本譯爲「就是在自爲中自在的（……）保留下來的東西」。——譯者注

的人爲性，就必須「在**前反思我思**的基礎上恢復人爲性」，我由此
賦予人爲性以「意義和反抗」（83/126）。然而，人爲性確保意識
不能「按照柏拉圖《理想國》中的靈魂選擇自己處境的方式選擇它
對世界的依附關係」[86]；譬如，自爲不能對自身做出「生爲資產者」
（83/126）的規定。

　　需要指出，人爲性不會受到選擇的影響。我們必定是在一定的
條件下（比如我們所生活的歷史年代）做出選擇，不過我們並沒有
選擇這些條件；然而，選擇並不能**減少**人爲性的**數量**：我選擇的內
容承載著由世界的存在向我的虛無所提供的各種特殊性，因此總是
以人爲性爲前提的。（我們將在第 34 節中看到，沙特有關「對自
我的源初選擇」的想法，將我的各種選擇構成一個總體，並賦予它
們以相對於**彼此**的必然性，但是它並沒有宣稱我的世界的**存在**是一
個選擇問題，所以並不與他的人爲性理論相衝突。）

　　我們將在第 31 節中看到，沙特有關人爲性的想法直接導向了
他對於具身（embodiment）的解釋。

17. 欠缺與價值（第二卷，第 1 章，第 3 小節）

　　第 3 小節想要把價值（la valeur）解釋成世界的一個特徵，並
爲我們將在第 38 節看到的動力理論奠定基礎。

　　本小節一開始（85-89/128-133）就對沙特的虛無形上學做出了
極其重要的深化與澄清：自爲的虛無被重新規定爲存在的（某種）
缺陷或欠缺（〔un〕défaut 或 manque d'être）。

　　沙特的論述表明，從虛無向欠缺的過渡有兩條路徑。它既可
以被理解成一種側向的移動，是從「我們是虛無」這個命題**推出來**

---

86 中譯本譯爲「按照在《理想國》中人們選擇自己處境的方式選擇它與世界的關
　　係」。──譯者注

的：也可以向下進入一個更深層次的解釋層面。

沙特首先提醒我們，自爲與自在處在一種否定性的本體論依賴關係當中。自爲「總是不斷規定自身不是自在」[87]，這意味著自爲只有「根據自在並逆著自在」[88]（85/128）才能確立起自身。沙特聲稱（86/128-129），上面這一點立刻揭示出自爲是存在的欠缺：如果自爲不是憑著從自在那裡接受本體論上的支撐，而是憑著使其自身不是自在才存在（exist），那麼自爲就（只是）因爲不具有，亦即欠缺自在之存在的情況下才存在（exist）。

與此同時，關於自爲之起源的目的論敘事提供了另一個角度，從中可以直接將自爲把握成欠缺的一個例子，並**繼而**將其把握成虛無。目的論敘事將自爲確立爲欠缺的基礎在於：自在奮力產生自爲的存在，但並不是**為了自為的存在本身**，而是爲了**擺脫掉偶然性**並就此建立起它自身（84/127）。由此可見，自爲之存在一開始就是由它的存在（existence）所無法實現的目標構成的：自爲爲了讓存在得以擺脫掉偶然性而存在（exist），但是它的存在與自在之存在恰好是同樣偶然的，所以它作爲目標的**非**實現狀態而存在。因此，自爲作爲「某物未被得到抑或某物缺失著」這種事態而存在（exist），也就是說，它帶著**缺陷**，因而作爲某種否定地存在著（exist）的東西而存在（exist）。

已經可以引入價值範疇了，雖然目前的表述尚不夠精確。由於自爲是一種欠缺，因此正面的價值就建立在欠缺的對象上，而負面的價值則建立在這種欠缺的存在上。然而，沙特充分說明了（90-95/133-139）自爲的欠缺狀態如何過渡到自爲對世間價值的具

---

87 中譯本譯為「規定自己不是自在」。——譯者注

88 中譯本譯為「從自在出發並且相對於自在」。——譯者注

體意識，而在說明的過程中，沙特引入了「作爲大寫自我之自爲」（for-itself as Self）的概念並揭示了它的重要性（我們之前在第 14 節已經提到了「大寫自我」）。

如果自爲的存在是欠缺，那麼被欠缺的究竟是什麼呢？當然，從某種意義上說，它就是自爲之源初目標的實現，亦即「自在的存在擺脫掉偶然性並奠定自身」。可是自爲的存在一旦開始出現，自主地規定和奠定自身，並遵循它發現自身帶有的否定本性，欠缺的對象就被重構了，而且需要重新得到說明：沙特認爲，自爲所欠缺的是**作爲**自在存在的自身，「以同一的形式出現的自身」[89]，自我重合的自身（le soi comme être-en-soi 或 soi-même comme en-soi）（88-89/132）。沙特把它（我們在第 14 節中已經看到）稱爲「大寫自我」（Self, Soi）（100/145）。

可以對這個「對象」做出更加精細的描述：自爲想要的並不是自己「消失於同一性的自在中」，換言之，並不是意識被消除；它想要的是在自在的存在中作爲自爲被保留下來，換言之，是「成爲這種作爲實體性存在的自我」[90]（90/133）。爲了讓自爲承繼自在的源初謀劃（自爲是這項謀劃的預定載體），需要的是「自爲和自在之間不可能實現的合題」（90/133）。沙特發現，這種「在自身當中結合了自在與自爲的種種不相容的特性」[91]的總體所對應的前哲學的常規概念就是**上帝**，這種存在奠定了自身，並將絕對的自我同一性與自我意識結合在了一起。

我們似乎自然會否認作爲大寫自我之自爲具有本體論上的任何

---

89 此處的翻譯難以從中譯本中截取，這裡僅說明英譯者與中譯者的理解有較大出入，而略去中譯者的翻譯。——譯者注

90 中譯本譯爲「它是作爲實體的存在而是自我的」。——譯者注

91 中譯本譯爲「在自我中集合了自在與自爲的種種不可並存的特性」。——譯者注

地位，原因恰恰在於它沒有被實現且不能被實現；沙特又稱它是某種「意義」[92]（un sens）（87/130）——它是「缺失著的奠定活動所具有的意義」[93]（89/132），那恰恰**屬於**意識的意義，而非某種**由**意識傳達出的意義（91/134）。這似乎理應讓它成為一個非本體性的範疇，但是沙特堅持認為本體論承諾是無法避免的（90-91/134）。一個具有說服力的理由是：作為大寫自我之自為如果不擁有某種存在，就不能被認為是自為所趨向的某種**超越**的事物，只能被看作是「純粹的觀念」，而這背離了沙特的綱領——在本體論結構的層面上，而非主觀表象的層面上給出哲學解釋。根據某種內在的本體論關係——在這種關係中，自為將自身投向作為大寫自我的自身（關係中的兩項離了對方就無法存在〔exist〕，它們也不具有任何相對於對方的優越性）（91/134）——去設想欠缺，這使得沙特能夠宣稱：我們在這裡發現了一般意義上的「超越性的根源」（89/132）。

作為大寫自我之自為的本體論地位為沙特有關價值和價值意識的說明打下了基礎。如果作為大寫自我之自為擁有存在，那麼這種類型的存在必定還沒有在《存在與虛無》中得到定義：它既不是自在的存在又不是自為的存在，所以它隸屬於全部本體論，但是它既不像那些構成已分化的對象世界的存在物，也不像那些構成沙特所謂的「心內之物」（參見第 24 節）的「退化了的」偽存在。沙特詳細論證道：作為大寫自我之自為的獨特存在方式與價值的存在方式嚴格對應（92-95/136-139）。沙特所理解的價值並不專門指道德領域中的事物，而是任何對主體施加規範力量的事物，它關聯著主體的謀劃。進一步而言，沙特此處提出的主張所牽涉到的價值並

103

---

92 中譯本譯為「方向」。——譯者注
93 中譯本譯為「奠定所欠缺者的活動的意義」。——譯者注

不是**正題**意識的對象,即我們宣誓、贊成、確認等的對象(95/138-139),而是我們的在世之在的一個非正題的與**前**反思性的層面。在這個原初的層面上,價值「糾纏著」自為,「與它處於共實體性的統一中」,但又不由它確立,而且「不可觸及」(94-95/138-139)。正如沙特之後所言,價值是「圍繞並一部分一部分深入自為的幽靈存在」(203/254)。

　　沙特認為,對「自為是欠缺」這一結論的一個進一步的、獨立的、支持性的論證途徑是由欲望和痛苦這樣的現象提供的,對於這些現象的分析穿插於第 3 小節(分別參見第 87-88/130-131 和第90-92/134-136 頁;參見第 24 節)。

　　沙特的欲望理論特別清晰地表明了他的本體論語彙如何對立於常規哲學思想中那種對人類主觀性的各種特徵進行心理學還原的頑固傾向。根據沙特的觀點,那種認為我們**只是在**欲望沒有得到滿足的意義上才有所欠缺的觀點是虛妄的,這種觀點意味著把我們的欠缺狀態**還原成**我們的欲望狀態。毋寧說,我們有所欲望,僅僅是因為我們例證了某物「缺失著」而**存在**(exist),就像新月欠缺著它缺失著的四分之一而存在(exist)。類似地,以及在更寬泛的意義上,沙特的欠缺理論讓超越性能夠被把握為自為的客觀本體論結構:正如沙特所言,自為「與自在的存在不可分割地連繫在一起,並不是作為相對於其對象的某種思維(⋯⋯)而是作為相對於那對其欠缺加以規定的對象的某種欠缺」[94](89/133)。注意:這突顯了沙特在本體論證明中所斷言的「超越性的實在性」(參見第5 節),並不是說我們在我們自身**看來似乎是**在向對象超越;我們

---

94 中譯本譯為「與自在的存在不可分割地連繫在一起,並不是作為對其對象的思維(⋯⋯)而是作為規定其欠缺的一種欠缺」。——譯者注

「對存在的傾向」是一個隸屬於實在，而非單純隸屬於我們主觀性
的事件。既然沙特肯定了自爲的諸種結構的客觀性，這也就例證了
我們在第 13 節中討論過的，沙特將視角立場認同爲絕對立場的做
法。我們作爲存在的欠缺而傾向於存在，在這種存在（existence）
中，事物在人類主體內部之見中的存在方式與它們在無源之見中的
存在方式是重合的。

雖然沙特沒有點出叔本華的名字，但在探討欲望和痛苦的段
落中，沙特顯然是有意識地修改了叔本華有關人類痛苦之必然性與
普遍性的論點，這種修改去除了叔本華的主張中所包含的經驗主義
成分，同時也建立在一個可以說是更嚴格的基礎上。根據沙特的論
述，「自爲**本身**就是痛苦」這句話絲毫無關於我們對經驗中彌漫著
的消極享樂性質的內省，而是與我們對世界的意識有著先天的連
繫。（在這個脈絡中，沙特於第 90/134 頁提到了黑格爾《精神現
象學》中的「苦惱意識」（la conscience malheureuse），不過他根
據叔本華式的非理性主義，將其重新闡釋爲一種不可逃避的狀態，
而非一種可被揚棄的狀態。）

在第 38 節中，我們將追尋沙特有關作爲大寫自我之自爲的理
論所具有的內涵，而在第 44 節中扼要探討倫理價值的諸種條件。
（《存在與虛無》並沒有闢出一節單獨討論審美價值，雖然它對
審美問題做出了很多評論；其中特別值得注意的是沙特在第 194-
195/244-245 頁的說明，這段說明把美視爲「自爲的理想實現」或
「在想像中將我自身實現爲自在與自爲的整體」[95]。）

---

[95] 此處英譯者與中譯者的理解也有較大出入。——譯者注

18. 可能性（第二卷，第 1 章，第 4 小節）

沙特對可能性的探討非常類似於他對否定的處理。不管是在人的領域還是在外在於人的經驗事實領域，可能性均作爲超越的具體實在而被給予我們，而對這些可能性的意識則構成了「可能性」這一抽象概念的前提以及相應形式的模態判斷的前提。一方面，絕不能在主觀的或認識的層面上對可能性進行帶有還原色彩的分析（萊布尼茲的和斯賓諾莎的那些分析），因爲這些分析要麼是一種循環解釋，要麼無法把各種可能性與其他非模態的事態區分開。另一方面，沙特認爲可能性不能被設想成起源於現實的自在存在。因此，必須拒絕那些按照亞里斯多德的潛在性概念對可能性做出的實在論分析。

105

在排除掉上面那些分析之後，我們必須把可能性追溯到人類主觀性的先天特徵。沙特的形上學以下述方式闡明了可能性。首先第 9 節已經指出可能性以虛無化爲前提，繼而沙特認爲，根據作爲自爲之結構的欠缺，可能性在世界上的顯現能夠得到進一步的理解。我們在第 17 節中看到，自爲是作爲大寫自我之自爲所對應的自我重合性的欠缺；自爲以「面向世間對象的欲望」這一形式將自身投向這個準存在物，沙特斷言這導致了「可能態」（the Possible）在世界上出現（100-102/145-147）。因此，可能性的結構從我的自我關係中衍生出作爲欠缺的我自身與完整的我自身之間的內在關係：「可能態就是自爲**爲了**成爲自身而欠缺的**某物**」[96]（102/147）。（沙特關於各種可能態的本體論又爲他有關行動和自由的理論做出了貢獻，參見第 32 節。）

---

[96] 中譯本譯爲「可能就是自爲**爲了**成爲自我而欠缺的**東西**」。——譯者注

19. 認識（第二卷，第 3 章，第 1 小節和第 5 小節）

在相當重要的意義上，沙特在第二卷第 3 章中對認識的處理與認識論無關。沙特探討的問題並不是我們**有沒有**認識（請懷疑論者見諒），也不是我們在什麼樣的條件下可以**合理地**形成具有一定認識可靠性的信念，這是有關合理信念的理論需要處理的任務。毋寧說，沙特關心的是：認識**是什麼**。沙特在思考認識關係時，把它與我們在構成信念時所秉持的規範性旨趣剝離開，如此便得到了**有關認知的形上學**，它不同於通常意義上的認識理論。正如沙特所言，「認識被重新吸收到存在中」[97]（216/268），「認識的**本體論**問題是透過肯定自在對自為的優先地位而解決的」（619/713）。

沙特已經向我們解釋過，他所設想的意識是一種相對於超越對象的關係，這種關係既不受媒介也不具備任何內部結構，不僅如此，它還意識到了它本身；所以在沙特看來，關於認識的基本可能性，就沒有什麼需要進一步處理或探討的東西了。比方說，認知並不是一個兩階段的過程，其中第一個階段感知，第二個階段則把概念加在感性材料上面，抑或讓這種材料變得清楚明白，抑或賦予它以恰當的統一性；所以在沙特那裡，沒有任何東西對應於經驗論中的抽象、唯理論中對於觀念的省察以及康德式的綜合。在處理有關認識的問題時，沙特可以補充的，也確實提供的是對下述問題的說明：首先，為什麼說「存在這種超越性意識」這個命題應當是真的？以及，它在更寬泛的意義上又意味著什麼？（注意：由於沙特拒絕對意向性進行因果分析，因此對他來說，認識不可能只是一種具有獨特的規範性外殼的經驗關係。）

作為意識結構的超越性被沙特解釋為自為的一種結構：意識意

106

---

97 中譯本譯為「認識被吸收到存在中」。——譯者注

向一個對象，**因為**自為的目的論要求這種超越性，而這種超越性的其中一個方面就是對對象**做出認識**。認識是「直觀」，是「意識面對事物的在場」（172/221）；又由於自為最初不得不「在與自在的關係的基礎上」產生（172/220），也就是說，由於自為不得不使「自己**不是**事物」（174/222），所以上面那種直接的在場——根據沙特的解釋，這種在場必須被理解成否定的：意識認定自身**不是**對象（參見第 10 節）——便成為必然的了。

因此，根據沙特的看法，認識並不是預先存在（pre-existent）的存在之間的補充性的關係，也不是某種活動、屬性或功能，而是主體的一種「存在方式」（174/222），它等同於自為的湧現，因此是一個「絕對的原始事件」（216/268）。

沙特承認，這讓他與唯心主義在兩個方面達成了共識：自為之存在與認識其實具有相同的外延（216/268），並且認識還起到**肯定**的作用——自在被認識並在意向中被肯定為「世界」，這是意識的「內在否定的反面」；這一切就好像自在的存在只是為了讓自己可以獲得肯定而否定了自身並產生了自為（216-217/269）。沙特在這裡的立場與絕對唯心主義非常接近，不過仍有兩個方面把沙特與後者區分開來：第一，他堅持認為我們已經見識到的目的論過程「只是為自為而存在」，並且「與它一起消失」（217/269）；第二，沙特秉持實在論的、反構成主義的論點，即存在之被認識並沒有將任何東西添加到存在上，「除了『**存在著**自在』這一事實本身」[98]（217/269），所以沙特認為唯心主義無法說明人類主體對自身被「壓迫」、被「來自四面八方的」存在「包圍著」（217-218/269-270）的那種經驗。

107

---

[98] 中譯本譯為「除非有自在這事實本身」。——譯者注

20. 經驗實在（第二卷，第 3 章，第 1-4 小節）

基於對認知的說明，同時也與這種說明密切相關，沙特在〈超越性〉一章的中間若干小節對處於可理解的已分化狀態的對象世界，亦即「**世界上的事物**」（198/248）進行了說明。這包括：(1) 空間（184-185/233-234, 211-213/262-265）；(2) 經驗性的規定，即一個經驗性的事物之是自身而非其他事物，是如此這般而非其他那般（第 2 小節）；(3) 經驗實在在質和量上的特徵（第 3 小節）；(4) 它的時間結構，即由前反思意識所發現的「關於」存在的時間性（204/255），沙特稱之「普遍時間」或「世界的時間」，其對立於自為的時間性，後者是在反思中被揭示出來的；(5)「世界」的統一性或整體性（180-183/228-232）。沙特還討論了抽象與具體的區別（188-189/238-239），恆常性（193-194/243-244，204-206/255-257），抽象與經驗概念的形成（193-194/243-244），潛在性和或然性（196-197/246-247），因果性原則（207-208/259）和運動（209-214/260-265）。

在沙特的分析中，「否定」觀念一以貫之——一般而言，經驗性的規定體現了「外在的」否定（第 8 節）——又由於否定是自為的特權，因此正是在這裡，世界和自為之間相互依賴的關係（它們的立場在全部本體論當中是互相補充、彼此相關的）明顯地表露出來。

沙特的說明根據經驗實在的形式特徵，從經驗實在回溯到先天的本體論條件上，亦即自為的存在方式與存在結構上，因此這份說明可以說是先驗的。正如之前所注意到的，沙特並不想對這些特徵的必然性做出強式的論證，即從概念上表明**不可能**有其他選擇，例如：自為不可能有非空間性的感知，抑或經驗不可能不符合因果性原則。相反，沙特的分析表明了經驗實在的形式特徵與自為的諸種

結構是如何互相吻合的，以及後者如何讓前者變得可以理解；這至少支撐著一些與經驗成立的必要條件相關的弱式主張：比如，由於沙特表明了自在的空間化**對於我們而言**如何使得自為的存在能夠讓自身與自在的存在共同在場，以及因果性原則如何反映著自為的時間結構，因此可以說他為經驗實在確立了空間因果關係的必然性，雖然是在弱式的意義上。

21. 工具性（第二卷，第 3 章，第 3 小節）

到目前為止，第 3 章給出的說明似乎表明了，或者說契合於「**表象的東西**是第一位的」這種觀點，也就是說，對世界進行冷靜沉思的意識是自為的原初條件（198/248）。但沙特提醒我們為什麼要對之加以拒斥，「世界在自身性的巡迴之內」[99]（198/248）顯現出來——被感知物「像是一個在自身性的巡迴中的引導者」[100]（192/242）——自為則透過這個環路將自身構成為**欠缺**，因而是**實踐**導向的。

這直接影響到世界的構造方式。自為相對於欠缺的關係不可能是相對於**給定**對象的關係——如果是這樣，那麼欠缺就成了**外在的**關係，也就是說，它就不會是自為自己的欠缺**狀態**了。沙特承認，某種具有特殊地位的（純）反思（參見第 43 節）可能會把自為的存在直接領會為欠缺，但是就前反思意識，亦即對世界的意識而言，欠缺「只能在投射中」[101]顯現，作為一種超越的結構。這解釋了自為在經驗中對**具體的**確定欠缺（即充斥著世界的**任務**，「有待填滿的虛空」）的辨識（199/249-250）。

---

99 中譯本譯為「世界在自我性的圈子之內」。——譯者注
100 中譯本譯為「像是一個在自我性圈子中的引導者」。——譯者注
101 中譯本譯為「只能在計畫中」。——譯者注

　　因此，在原初的層面上，事物固然是認識的對象，但也是**工具**或曰器具（200/250-251）。沙特對經驗實在的康德式論述就與那種將世界視為器具性母體的海德格式論述由此融合在一起了——對於上述兩者而言，沙特均可聲稱自己為其提供了一個新的（並且是**整合過的**）基礎。

22. 時間性（第二卷，第 2 章，第 1-2 小節）

　　沙特對時間性的討論非常細緻，不過我們可以將其最終的論點概述如下：時間必須透過（「源初的」）時間性來理解，後者是自為的一種結構，而它又必須透過自為的反身性，尤其是自為對自身的「時間化」來理解。以下是沙特關於這個主題的討論要點。

　　(1) 沙特認為（107/155，124/168），實在論導向的結論是時間不存在（exist），因為它將會表明：過去不再存在，未來尚未存在，而現在的實在性會成為無窮小悖論的犧牲品。

　　沙特對實在論的限制是有爭議的，但是沙特在為其拒絕時間實在論的做法進行辯護時，其中更為微妙，同時也最具效力的一點（符合沙特的基本方法規則）是：一個可理解的時間觀念必須表明時間與時間**意識**之間的連繫，然而任何可供實在論利用的材料都不足以達到這個目的。我們的時間意識不能被侷限為對時間持續過渡的觀察，就好像一個人在觀看時鐘指針的移動或時間軸的前移。時間不是意識的對象：意識在時間之中，時間也在意識之中。進一步而言，我們必然會意識到時間**表現**在三個面向上——後面是過去，此時是現在，而將來則在前面——並具有**動態的**特徵：時間**過渡**，現在成為過去等。這種意識如果基於主體當下所擁有的表象（記憶影像，關於未來事態的影像等），就不可能為人所理解，因為主體需要先有時間意識，才能在把握這些精神表象時認為它們指涉著過

109

去或未來（108-109/151-152，124-125/169）。因此，對於過去和未來的意識是存在關係，而不是表象關係（146/192）。

(2) 從自為中衍生出時間的做法留下了各種可能的選擇，其中之一就是像康德那樣把時間處理為客觀認識的一個先驗條件。而沙特則為時間性尋找一個**非認識論**的基礎，這符合他對立於康德式唯心主義的一般立場，也符合他對自為存在的目的論構想。

(3) 沙特主張，時間理論必須回答「**為什麼**存在時間？」，「**為什麼**時間有且只有三個面向？」以及「**為什麼**時間存在於變成過去的過程當中，亦即存在於『向過去的過渡』（120/164，142/188，144/190）當中？」等問題。常識通常將時間描繪成一種流動的、無形的、線性的媒介，世界中的事物沿著這一媒介而過渡，抑或被這一媒介所承載；此種描繪僅僅把時間當作一種給定物，因此沒有能力回答上面的問題。如果必須按照「過去—現在—未來」的結構來設想時間，那麼顯然不能把它視為三個獨立環節的簡單拼湊。由此可見，我們必須「把時間性當作一個整體去加以剖析，這個整體制約著它的次級結構並賦予它們以意義」（107/150）。

既然已經澄清了沙特對時間理論的限制——時間理論應當從自為中衍生出時間，但是不應把它還原成認識的條件；時間理論應當解釋究竟時間為什麼存在（exist），並且是在三個面向上存在——那麼也就可以理解沙特為什麼要把時間置於一個動態的、目的導向的自為結構之中，而該結構又是從「自為作為自在的虛無化」這一基本性質中衍生出來的。沙特說明的並不是何謂「主體意識到了某個客觀的序列（例如：一艘輪船順流而下）」，而是何謂「**主體將自身關聯於**自己的過去、現在和將來，亦即我將我自身關聯於屬於**我的**過去、現在或將來的某物」。上述評論讓我們理解了為什麼這

既不意味著沙特在用時間「心理學」去取代有關時間之所是的哲學問題，也不意味著沙特按照貝克萊的方式將時間「主觀化」了——當然，沙特沿襲了「時間的最終**依據**必須被置於主體之內」這一唯心主義原則，但是對於他來說，時間不該被縮減爲主觀性的**內容**。

第 1、2 小節的文本結構相當複雜。（本章第 3 小節涉及對非源初的、「心內的」時間性的構建，下面第 24 節將討論這部分內容。）第 1 小節開篇即對沙特的立場進行了一番速寫（107/150），之後又在現象學的、「先於本體論的」層面上給出了一份針對 3 個時間性層面的描述，旨在對時間做出「臨時的」、「預備的澄清」[102]（107/150）。不過，所謂「該小節屬於現象學而不屬於本體論」的說法只在弱的意義上成立，因爲它包括一系列基於與現象學的不相容性而得出的，有關時間本體論的**否定性**結論，它還根據我們已知的自爲本體論而描述了每一個時間性層面的意義。

① 112-120/156-164。過去意味著某個自爲地**擁有著**一些過去的存在與這些過去發生關聯的方式，而在這種關聯中，這些過去是這個存在造成的，於當下發現的且「不得不是」的（114/158）——但是它的「存在**不再**是自爲的」[103]，因爲它不再作爲映像—反映者而存在（exist），所以算是「變成了自在的自爲」；過去是「我所是的但又無法生活於其中的東西」[104]（119/163）。因此，與過去的關聯體現出了沙特的「矛盾地敘述自爲」這一方法：就我所曾是的東西而言，我爲了不是它而不得不是它，又爲了是它而不得是它。

② 120-123/165-8。現在所具有的意義更爲簡單：「自爲對自在存在的在場」。它是一種與**所有的**自在存在相連結的內在紐帶，

---

102 中譯本將前者譯爲「預備性的」，只將後者譯爲「澄清」。——譯者注
103 中譯本譯爲「在其存在之中，它已不復是自爲」。——譯者注
104 中譯本譯爲「我所是的而我不能夠體驗的東西」。——譯者注

我們不能根據「此刻」的存在去分析它，它還意味著一種不顧存在的逃遁──「它逃到與之共同在場的存在之外，並從它所曾是的存在逃向」[105]將來（123/168）。

　　③ 127-129/172-174。由此可得，將來最初意味著處於現在及過去「之外」的、自為所逃向的存在，故意味著「超乎存在之外」的存在（126/170）。但是，為了讓這個「之外」進一步獲得「**被等候**」、「**被預期**」以及「**未實現**」之義──也就是說，在與它發生關聯時，並不只是把它當作「由將要到來的時刻所組成的、按先後順序排列的、同質的序列」[106]（129/174）──沙特論證道，將來所具有的完整意義必定是自為的將來所具有的意義，亦即**我將是**的我自身所具有的意義。然而這個將來的自我又不能與處於過去模式下的我所是的自我擁有相同的本體論特徵（否則「展望未來」就無法與「回顧過去」相區別了）。因此沙特聲稱，我們必須根據沙特就作為大寫自我之自為和「可能態」而提出的目的論（第 17-18 節）去理解將來：將來是自我重合性的「理想點」，在這一點上，大寫自我「將作為自為的自在存在（existence in-itself）而出現」[107]（128/172）。因此，這個意義上的將來總是仍將到來的、尚未完成的，並且是「各種可能態的持續的可能化」（129/174）。

　　第 2 小節正式從現象學過渡到本體論。以「靜態的時間性」為標題的 A 小節旨在駁斥那些把時間視為一種形式**順序**的論述（實在論的或唯心主義的）；以「動態的時間性」為標題的 B 小節（142-149/188-196）旨在詳述三度時間的本體論，從而**解釋**第 1 小

[105] 中譯本將本段的 3 個引用分別譯為「自為對自在的存在的在場」，「現在的瞬間」以及「它逃脫於與之共同在場的存在之外，還逃脫於它曾經是的又朝著它將要是的存在的存在」。──譯者注

[106] 中譯本譯為「按時間順序排列的一些未來時刻的諧和的系列」。──譯者注

[107] 中譯本譯為「作為自為的自在存在的自我最後湧現出來」。──譯者注

節針對過去、現在與未來所描述的意義，並解決由這些描述所引發的一些難題。第 136-137/181-183 頁和第 147-149/193-196 頁的文字給出了沙特關於時間性的中心思想。沙特在此將時間刻畫成擁有「自身性結構」的「一種進行統一的活動」，「那種不得不是它本身之存在的存在所具有的內部結構」（136/181-182），並且這種活動將「它自身時間化」為「不完整的總體」[108]（149/196）。沙特將這種結構運用於三個時間面向（在第 137-141/183-187 頁運用於過去，在第 141-142/187-188 頁運用於將來，在第 141/188 頁運用於現在），表明我們可以將時間性把握成存在的統一「變形」。在這個背景下尤為重要的是，沙特論述了：為什麼一旦承認了時間與自為的同一性，諸如「為什麼有時間？」「為什麼時間擁有它確實擁有的層面？」以及「為什麼時間在流逝？」這樣的先驗問題就得到了解答（參見第 147-149/193-196 頁）。

或許可以說，沙特是在努力辨識出那種構成時間的「故事」。我們一般所理解的敘事指的是處於時間**之內**的事件所具備的形式，但沙特的觀點是：一種基礎性的敘事（目的論）形式定義了時間，它使得時間具備了「過去—現在—將來」的形態。

在有關時間性的章節中，沙特運用了一個借自海德格的術語：「出神」，它指的是那種「站在自身之外」的狀態（在《存在與虛無》的某些語境中，它指的是那種旨在達到這種狀態的嘗試）。構成自為的 3 種出神，其一便是時間性，其二是反思，其三是為他的存在（參見沙特在第 298/359 頁的總結）。過去、現在和將來組成了**時間上**的三種出神（137/183）。

113

108中譯本分別譯為「自我性的結構」，「一個統一性活動」，「成為其自己存在的存在之內部結構」，「自我時間化」以及「未完成的整體」。——譯者注

「出神」這個術語攜帶著一個重要的想法（否則它就只是「非自我重合性」的同義詞），它涉及自爲的目的論。我們已經看到，在沙特的描述中，自爲的目的是大寫自我的自我重合性或自我同一性。然而必須要一直記住的是，沙特針對這種運動的論述預設了一個**先期的**運動，此即對存在的「逃遁」，它構成了自爲的更基礎的目的論，並開始推動自爲的**分解**——部分在變多，它們的統一性在減少，彼此**趨**於分開（但正如自爲的整個目的論，這個**趨**勢沒有被完成也不可能被完成）。

注意，直到第 2 章結束，沙特都沒有處理「客觀的」時間性：這種「普遍的時間」或「世界的時間」——它與源初的時間性及其「退化了的」、「心內的」版本（第 24 節）均不相同（但不獨立於此二者）——在第 20 節中有所提及，它隸屬於沙特關於經驗實在的理論。

23. 自爲的矛盾敘述

我們已經看到，沙特針對自爲採用了一大堆矛盾的敘述。反思既是又**不是**被反思意識。自爲既是又**不是**它的過去和將來，它既是又**不是**構成了自爲之人爲性的偶然存在。意識的存在「並不與自身相重合」[109]，欠缺自在所具有的自我同一性（74/116），而這意味著自爲既是又**不是**它自身。矛盾的敘述之後會在有關身體的討論中再度出現：我既是又**不是**我的身體（第 31 節）。用最具一般性的語言來說，沙特把自爲的存在描述成「是其所不是和不是其所是的存在」（58/97）。（沙特認爲，表示同一性的「是」和表示敘述的「是」即便不能互相轉化，至少也是連繫著的，所以我所謂的「矛

---

[109] 中譯本譯爲「與它自身並不完全相符一致」。——譯者注

盾敘述」論題同樣可以被稱爲「非自我同一性」論題。）

　　這個舉動沒能幫助沙特贏得那些處於後康德傳統之外的哲學家的嚴肅對待，而在這個傳統之內，這種形式的表達更爲人所熟知，畢竟會讓人聯想到黑格爾。但是我們已經看到，沙特對自爲的矛盾敘述並不像對自在的矛盾敘述那樣空洞和無意義：它們的意義得自沙特針對自爲的諸種結構而提出的**各項理論**，這些理論解釋了：反思在何種意義上**是**被反思意識，又在何種意義上**不**是被反思意識；我在何種意義上**是**我的過去，又在何種意義上**不**是我的過去等。 114

　　然而仍有一個重要的問題。當那些與矛盾敘述相關的理論得到了恰當的考慮，嚴格意義上的矛盾是否會**消失**？換言之，能否重新表述沙特的形上學，以便從他對實在的論述中**消除**矛盾。我們固然需要將沙特的形上學理解成**它們本身**是一致的，故而免於矛盾，但更進一步的問題在於這些形上學是否**包括下述命題**：某一類型的存在擁有**內在的矛盾**（它的結構**就是矛盾的**）。如果這確實是沙特的主張，那麼他的理論闡述就沒有告訴我們如何去改寫那些加給自爲的矛盾敘述以便消除矛盾，而是**預設了**矛盾並對其做了**具體的闡發**。如若如此，那麼舉例而言，當我們說自爲既是又不是它的過去，就等於說自爲以一種方式**矛盾地存在著**（exist）：並且，雖然我們可以把自爲的矛盾敘述相對化，比如可以說**在某一方面**（作爲我的人爲性）我是我的過去而**在另一方面**（作爲我的超越性）我又不是我的過去，但是爲了把握這兩個被相對化的述項之間的互斥**關係**，我們需要的恰恰還是矛盾性。

　　如果沙特確實肯定了自爲的矛盾性，那麼這個主張就不同於並超越於他所提出的有關多種存在模式的學說、虛無形上學以及「人類主體欠缺主述形式」這一論點：「我們以獨特的模式存在著（exist）」，「我們的存在是虛無的存在」以及「我們不是屬性的

形上學主體」這些說法並不等於說「矛盾適用於我們」。

很難在這個問題上達成某種定論。如果我們傾向於認為沙特對矛盾的實在性抱著嚴肅的態度，那麼可以為此做出以下辯護：沙特先是設想了在自在中持存的某種矛盾，繼而仿照這種設想去建立自為的矛盾性。誠然，對一段樹根的過去進行思考，這並不能讓我們獲得支持「我既是又不是我的過去」的理由：「是且不是 F」不可能像適用於我那樣適用於樹根，因為無論如何，至少在沙特看來，適用於我的述項無法適用於自在的任何部分，反之亦然。但是在**意義**的層面上，沙特很可能是在叫我們透過參考何謂「某種矛盾適用於自在」去理解何謂「以自為的存在模式存在著（exist）」，就像我們在第 9-10 節中看到，沙特的「虛無」概念在語義上依附於我們對於自在之存在的把握。

其次，或許可以論證說，如果自為的存在模式並不包含矛盾，那麼它就不像沙特多次堅稱的那樣是**成問題的**：如果我們的存在模式（我們「不得不是」我們的存在）不帶有矛盾，那就有理由認為它不會呈現出深層的**形上學**困境。按照這種觀點，矛盾讓人的存在（existence）成了一個有待解決的問題，並給自為配備了動力引擎。

雖然我們應當一如既往地警惕自己沒能充分地再現出沙特觀點的奇異色彩，但是除了哲學上的膽怯心理以外，其他一些動機也會引導我們認為：在不打破無矛盾律的情況下，仍然可以正確地處理我們的存在模式所具有的成問題的特徵。我們可以認為，沙特之所以運用「既是又不是」這個公式，是想要透過這種方式去強調自為的各個結構之間的相似性，強調它們都擁有某個令自為與自在相異質的**形式**，不過這個形式無須被等同於某種矛盾的持存。作為一種概念工具，矛盾敘述還擅於給人帶來啟發：它表明對自為的**任何**敘述都是成問題的，因此提醒我們人類主體不是某些屬性的主體。

我們甚至可以懷疑矛盾是否眞的捕捉到了自爲的存在模式所具有的成問題的特徵和內在的動態性：如果矛盾確定無疑地適用於我，這豈不是在概念上達到了某種終極的穩定狀態，從而將我歸於靜止？所以，我們同樣可以提出有力的理由供我們從最終的闡釋中剔除掉矛盾。

值得注意的是，上述議題密切關聯於兩個後設哲學議題，而我們對後二者的觀點會影響到我們對沙特式矛盾的看法。第一個議題涉及沙特與黑格爾的關係。如前所述，矛盾敘述在黑格爾的邏輯學中占據著堅實而合理的地位；因此，如果可以認爲，沙特贊同黑格爾的這一部分思想，但對眞正的黑格爾形上學，沙特並未因此接受其中任何（在他看來）站不住腳的部分，那麼他對矛盾敘述的使用就可以在黑格爾的基礎上得到理解與捍衛。當然，黑格爾辯證法的術語與條件是否眞的在形上學的層面上保持中立，我們可以對此表示懷疑，但對這個問題的思考會讓我們離題太遠。

至於第二個後設哲學議題，我們在第 13 節中探討過。在對待自爲的矛盾敘述時，我們自然可以認爲它只是論述了「**我們必須如何思考**」，也就是說，它只是辨識出了我們**設想**和**經驗**自身（人爲地、超越地等）的種種方式。這些設想或呈現模式可以不融貫地彼此疊加，或者說我們可以在它們之間交替往復，以至於在我看來，某些時候某一者是對的（我是我的過去），另一些時候則另一者是對的（我不是我的過去）。當然，沙特並沒有把自己擺在一個高於這些設想的中立地位上，好像僅限於觀察我們的思維模式；相反，他是在肯定它們相互依賴的**必然性**，所以也是在**認可**它們；換言之，他是在說：矛盾的設想**相關於**我們的自我經驗**現象**和自我理解**能力**，以此來衡量，我們需要承認這些設想是對的。但是，針對沙特哲學藍圖的此番解讀完全是視角性的或哥白尼式的，它可沒有保

116

證沙特是在實在當中發現了這些矛盾：我們可以說，沙特最終的論點只是我們**不能**無矛盾地**設想**或**經驗**自身，換言之，人的主觀性無法在理論的層面上清晰地呈現自身。在實在當中，人類主體暴露於「無源之見」，此時的它是否具備矛盾的結構？沙特並不關心這個問題，對這個問題的答案也不置可否。

24. 心理學，「心理事實」與內心（第2卷，第2章，第3小節，158-170/205-218）

117 　　《自我的超越性》的論點是：有兩種互為反題的方式去處理那個可以被我們中性地稱為「精神之物」的東西——其一是把它同化為世界中的對象，其二則是透過主觀性去把握它，並將它把握為主觀性。我們已經看到，《存在與虛無》堅決主張前者是一種誤解，儘管這種誤解是由自然意識針對自身的某種操作所奠定的。上述主張在沙特的分析中是一個重複出現的主題；特別是，我們可以挑選出一些段落，這些關鍵性的段落體現出並構成了沙特對他所謂的「心理之物」或「心內之物」的批判，從而對立於現象學對精神之物的構想。

　　(1) 在第14節中我們看到，根據沙特的論證，前反思意識本身包含著目的論上的不穩定性。當映像—反映者的結構在關於快樂的例子中獲得了確證（xxx-xxxi/20-21），我們得到的結果是：快樂以及我們對快樂的意識共同形成了「一個不可分割的、不可分解的存在」（xxxi/21），既排除了彼此分開的可能，任何一項又沒有還原為另外一項。為了讓快樂存在（exist）——為了讓我感受到快樂——我必須參與進（更確切地說：**成為**）這個總體的兩個環節所進行的互相指涉的運動。快樂的存在模式所具有的這種獨特性——它反映在，我既沒辦法像是面對異己的對象那樣從我的快樂那裡後

退一步，也沒辦法全然忘我於其中——防止我們將快樂設想成一個類似於「對象占有某個性質或擁有某種內容」這樣的事實。

(2) 在關於信念的例子中，前反思我思的法則給出了同一類結果，但帶有更爲複雜的內涵（參見第 68-70/109-111 頁與第 74-75/117-118 頁）。信念 p 蘊含對相信 p 的意識，意識到我相信 p 就是認識到我相信 p。然而，在這一點上，信念 p 將自身轉換成一個關於意識的公認**事實**、一種對我的心靈的「主觀規定」，它從它的「外部關聯項」[110]，也就是從 p 本身分離出來（69/110）。我因此疏遠了我的信念，因爲它現在對我來說是**成問題的**：「於是，（對）相信的非正題意識破壞了信念。但前反思我思的法則本身又蘊含著：相信的存在應當是對相信的意識」[111]（69/110）。信念的這個特徵——它的不穩定性或者說「被攪動」性（75/117），我以一種非因果的方式去**維持**信念（世界上的任何事態都無法要求我這麼做）的必然與困難——並沒有表現在那些單純經驗性的（用沙特的話來說，「被直觀地奠定的」）信念上，例如：「貓趴在毯子上」；但根據沙特的觀點，它對自欺或自我欺騙（第 37 節）的可能性乃是必需的，而且要爲我們充滿信念的生活一般無法順利進行而負責。

(3) 沙特主張，欲望也展現出了一個深層結構，該結構沒有得到常識心理學的承認，也不見容於心理學對精神之物的構想（參見 87-88/130-131，101-102/145-146，198-199/248-249，以及第 382-398/451-468 頁對性慾的探討）。沙特沒有將欲望構想成一種力或是在判斷對象是否可欲之後做出的理性反應，而是認爲欲望本身——甚至包括那些最「低級」的前反思的欲望，例如：口渴或性

118

---

110 中譯本譯爲「外部對應物」。——譯者注
111 中譯本譯爲「於是，（對）相信（的）非正題意識破壞了相信。但是同時，反思前的我思的法則本身意味著相信的存在應該是對相信的意識」。——譯者注

慾——爲形上學意義上的欠缺結構所調控，也因這種結構而成爲可能，我們在第 17 節中已經注意到這一點（參見第 101-102/145-146 頁）。沙特論證道：透過自爲對自身的否定，欠缺起到了動力的作用——自爲將自身**作爲**欠缺而否定自身，以便**成爲**它所欠缺的，導致了「特定的欠缺作爲被忍受或被經受的欠缺而在經驗中被建立起來」並提供了「感動性的一般基礎」[112]（199/249）。

心理學將經驗性的欠缺重新闡釋爲「驅力」、「口腹之欲」[113]或「力」（199/249）。但沙特論證道，欲望目標的複雜性表明這些心理學上的設定只不過是「偶像」和「幽靈」（199/249）：口渴當然想要喝水，但是欲望目標並不只是作爲對象的一杯水，也不只是去消費能夠導致欲望消退的對象。毋寧說，由口渴帶來的欲望尋求將自身與對喝水的意識**相統一**：「欲望要成爲的東西，就是被填滿的空無」，而這種空無「形塑著它的充實狀態，就像模子形塑著倒進去的銅液一樣」[114]。在這個意義上，沙特評論到，**延長**自身，而非壓抑自身才是欲望的目的（「人瘋狂地依戀於他的欲望」，101/146）。在沙特看來，人類主體的欲望以及它的「被滿足」，

119 這其中豐富而複雜的意蘊要求我們在形上學的層面上加以論述，並從中得出「作爲現象的乾渴、作爲對水的生理需求的乾渴其實並不存在（exist）」（87/130）這個結論。我們將在第 41 節中看到這其中所涉及的更多細節。

沙特透過這種方式處理了心靈哲學中的一些主題，而如果要對

---

112 中譯本譯爲「經驗地確認實踐的欠缺是痛苦或艱難的欠缺」以及「一般來說，它是情感的基礎」。——譯者注

113 中譯本譯爲「趨向」與「噬欲」。——譯者注

114 中譯本譯爲「然而是賦予其充實性以形式的被填滿的空無，就像模子賦予人們倒入其中的銅液以形式一樣」。——譯者注

此做出完整的考察，那就要花費非常多的篇幅。在上一章中我們提到沙特早期對想像和情緒的探討。我們也會在第 37 節中看到，沙特批判性地挑戰了「性格」的概念，至少挑戰了人們用它來解釋經驗的普遍做法。在關於身體的那一章中，沙特細緻地探討了心理學中對感覺經驗的看法和「感覺」的概念（310-320/372-383）。至於行動和對行動的解釋，我們會看到（第 32 節）：沙特在第四卷中以自由理論為背景，論證了心理學上的因果規定性根本是不可思議的。沙特接下來又批判了那種基於心理學規律去解釋個體的嘗試（第 34 節）。

因此，值得注意的是，沙特不厭其煩地沿著兩個方向進行論證（從形上學下降到有關精神之物的常規概念，又從對這些概念的批判上升到他的形上學），而這對於沙特所提出辯護的效力而言十分重要；所以在評價沙特的立場時，二者都需要得到我們的考慮。

常常有評論說，沙特對精神之物的看法中的某些要點，與維根斯坦針對精神性概念的邏輯獨特性或特殊「語法」而做出的很多評論，兩者之間有著驚人的一致。但在進行這種比較時，我們不應忽視其中的差異：在沙特看來，必須**在現象中**重新發現語法的根據，而且對維根斯坦所認為的我們在哲學中需要的那種治療，沙特認為只有形上學體系能夠提供。部分原因在於，沙特認為我們對存在上的（existential）轉變有著比維根斯坦所設想的多得多的需要；但同時也因為，根據沙特的觀點，如果精神現象能夠解釋得通，那麼我們在把握這些現象的主體時就必須認為他們擁有「非自我同一性」這種不同尋常的形上學形式（第二卷已經試圖闡明），而沙特又相信，這種形式只有基於他的虛無形上學才能解釋得通。

120

沙特對於快樂、信念和欲望的分析表明我的精神狀態具有一種隱晦而複雜的特徵，此即「屬我性」（mineness）：根據沙特的

觀點，心理學要麼忽視了這一點，要麼主動地把它從精神之物中剝離，這麼一來，我們便可以認爲人類主體與那些非人類的經驗對象均提供了同一類的被解釋項；它基於主述模式設想人類主體，而與此相關的是，它認爲：作爲事實陳述，那些有關精神之物的眞理所涉及的事態與那些非意識性的事態在相同的意義上持存，並共享同一種存在模式。因此，精神之物的屬我性成了一種次要的、補充性的、非本質的特性。

因此，沙特不只認爲：常規心理學與科學心理學對精神之物的看法是過度簡單化的，而更加精緻的理論或許可以修正這一點。他的論點在於：**沒有諸如**「心理事實」或「心理狀態」**這樣的東西**。[115]有的是沙特所謂的「心內之物」這個**準**（virtual）現象領域，它組構了科學心理學的對象。

沙特在第二卷第 2 章第 3 小節最爲完整地探討了心內之物，這番探討以他的時間性理論爲背景，理由在於：根據沙特的論述，正因爲反思的結構結合了時間性，自爲才有可能將自身理解成心內的存在物（existent）。

沙特對心內之物的構成方式做出了複雜而細緻的論述：(1)150-154/197-201。我們在第 15 節中看到，反思的出現旨在完成對自身的「對象化」和「內在化」，但這又是不可能實現的，因爲反思是自爲的存在而它的結構是非自我同一的。(2)158ff./205ff.。反思無法實現它的目的，這導致被反思意識被理解成心內事實的客觀接續，它們被固定在作爲正題意識之對象的某種綿延中，這種

115可參見 "An interview with Jean-Paul Sartre" (1975), pp. 8 and 38，沙特在此斷然否定了心理學：「心理學並不存在（exist）」；「我不相信心理學的存在（existence）。我沒有做過心理學，也不相信它存在（exist）。」

綿延被沙特稱為「心內的時間性」或「心內的綿延」，它區別於非正題的前反思意識所具有的源初的時間性。反思把自為的過去所具有的自在特徵賦予被反思意識，彷彿把意識放入了過去時態（119/163）。或許可以這樣描述：心理學的錯誤就在於把作為存在模式的過去歸於一般意義上的精神之物。(3)160-161/207-208。反思最終切斷了反思和被反思意識之間的紐帶（它深化了將兩者分隔開的無），允許後者下降到自在存在的水準上。

更確切地說，這是那類被沙特稱為「不純的」、「串謀的」[116]（共謀的，complice）（155/201）或「構成的」（159/206）反思所導致的結果，沙特用「純反思」與這類反思作對照（參見第43節）。從不純的反思中產生了對被反思意識的「退化了的表象」，這種表象以一定程度的外在性為標誌，以至於它對我意識的在場在一定程度上與我相分離，就像是「**拜訪**」一樣（158/205）。當心內之物像是一個帶有屬性的實體那樣被統一起來，從而表現出「有機體的堅固統一」（165/213），我們便獲得了沙特在《自我的超越性》中稱之為「自我」的，而現在又稱之為「內心」的存在物。沙特扼要複述了他之前對該存在物的分析：它被分解為狀態、性質和活動（162-163/209-211）。內心對自身的呈現不以任何時間視角為轉移（165/212-213），它會引發普魯斯特筆下的精神「化學活動」[117]（169/217）。

雖然內心與出神的自為是非同一的，但沙特承認內心不能被認為是一種錯覺，因為無論如何，它至少擁有「主體間的實在性」：心理事實為人與人之間的具體關係以及某些行動的目標提

121

116中譯本譯為「混雜的」。——譯者注
117中譯本譯為「化學歷程」。——譯者注

供了基礎；我的計畫考慮到**皮埃爾對我的憎恨**，我盡可能地**讓安妮愛上我**等（158-159/205-206）。根據沙特的描述，內心的存在（existence）模式是「潛在的」但不是抽象的（161-163/208-211），它在純粹的「理想性」與「**被存在**」之物的人為存在（artifactual being）之間搖擺不定——雖然內心從某個角度來說是「虛幻的世界」，它還是構成了自為的「**實在處境**」（170/218）。

25. 對佛洛伊德的批判（第一卷，第 2 章，第 1 小節）

透過回溯沙特在第一卷中對佛洛伊德的探討（50-54/88-93），我們可以凸顯出第二卷所闡述的有關人類主體的完整構想。

沙特對佛洛伊德的批判自然是很出名的。透過一番簡明扼要但又切中要害的論證，沙特主張拋棄精神分析理論。雖然可以為佛洛伊德做出很多辯解，但毋庸置疑的是，沙特在精神分析的解釋中辨識出了一個確實成問題的概念特徵。

簡單地說，沙特的論證是：佛洛伊德的後設心理學——無論是關於意識、前意識與無意識的後設心理學還是關於自我（ego）與本我的後設心理學——從根本上將心靈劃分為若干不同的部分，而在佛洛伊德的設想中，各個部分之間的關係就像人與人之間的關係：「佛洛伊德把內心一分為二」[118]（50/89），精神分析繼而「讓我與我自身的關係等同於他者與我的關係」[119]，因為它「把主體間性的最深層結構引入我的主觀性當中」（51/90）。[120]為了例證這一點，沙特以一個被分析者為例，後者（用精神分析的話來說）對分

---

[118] 中譯本譯為「佛洛伊德才把心理分成了兩大塊」。——譯者注
[119] 中譯本譯為「它使我就我本身而言處在面對著我的他人的環境中」。——譯者注
[120] 中譯本譯為「它把（……）主體之間的結構引入我的主觀性最深處之中。」——譯者注

析者的分析表現出抵禦，以便繼續壓抑某些承載著本能的，會引發焦慮的精神內容（51-52/90-91）。既然佛洛伊德確實認為心靈擁有若干部分，而這些部分又不必然整合在一起，它們之間形成了非透明的動態交互關係，那麼在這個意義上，上述解讀就是正確的；但是沙特論證道：佛洛伊德式的解釋反映出它在概念上的混亂，它僅僅提供了一些偽解釋。這個論證的要點在於：如果一個理論為了解釋自我認識的各種失敗，便假定心靈擁有若干部分，那麼它就要合乎邏輯地預設某種「霍爾蒙克斯」（homunculus）（意為「小矮人」，它埋藏於心內的整個結構之中；而在沙特所探討的精神分析理論中，霍爾蒙克斯等同於佛洛伊德所謂的「審查機制」）的存在（existence），而為了讓它完成必需的解釋工作，我們需要授予它滿足合理性的能力（capacity for rationality），但沙特認為這就讓解釋變得無意義且不融貫了──被假定的理性霍爾蒙克斯擁有一個完整的人格所擁有的一切屬性，它不過**就是**以某種描述呈現的意識主體。

　　具體地說：審查機制在精心協調「防禦」與「壓抑」這兩種功能時需要滿足合理性，因此需要自我意識。既然它作為人格中具有意識功能的心靈而起作用（它做的一切都是為了被分析者心靈的平靜），既然它又需要接觸到被分析者的一切精神狀態（它需要認識到受到威脅的是什麼，以及構成威脅的方式是什麼，以便認識到防禦的對象是什麼，以及採取什麼防禦措施。）──審查實際上把人格複製了一份：雖然名義上它只是人格的一部分，但真相是它與整個人格都無法區別開了。 123

　　另一方面，如果我們堅持認為審查並不滿足合理性，而是一種實打實的**機制**，那麼佛洛伊德對心靈的劃分便面臨著一個無法克服的難題，「分析這一整個現象的統一性（以象徵的形態裝扮自身並

獲得『通行』的驅力所遭受的壓抑）」[121]，而爲了在不同的部分之間「建立可領悟的連繫」，佛洛伊德「不得不在每一處都暗示著一種魔法般的統一性，這種統一性越過重重障礙把一些八竿子打不著的現象連繫在一起」[122]（53/93）。[123]

　　沙特的結論是：佛洛伊德的「潛意識」觀念依賴於一種純粹的話術，而後設心理學所假定的心靈劃分不過是由「物性（chosiste）的神話」[124]所設置的一重屏障，位於屏障之後的人格完全是統一的，並對其欺騙性的自我關係以及由此產生的一切行爲負責。這就留給了我們一個問題：我們希望可以透過何種方式去解釋非理性以及自我認識的各種失敗？沙特的回答是：簡單地說，雖然自我認識的各種失敗或許看上去在迫使我們採納那種分裂的主體觀，但就此而言，這些失敗絕不是眞正的失敗。它們總是選擇的產物，是主體自由創造的反身性顯像。人們可能會認爲這會引發一個哲學問題，一個得到過多次探討的古典悖論：對自己說謊。不過沙特關於自欺的理論（第 37 節）會嘗試解決這個問題，它在揭示非理性背後的動力來源時保留了自我的統一性以及無條件的個人責任，從而取代精神分析理論。（關於這方面的連繫，也可參見之後第 472-476/550-555 頁對阿德勒精神分析理論的討論。）

　　在此，沙特已經嘗試從內部對佛洛伊德進行批判。需要注意的是，它的成功對於《存在與虛無》的整體論證而言可有可無：嚴格

---

121 中譯本譯爲「分析這個統一體（對在象徵的形式下喬裝改扮和『通過』的意向的壓抑）」。——譯者注

122 中譯本譯爲「被迫處處暗示一種神奇的統一，這種統一越過種種障礙把一些互相間隔的現象連繫在一起」。——譯者注

123 可參見沙特先前針對精神分析的批判性探討（*Sketch for a Theory of the Emotions*, pp. 48-55）。

124 中譯本譯爲「物化的神話」。——譯者注

地說，佛洛伊德的理論在沙特眼中直接就是站不住腳的，因爲導言部分已經表明「潛意識精神狀態」的觀念根本讓人無法理解。雖然沙特願意採用這種更加標準的反對方式[125]，但他有理由在《存在與虛無》中爲佛洛伊德花費一定的篇幅，並對精神分析提出更多的挑戰。無論如何，精神分析的解釋力給沙特留下了非常深刻的印象：佛洛伊德嘗試建立一種深度心理學，精神分析針對心理現象進行闡釋，以及精神分析號召人們踐履「認識你自己」這個（倫理）任務，這些都得到了沙特的贊同。但是，沙特認爲這些成就其實既獨立於佛洛伊德的分裂的心靈觀，又獨立於他的自然主義後設心理學。因此，沙特對佛洛伊德的批判進一步出於兩方面的目的：(1) 透過展示其中的邏輯悖論，沙特直接應對了來自這種自然主義心理學（它所提供的解釋給人留下了最爲深刻的印象）的挑戰，繼而進一步削弱了哲學自然主義的可信度：佛洛伊德將自我對象化爲一種地形學（它把內心構想爲精神內容的總和，在其深處，本能性的自在被轉換成意向性的意識），但其中的不融貫性恐怕再度表明自爲的存在模式不符合主述形式的形上學。沙特承認，佛洛伊德的理論與常識中對精神的種種理解在很大程度上是一致的──它明確擴展了下述常規心理學觀念所肩負的解釋責任：我們受到情緒的「驅使」，「無法承認」我們自己的動機，寧可把某些材料擋在「心靈之外」等──所以，在推翻精神分析理論的同時，沙特也凸顯出常規意識中的原始自然主義因素，而它們必須要被拋棄。(2) 沙特爲他自己的自欺理論和他的「存在主義精神分析」做了鋪墊，後者讓精神分析的解釋模式重新依附於關於自爲的形上學。第 37 節和第 40 節將更爲詳細地探討這些論點。

124

---

[125] 參見 "Consciousness of self and knowledge of self" (1948), pp. 138-140。

思考題：

(1) 基於何種基礎，沙特發展出他關於自為諸結構的理論？這個理論又是如何與他的意識理論相關聯的？

(2) 根據沙特的觀點，自我是什麼？

(3) 基於沙特的論述，時間的實在性在於什麼？

(4) 應當如何理解沙特關於自為的斷言「是其所不是」與「不是其所是」？

125

（三）與他者[126]的關係

不論以何種標準衡量，也不管人們如何看待沙特對人類關係的悲觀看法，《存在與虛無》第三卷中針對自為與他者之間關係的論述堪稱傑作，在康德之後的哲學傳統中，針對該主題的其他論述幾乎都無法與之比肩。

沙特從主體間意識的認識論問題，亦即「他人之心難題」談起，並花費了大量的篇幅。從沙特探討問題的慣常順序來看，這次算是一個例外——我們已經見識到，沙特的典型策略是在闡明本體論結構的過程中順便掃除和解決（消解）認識論問題。這麼做有一個結構上的理由。《存在與虛無》從第一人稱視角出發，但是主體間性似乎要求以某種方式放寬（如果不是全然拋棄的話）第一人稱對哲學反思的限制。進一步而言，當沙特在第二卷論述自為的本體論結構時，我們在自身態、人為性、超越性、時間性等最基本的形式結構中根本找不到他者的蹤跡。因此，沙特用來處理他人之心難題的所有資源似乎都已經被耗盡了。任何一個像沙特那樣堅持笛

---

126 中譯本譯為「他人」。我們將把 Other 譯為「他者」，other 譯為「他人」；其他地方不再一一注明。——譯者注

卡兒式方法論的人都面臨著唯我論的嚴重威脅，因此沙特必須在第一人稱視角之內使得他者之意識（consciousness of the Other）[127]成為可能。光是對這項任務的陳述就已經體現出了這個難題有多複雜，但下述事實又進一步加深了它的困難程度：要想完備地論述對他者的認識，我們必須滿足沙特所設置的極高的標準——在沙特看來，如果某個論述不能充分展現出我們的他者之意識（our consciousness of the Other）所具備的那種**直接性**，或是不能解釋清自我與他者的交疊（這是主體間生活的特徵）何以可能，它就沒資格贏得我們的注意。一種關於主體間性的理論要達到如此豐富、如此嚴苛的目標，這與下面這個事實緊密相關：沙特誠然對關於他者的認識論問題感興趣，但跟黑格爾一樣，他並沒有孤立地看待這個問題，而是把它當成一個一般性問題的組成部分，而這個一般性問題關涉到自我與他者之間的**形上學**關係。雖然認識論上的謎題得到了周詳的探討，但從某個角度來說，這不過是序曲：沙特的首要任務是展示人際關係在形上學層面上的必然失敗以及主體間衝突的無可避免。

126

---

[127] 這個短句中的 of 或許會引起歧義，它既可以理解成「他者之意識」，也可以理解成「對他者的意識」；但是，這種歧義性恰好透露出該短句所要表達的兩層含義：「他者之意識」表明我們不是像意識到一張桌子那樣意識到他者（否則與他者的關係沒有任何值得單獨討論的價值），而是會意識到他者也是有意識的；「對他者的意識」則表明我們是在意識領域內建立起他者之意識，或者說「他人之心」。就此而言，二者之間存在著某種互補關係，以避免對方可能造成的某種誤解：「他者之意識」並不像常識所理解的那樣奠定於一個獨立於我的身體，而「對他者的意識」也沒有把他者當成一個像桌子那樣的對象。我們將根據上下文的情境換用這兩種表達，並提請讀者記住它們本質上具有相同的含義。——譯者注

26. 難題：為他的存在（being-for-others）（第三卷，第 1 章，第 1 小節）

在第三卷第 1 章「他者的存在（existence）」中，沙特從認識論的角度探討了自我與他者（Autrui）之間的關係。在對旨在解決他人之心難題的其他方案進行詳盡批判的過程中，浮現出沙特自己的解決方案，其透過消除法而得到論證：沙特試圖表明他的解說必定會被接受，因為其他一切可能的解說都站不住腳，也因為只有他自己的方案與《存在與虛無》中的形上學相融貫（故又獲得了一份支持）。

第一項任務是用恰當的術語定義他人之心難題。沙特在第 1 小節以羞恥的經驗為參照而引入這個難題：我做了一個不雅的動作，發現我被目擊了，繼而對自身感到羞恥（221/276）。

分析表明：羞恥是一種意向性的、非立場性的、前反思的自我意識，它當然預設了他者的存在（existence）。以源初的、原始的形態而出現的羞恥**自動**位於他者**面前**，它牽涉到我對我自身的意識，但此時的我自身對於他者之意識而言是被給予的對象，而他者之意識**媒介著**我與我自身的關係。憑藉羞恥發現的「我的存在的一個方面」（221/275）屬於自為的一個層面，此即**為他的存在**（être-pour-l'autre），《存在與虛無》尚未對此研究過。顯然，有一大批性質是自為只能憑藉與他者的關係而擁有的——只有透過他者的媒介，我才會是值得信賴的或不值得信賴的，友善的或冷酷的等。自為的這種在主體間構成的層面擁有本體論上的獨特性：它**屬於**自為（可恥的行為是**屬於我的**）但不**面向**自為（我的羞恥不是面向我的，而是**面向他者**的）。

沙特論證到，反思不能提供開啓這種意識的鑰匙。誠然，一般而言，我可以對我如何向他者顯現進行反思，並且這種反思也可以

誘發羞恥，但在沙特所描述的這個簡單的例子中，沒有任何反思介入，光憑我的反思行為也不可能讓我就像我被經驗為處於羞恥之中那樣對他者**在場**（第 15 節）。事實上，「另一個人在我意識中的在場」是「與反思的態度不相容的」[128]（221-222/276）：只要我恢復鎮定，繼而反思我的姿勢——也許它根本算不上不雅——帶有直接性的他者就被驅逐出我的意識了。因此，為他的存在表象了一個不同於反思，亦非源於反思的結構。

在諸如羞恥這樣的例子中（它表象了日常與他者共在的基本構成方式），我是面向他者的對象，而我的自我與我所是的對象之間沒有任何距離，這一點得到了沙特的進一步強調。並不是說好像有兩個分開的東西，我對它們各自有著單獨的意識——一方面，我按照我面向我自身的樣子意識到了我自身；另一方面，我意識到了我自身在他者之意識中的「形象」或表象——而為了讓羞恥出現，我需要把兩者關聯起來。我在他者在場時所擁有的充滿羞恥的自我意識根本不依賴於「具體的心內操作」[129]（222/276）：在判斷或推論中讓我的自我相關於另一個人的精神表象。相反，**藉由**他者而存在著一種直接的、真正**反身性**的對我自身的意識，這就是為什麼我「被澈底地觸及」並把我的羞恥經驗為「從頭到腳傳遍全身」的「一種直接的顫抖」（222/276）。

這直接引發了下面這個問題：他者透過構成諸如羞恥這樣的經驗而牽連著我的意識，並賦予我一種全新的存在秩序，這何以可能？

---

[128]中譯本譯為「他人面對我的意識的在場」和「與反省的態度不可並存的」。——譯者注

[129]中譯本譯為「具體的心理作用」。——譯者注

27. 實在論，唯心主義，唯我論的難題（第三卷，第1章，第2小節）

沙特從諸如羞恥這種牽涉他人的自我經驗出發，而不是一上來就把某種精神狀態歸於另一個人（例如：「約翰處於痛苦之中」），由此可見，沙特採取了一個間接的途徑去處理他人之心難題。但是難題依舊出現：如果羞恥是可能的，那麼我必定有可能擁有對他者的意識，也就必定有可能認識到他者。在第2小節「唯我論的礁石」[130]中，沙特試圖表明實在論與唯心主義都令我們根本不可能認識到他者。

(1) 實在論（223-225/277-279）。基於它的本質（第12節），實在論不得不斷言：之所以對他者的意識會出現，是因為一個在本體論的層面上獨立的世界對我的意識施加了影響。但沙特認為，這讓他人之心難題變得不可解決了。其中的理由不難讓人想起有關類比論證的討論：實在論者至多能表明他人之心是一個不錯的假設，但在這種觀點中，我們無法立刻承認對我們在場的他者，更不用說去確證他者的存在（existence），雖然沙特對羞恥的分析已經表明了這種存在（existence）的確定性（也參見250-251/307-308）。

這背後的難題在於：實在論者試圖表明對他者的察覺是經由身體而出現的，但在實在論者的設想中，身體只是一個物理對象，它與自為中的任何部分都一樣，和意識沒有**內在的**連繫——沙特注意到，即便他者的身體與某個思想實體有著內在的連繫，它與**我**的連繫也僅僅是外在的（223/277）。即便可以表明他人之心是一個合理的猜測，我們從中也只能得出：我們有很好的理由相信存在著他人之心，最多就像我們有很好的理由相信存在著電子。我們無法得出他者在其身體中的**在場**，而恰恰是這一點——直觀一塊石頭或一

---

[130] 中譯本譯為「唯我論的障礙」。——譯者注

棵樹與直觀「**他者的身體**」（224/278）之間的差別——需要得到
說明。

我們透過實在論只能或然地認識他者，這與他者的存在
（existence）在直觀上的確定性不相吻合。沙特表示，實在論在面
對他人之心難題時，就「透過一個令人莫名其妙的180°大轉彎」
把自己融入唯心主義：實在論者只能承認，在他者的問題上，對象
的存在（esse）就是它的被感知（percipi）。

(2) **唯心主義（225-230/279-285）**。沙特較爲詳細地探討了康
德對主體間認知問題的立場（康德其實忽略了這個問題），並思考
了他者是否可以作爲經驗的一個構成性範疇（就像因果性一樣），
還是作爲一個規範性概念（226-228/280-283）。沙特表明，不管
是哪一種，唯心主義本質上和實在論一樣直接處於無望的境地。對
於唯心主義來說，「他者就變成純粹的表象」（224/279），即便
唯心主義可以爲我調用這種表象提供理性的根據——推動我的經驗
統一爲融貫的表象體系，幫助我預測未來的表象等——它最後肯定
還是無法容納與他者的「實在關係」：在唯心主義的設想中，他者
可以是實在的也可以是主體，但它絕不會在直觀中被給予，並且總
是會被視爲對象（229/283-284）。如果他者基於我的存在而依賴
於我，正如唯心主義對一切意識對象所要求的那樣，那麼我與他者
在形上學的層面上就是不同種類的事物——我是實施構成作用的意
識，而每一個所謂的他者都是由我的意識構成的對象。這就等於
說，我是唯一眞實的主體或心靈，亦即肯定了唯我論。

就像實在論融爲唯心主義，唯我論的威脅也「炸開了」唯心
主義，故而，唯心主義要麼不得不絕望地抓住「常識」這根救命稻
草，要麼就回到形上學實在論，以萊布尼茲的單子論爲模型，在沒
有任何擔保的情況下設定眾多的表象體系（229-230/284-285）。不

129

管是哪一種，唯心主義都得屈從於獨斷論。

　　(3) 上帝（**230-232/285-288**）。在實在論與唯心主義做出理解他者的失敗嘗試之後，沙特辨識出它們的共同預設：二者都把與他者的關係設想成一種外在的否定，換言之，存在著某種原初地被給予的基本要素將我與他者分隔開，而它既不源於我也不源於他者。對於實在論者來說，這種要素與分隔開身體的空間處於同一層次；對於唯心主義者來說，它是不同表象體系之間的分離性。基於這兩種論述，他者只有透過「向我的認識顯現為**對象**」[131]才有可能影響到我，這就把面向我的他者還原成了「一個形象」（231/287）。沙特評論道，要想克服這種外在性，就需要在這番論述中引入上帝——上帝既創造出我也創造出他者，這將確立起我們內在的本體論關聯——但是這種方式要麼導向了一個新的困局（一旦我被創造出來，上帝要如何將他自身關聯於我呢？），要麼把我們丟給斯賓諾莎主義（他者與我一道融入神聖的實體之中，從而都被消滅了）。

　　第 2 小節被稱為「唯我論的礁石」，因為在沙特看來，實在論與唯心主義最後無疑都在唯我論的難題上觸礁了。如果實在論與唯心主義均讓我們陷入了唯我論的牢籠，那麼看起來懷疑論者就是正確的，我們也就無法認識他人之心。要是實在論與唯心主義是僅有的選擇，那**就會**得出上面這個結論，可我們已經看到，沙特相信二者的敵人是可以被超越的。

130

---

[131]本書作者沒有強調「對象」一詞，但英譯本對此做了強調。這裡以英譯本為準。——譯者注

28. 沙特對前輩的批評（第三卷，第 1 章，第 3 小節，233-250/ 288-307）

沙特沿用了在導言部分定下的模式，對實在論和唯心主義之間與之外的第三條道路進行了探索。實在論與唯心主義的失敗表明「我與他者的源初關係」[132]必定會「以他者規定我又以我規定他者」（232/288）。換言之，「與他者的超越性關聯」必須被理解成「在每一個意識的湧現中構成著每一個意識」[133]（233/288）。

沙特認爲胡塞爾、黑格爾與海德格值得稱讚，因爲他們曾試圖以這種方式理解自我與他者之間的關聯；就此而言，沙特也是在追隨前輩的腳步。然而，說他者「構成著我的意識」，這只點明了解決方案的**類型**，而在第 3 小節，沙特恰恰拒絕了胡塞爾、黑格爾和海德格的解決方案。

(1) 胡塞爾（233-255/288-291）。沙特承認，胡塞爾的方案不同於並改進了康德唯心主義所提供的方案。胡塞爾旨在表明「求助他者是構成世界的必不可少的條件」，因爲「在我所考慮的對象本身所具備的各種意義當中，總有他者構成著其中的一層意義」[134]，甚至，對胡塞爾來說，「他者確實保證了對象的客觀性」[135]（233/288）。如果世界的構成預設了並依賴於他者，那麼在與任何一個具體的他者發生接觸之前，並且獨立於這種接觸，我都必定擁有主體間的察覺。

然而，胡塞爾的論述中有一個深層次的問題，其類似於沙特在

131

---

[132]中譯本譯爲「我與他人的原始關係」。——譯者注
[133]中譯本譯爲「與他人的（……）超越的關聯」，「任何意識在其自身的湧現之中的構成成分」。——譯者注
[134]中譯本譯爲「他者就總是作爲屬於我看著的對象本身的一層構成意義而在那裡」。——譯者注
[135]中譯本譯爲「是作爲他的客觀性的真正保證而在那裡」。——譯者注

康德唯心主義中發現的問題。它緣於胡塞爾對先驗主體的保留。沙
特指出，在胡塞爾的論述中，他者是客觀性的條件，但即便承認了
這一點，唯我論還是沒能得到克服。有兩個問題阻礙了胡塞爾的方
法，首先，由於胡塞爾表明他者只是被預設的，那麼問題就在於他
者的**地位**。先驗主體在胡塞爾那裡跟在康德那裡一樣，是「超乎經
驗之外的」並且「根本不同於」經驗自我（234/289）。沙特論證
道：由此可見，本身只是被預設的他者不過是「意義（**意指**）」，
一個「不在場者」，一個「增補的範疇」，而不是「實在存在」
（234-235/289-290）。

其次，基於沙特的解讀，胡塞爾的唯心主義用認識來衡量存
在，而既然在胡塞爾的論述中，我不可能像他者認識他自身那樣認
識他，也就是說，我不可能從裡面或是於內部認識他，那麼我對他
者的認識就不可能不受限：無論我怎樣設想他者，無論我自以為獲
得了怎樣的認識，它們必定仍舊只是與**我的**意識相關的「意義」，
從而讓我被困於唯我論之中。（還可參見第 271-273/330-332 頁沙
特之後對胡塞爾的評論：他否認他者可以接受現象學還原。）

(2) 黑格爾（235-244/291-301）。沙特讚揚黑格爾超越了胡塞
爾而實現了「一大進步」（238/293）。沙特心中想的是黑格爾《精
神現象學》第 4 章中著名的主奴辯證法，或者說關於欲望與承認的
辯證法。它採用了故事的形式（以敘事的形式呈現的概念序列），
在這個故事中，自我意識的主體想要作為一個自由、獨立的存在而
得到承認，在這種欲望的驅使下，他與他者進行爭鬥，最終導向一
個主體對另一個主體的支配。根據黑格爾的說法，由此形成的主奴
關係最終讓位於一種互惠關係——黑格爾認為：主體間的衝突必然
會被克服，至少在基本的形上學層面上如此，取而代之的則是基於
相互尊重的、受到權利原則規制的社會生活。

　　沙特利用這個機會對黑格爾的哲學發起了具有高度一般性的猛烈攻擊，一直深入到它的基本原則，我們在此無法詳述。不過沙特對黑格爾的批判與主體間認知問題有著特別的關聯，就此而言，他的主要反對意見是：首先，黑格爾的唯心主義把對他者的意識（以及自我意識）變成了一種認識關係（238-239/294-295），從而把自我與他者都還原成了**對象**，可是即便在這個基礎上，它也沒能表明我們確實可以實現爲黑格爾式的承認所需要的認識論目標，亦即相互的認識（240-243/296-299；參見第39節）。其次，沙特論證道，黑格爾的方法本身從一開始就錯認了那個有待解決的難題：在對眾多的自我意識進行思考時，黑格爾採取了上帝視角或者說「極權主義的」[136]視角，沒有對他自己的自我意識進行描述，這也就意味著「他不提他自己的意識和他者之意識的關係問題」，所以無法處理那個眞正的難題（243-244/299-300）。

　　(3) 海德格（**244-250/301-307**）。雖然胡塞爾和黑格爾把自我和他者之間的關係正確地理解爲內在的，但他們仍然認爲它是「透過認識實現的」（233/288），而這成了他們共同的錯誤。海德格接過了黑格爾的「天才直觀」，即「我**在我的存在中**依賴別人」[137]（237/293），但在探討這種本體論關係時終於不再把認識視爲第一位的。

　　海德格在《存在與時間》中斷言，此在的世界是「共同世界」（Mitwelt），此在擁有著作爲基本模式之一的「共在」（Mitsein或 Mitdasein）；我們**與對方共處**的方式不同於我們與石頭或錘子共處的方式。這再次例證了海德格的策略，即透過回溯此在的存在

---

136 中譯本中缺失了這個詞。——譯者注

137 本書作者沒有強調「在我的存在中」，但英譯本對此做了強調。這裡以英譯本為準。——譯者注

（existential）結構來削弱認識論上的疑難，而沙特也同意這讓「他者的問題」可以被視爲「虛假的問題」（245/301）。

沙特對海德格的第一個反對意見是：海德格錯誤地刻畫了自我與他者之間的本體論關係，就像黑格爾將主體間存在（existence）的基本模式錯誤地表象爲非衝突性的（245-247/301-304）。海德格著眼於本體狀關係的一個特定**類別**——**與**另一個人**共**在的關係——並把這種關係投射爲處於原初的本體論層面上的自我與他者之間的關係。沙特將這種做法斥爲武斷之舉，因爲**與**另一個人**共**在只是眾多可能的關係之一：比如還存在著**逆**他者而在、**爲**他者而在、他者**爲**我而在等。那麼，相較於**共**在關係，這些與他者結成的非對稱關係模式或衝突性關係模式爲什麼不夠原初？我們並未看到對這一點的辯護。沙特表示，人的主體間性在海德格那裡的形象是沉默的「**一群**」[138]，是在「**肩並肩的相互依賴**」中（而不是在**面對面的對**峙中）團結在一起的眾人，是「**我們**」（而不是「**我和你**」），是「在本體論的層面上團結一致」[139]的「**共同存在**」（co-existence）而已（245-246/302-303）。（沙特很久之後才在第三卷第 3 章中針對第一人稱複數的意識給出了自己的分析：參見第 39 節。）

沙特的第二個，也是更重要的反對意見是：即便我們放棄第一個反對意見，海德格也無權認爲我們可以用**一般意義上的**「與他人共在」這種本體論關係去解決由「我與任一**具體**此在的共在」這種本體狀關係所帶來的問題（247-250/304-307）。既然「與他人共在」這個一般性觀念不可能包含著與皮埃爾共在的可能性，那麼「對我們來說，在解決『承認他者』這個心理學上的具體問題時，

---

[138]中譯本譯爲「隊」。——譯者注
[139]中譯本譯爲「本體論的相互關係」。——譯者注

共在關係絕對是沒用的」[140]（248/305）。

由此浮現出一個用以反對整個海德格哲學的一般性論點。沙特聲稱，一般而言，海德格無權認為本體狀層面上的東西可以得自本體論層面上的東西，而正如康德式的和胡塞爾式的唯心主義，海德格對本體論關係和本體狀關係的區分也導致了「兩個彼此不可溝通的層次和兩個有待獨立解決的難題」[141]（248/305）。沙特說，海德格哲學中的這個一般性問題在自我與他者的語境內「顯露出來了」（248/305）。可以說，沙特再一次用某個哲學立場在解決他人之心難題時的無能為力去揭露出該立場的根本弱點。

29. 沙特的他者理論（第三卷，第 1 章，第 3 小節，250-252/307- 310；第三卷，第 1 章，第 4 小節）

在《自我的超越性》中，沙特為拒絕唯我論而做出了獨創性的嘗試。他論證道：將「我」重新置於世界之內、意識之外以後，他者可以在其直觀的認知中觸及到我，就像我可以透過自我認識的嘗試而觸及到我一樣。[142]

誠然，《自我的超越性》所提出的嶄新的自我形上學克服了某些阻撓著我們去認識他者的重要障礙，因為它不再認為沙特所謂的我的「狀態」與「性質」被鎖閉在我的主觀性之內；但它也面臨著嚴重的侷限——先驗的意識領域**本身**不在他者的觸及範圍之內。即便先驗意識可以是無人格的，但它也是個體化的。結果就是唯我論被改進了，而非被駁倒了，因為我現在的境地是：我於世界

134

---

[140]中譯本譯為「『共在』的關係就完全不能用於解決認識他人的心理學的和具體的問題」。——譯者注

[141]中譯本譯為「有兩個不能代換的層次及兩個問題要求分別解決」。——譯者注

[142]《自我的超越性》，pp. 43-45, 50。

中所認知到的各種心內統一性（狀態、性質與行動）當中，只有其中一種——即我**自己**的心內統一性——可以被理解成先驗意識的生產過程。沙特似乎進一步將關於他人之心的懷疑論扭轉爲先驗的唯我論：如果確如沙特所言，某個「意識不能設想除了它自身之外的任何意識」[143]，那麼我們甚至都不能構造下述假設——**這個**意識，這個被我指明是**屬於我**的意識，或許不是唯一的意識。《存在與虛無》對意識領域的再人格化（第 14 節）並沒有改變這種境地，而在第 235/290-291 頁中沙特承認他早先的方案是失敗的。

在第 3 小節的結尾幾頁中（250-252/307-310），沙特概述了他的新方案，並在第 4 小節中從若干不同的角度對之加以詳細地闡述。沙特重新描述並分析了關於主體間意識的現象學，直到我們對這種現象學的理解與我們對他人之心難題的抽象的、形上學層面上的認識（透過批判先前旨在解決這個難題的各種嘗試，我們獲得了這種認識）有所重疊，此時便浮現出沙特的新方案。

爲了讓我們能夠了解相關的現象學，沙特描述了兩個形成鮮明對比的場景，雖然我在兩者當中都對他者有所察覺。第一個場景典型地體現出他者顯現給我的常規方式：我察覺到公園對面的一個作爲主體的身影（254-256/311-313）。這使得世界發生了有限的轉變：草坪現在指向一個與我並不等同的遠點；隨著世界從我的把握中「流出」，我身邊發生著「趨向定點的逃逝」[144]。這種「世界的去中心化」[145]（255/313）瓦解了我自己對它的中心化，但一當我把他者限制在他的經驗規定性之內（把他者確認爲「那個與我隔著一段距離坐在長凳上讀報紙的人」等），「世界的去中心化」也就戛

---

[143]《自我的超越性》，p. 45。
[144] 中譯本譯爲「凝固的逃逝」。——譯者注
[145] 中譯本譯爲「世界的（⋯⋯）中心偏移」。——譯者注

然而止了。這麼一來，對於我而言，他者就被固定成「世界的部分結構」，也就是被固定成一個**對象**（256/313）。（在有關身體的那一章中，沙特更精細地論述了這種對他者的意識。）

第二個場景回到了那個關於羞恥的例子（259-260/317-318）。在嫉妒和好奇的驅使下，我透過一個鑰匙孔向裡偷看，還把耳朵貼在門上——世界圍繞著我想要知道裡面正在說些什麼的目的而組織起來。大廳裡的腳步聲告訴我已經被看到了，「我在我的存在中突然被觸及了」（atteint dans mon être）：我自己的結構經受了「本質的變化」，因為我現在前反思地意識到我自身是**他者注視的對象**（260/318）。

這個在沙特的文本中居後出現的羞恥／鑰匙孔場景卻有著優先性：根據沙特的觀點，因為且只因為我對他者擁有這個場景所體現出的察覺，我才能擁有公園場景所體現出的那種形式的察覺。在公園中，我察覺到「作為對象之他者」，而在鑰匙孔的例子中，我察覺到「作為主體之他者」；只因為對作為主體之他者的意識（conscience-sujet, of l'autrui-sujet）是可能的，對作為對象之他者的意識（conscience-objet, of l'autrui-objet）才是可能的。對作為對象之他者的察覺是對他者的察覺在形上學和認識論上的次級形式，是與作為主體之他者的「源初關係發生轉化與退化而造成的結果」[146]（257/315），大概類似於心內之物與意識之間的關係。

我們很容易就會同意，在諸如鑰匙孔場景的語境中，我們能夠在最大限度上確定他者的存在（existence）。但是，羞恥／鑰匙孔的例子究竟讓我們獲得了什麼樣的方案去解決主體間性的難題呢？最終就是下面這個方案：「某些特殊的意識，例如：『羞

---

[146] 中譯者譯為「它也只能從這種原始關係的轉化和蛻變中獲得」。——譯者注

136　恥意識』，見證了我思既關於這些意識自身，也關於他者的存在
（existence）」[147]（273/332）；我可以執行某種「與他者相關的我
思」（251/308）；「略微擴展的我思（un peu élargi）（⋯⋯）向
我們揭示出他者的存在（existence）是一個事實」[148]（282/342）；
「關於他者之存在的我思就融入了（se confound avec）我自己的我
思」[149]（251/308）；因此對他者的察覺「分享了我思本身的必然性，
亦即它的不可懷疑性」[150]（250/307）。

　　但是，沙特並不是認為我移居他者內部，也不是認為他者的意
識及其「我」經過某種心靈感應而進入了我自己的意識。要想把握
沙特方案的工作原理，關鍵在於下面幾點：

　　(1) 主體間的察覺原初地取決於一種**直接的主體—主體關係**：
「如果他者能被給予我們，這是透過一種直接的理解實現的」[151]
（250/307）；「他者必定作為主體（儘管與我相關聯）而直接被給
予我」[152]（253/311）；「他者作為一種**不屬於我的**超越性而沒有任
何媒介地對我在場」[153]（270/329）；「他者的不可理解的主觀性連

---

[147] 中譯者譯為「對我思表現出來並證明了它們自身及他人無可懷疑的存在」。——
　　譯者注
[148] 中譯者譯為「稍許寬泛的意義下使用的我思把我們 3 揭示為他人的存在」。——
　　譯者注
[149] 中譯本譯為「他人的實存的我思（⋯⋯）就和我自己的我思融為一體了」。——
　　譯者注
[150] 中譯本譯為「參與了我思本身的必然性，就是說參與了我思的不可懷疑
　　性」。——譯者注
[151] 中譯本譯為「他人之所以應該能夠向我們顯現，是因為有一種直接的理
　　解」。——譯者注
[152] 中譯本譯為「他人應該作為主體直接給予我，儘管這主體是在與我的連繫
　　中」。——譯者注
[153] 中譯本譯為「他人是作為**不是我的超越性**的一種超越性而沒有任何媒介地面對
　　我在場的」。——譯者注

同我的存在一起被我直接經驗到」[154]（270/329）：「諸意識是無媒介地互相經驗到的」（301/362）：他者「不是作爲我的宇宙中的一個存在物，而是作爲一個純粹的主體而被給予」[155]（270/329）。

　　(2) 由此可得，主體－主體關係是**物質世界之外**的：「不應該首先在世界中尋找他者，而是應該到意識那裡去尋找」（273/332）：當他者「注視我時，他與我分隔開，但這不是基於任何距離，也不是基於世界中的任何對象（無論是實在的還是理想的），也不是基於世界中的身體，而僅僅是基於『他的本性是他者』這個事實」[156]（270/328）。這一點得自對他者察覺（Other-awareness）的我思式描述，而公園場景（我「越過世界」注視著他者）與羞恥／鑰匙孔場景（他者在我的內部顯現）之間的對比也得出了這一點。那種自然的、實在論式的觀點——對象世界必須充當主體間認知的認識論載體——錯誤地認爲自爲就像一個墨水瓶那樣內在於物質世界。

　　(3) 他者的意識是透過對我自己的意識進行**本體論上的轉變**而獲得的。這不是一個隱喻，也不能還原成認識論上的任何東西，亦即不能還原成我在**思考**我的意識時所遵循的任何準則。由他者引發的特定轉變在於，在我的意識之外形成了某種帶有自在存在之種種特徵的東西，其模式正如我自己的不純粹的反思推動形成了「退化了的」心內之物（第 24 節），但差別是這裡新形成的具有本體論意義的事物擁有一個**未被揭示的**、**本質上不可理解**的層

137

---

[154] 中譯本譯為「我就直接地並且和我的存在一起體驗到了他人的不可把握的主體性」。——譯者注

[155] 中譯本譯為「不是被給定為我的天地的對象，而是純粹的主體」。——譯者注

[156] 中譯本譯為「他注視我時，他之所以能與我公開，並不由於任何距離，任何實在的或理想的世界對象，任何世界之中的物體，而唯是由於其他人這本性」。——譯者注

面（它們對我來說本身就是「不可認識的」，inconnaisable comme tel, 263/321）。在第 260-268/318-327 頁，沙特詳細解釋了其中的含義：他者賦予了我一種「本性」（263/321），但我並非「曾是」如此或「不得不是」如此，而是「**自在地**」如此[157]（262/320）；他者的注視固定住我，讓我疏遠了我的可能性（263-264/321-322），將我空間化並把我安插進「普遍時間」（266-267/324-326）；我最終成為「世界之中的時空對象」[158]。按照沙特的說法，我的存在現在「寫進他者的自由並透過他者的自由得到書寫」[159]（262/320）。在其為他的存在中，人類主體獲得了某些新創造出來的屬性，而它們正如沙特本體論中的其他事物一樣，在將自在的存在與自為的存在區分開的隔閡中持存，而不能被設想成先於主體間關係而存在著（pre-existing），哪怕是以潛隱的形式（222/276）：主體間性使得這個全新的本體論領域得到「發現」（221/275），而這種發現是一種非隨意的、前反思的建構，它隨身帶來了一系列全新的可能性，某種程度上就像一個人會談到發明一個新的遊戲來玩（沙特之後闡明了與他者的關係和人為性之間的必然關聯：288ff./348ff.）。

　　(4)沙特注意到，在個體的自為之間原初地持存著的關係是一種**否定的、內在的本體論**關係，而與認識關係截然不同──沙特說，存在受他者之湧現的「影響」（231/286），他者的顯現「瓦解著」我對世界的中心化（255/313）。針對這種本體論關係，沙特之後在第 4 小節（282-297/342-358）給出了完整而複雜的論述，其中為他的存在被描述成「對他者的拒絕」[160]（283/343）和「我

---

[157] 中譯本譯為「不是以曾是或『不得不是』，而是以自在的方式」。──譯者注
[158] 中譯本譯為「世界的時空對象」。──譯者注
[159] 中譯本譯為「在他人的自由中並透過他人的自由表現出來」。──譯者注
[160] 中譯本譯為「否定別人」。──譯者注

對我實行的否定」（283/343）：他者是一個「**被拒絕的自我**」、一個「非我一非對象」（Not-Me-non-object），他是把我當作對象，故而是以一種異化的形式來把握我；但是我無法拒絕承擔面向「被異化的我」的責任，他者在沒有導致「我本身的顛覆」（284-285/344-346）的情況下把它遞還給我。所以，自我與他者之間的紐帶雖然從某個角度來看只具有我思的簡單性，但完整地看則具有一種辯證的複雜性。

138

　　沙特所分析的這種動態本體論關係當然可以接受自為在認識上的參與——意識的透明性確保了不管它在本體論的層面上經受了怎樣的轉變，它都能意識到自身經受了這種轉變，因此足以把它當成一個有待認識的事項——但它們本身不是認識事件。因此對沙特來說，在哲學解釋的層面上，下述說法就是錯誤的：我（在鑰匙孔／羞恥場景中）感受到羞恥，**是因為我認識到（認為、相信等）他者是如何看待我的**。換言之，我們不能把「另一個人對我的影響」闡釋為憑藉我對他者的**認識**而實現的影響。我們很容易誤以為他者的凝視具有認識上的意義；但沙特並不認為視覺具有認識上的力量，而我感受到的羞恥也不是緣於我對他者**認識**或相信我在偷窺有所**認識**或相信。相反，他者的注視意味著一種行動。沙特因此顛倒了常識中的解釋順序：根據沙特的論述，我們並不是因為獲得了對他者的認識而（「在心理上」）受到了他者的影響，相反，我們是因為在本體論上（而不僅僅「在心理上」）受到了他者的影響而獲得了對他們的認識。故而，沙特並不否認我確實擁有對他者的認識，但這一點隸屬於一個完整的結構——就他人在本體論的層面上對於我的影響而言，認識是這種影響的**相關項**，但不是它的原因。

　　這一點對於沙特去構想他者穿透的深度而言是至關重要的：如果他者對我的影響沒有為我的認知所過濾，而是為他者的自由

所用，那麼主體間性就對我的自由設置了絕對的限制（參見第 33 節）。

(5) 由此可得，認識他者的關鍵**不在於身體**。身體就像整個對象世界一樣，在沙特的論述中不具備認識功能（223-224/277-279, 230-231/286, 339-340/405-406）：它既沒有向一個心靈去隱瞞另一個心靈，也沒有向一個心靈去解釋另一個心靈——「身體不是首先向我表露他者的東西」（339/405）。我們很快就會考慮沙特對身體的正面論述。

30. 對沙特方案的評估

先概括一下沙特的解決方案：實在論與唯心主義均試圖用**單向的箭頭**去說明他者，對於實在論來說，箭頭從他者指向我，而對於唯心主義來說，箭頭從我指向他者。兩者都失敗了，所以成功的解決方案必須要用一套能夠在一開始就將自我與他者共同確立起來的術語去設想兩者的關係。胡塞爾和黑格爾的確做出了這樣的嘗試，但他們也未能成功，因為他們是用與認識相關的術語去共同建立起自我和他者。所以自我與他者的關係必須是一種存在關係，這意味著給出相信他者存在（existence）的**理由**並不能解釋對他人的意識。沙特則在分析中表明了於我們的現象學中在場的他者具有事實上的必然性，並在形上學的層面上論述了這種意識是何以可能的，而這些是我們現在求助的對象。

我們由此了解到他者似乎是不可認識的，但這個難題最終只是個錯覺。從正確的角度來看，我為他的存在既沒有要求，也無法容納對他者之存在（existence）的「新**證明**」（250-251/307-308）。針對他人之心的懷疑主義給我們造成了一種印象，即自我和他者之間有著一條不可跨越的認識鴻溝，但這是因為我們把事實上是否定

的本體論關係錯當成認識論關係的缺席，而這又緣於一個更具一般性的錯誤：將意識等同於認識，並認為自我與他者的關係是屬於物質世界的。

因此，下面這個問題也就用不上了。沙特的論述究竟是表明必定**真的存在著**他者，還只是表明我的經驗迫使我**確信**有他者存在？因為在沙特的框架內，去提出這個問題，去懷疑他者的存在（existence），就是否認一個人自己的前反思意識的**存在**，「他者的不可理解的主觀性連同我的存在一起被我直接經驗到」（270/329），由此「我發現，與他者的超越性關係構成著我自己的存在」[161]（245/301）。沙特方案的天才之處在於，它保留並利用了為笛卡兒主義所依賴的哲學直覺，而經過一些微妙的調整，便可表明「絕對的內在性」有望將我們拋進「絕對的超越性」（251/309）。

140

故而，這種策略與導言部分的本體論證明所採用的策略（第5節）是相同的。至於它為何執行起來如此大費周章，原因在於兩件事情：第一，相較於單純的物理對象，他者在概念上可要複雜得多，所以沙特必須讓我們明白究竟在討論**什麼**——需要表明，如果只是對我們有關他人的**信念**本身進行長篇大論的辯護，這沒有任何用處，也就是說這根本觸及不了真正的唯我論。沙特不得不讓我們承認，「在我的內在最深處，我必定會發現不是我的他者本身，而不是**相信**他者存在（exist）的**理由**」[162]（251/309）。第二，雖然常規的感知意識在一定程度上解釋了它自己的可能性——這意味著我們可以認為本體論證明是可靠的而接受它，即便沒有洞察到自為的

---

[161] 中譯本譯為「我發現是與他人的超越的關係構成了我的存在本身」。——譯者注
[162] 中譯本譯為「我應該在我本身的更深處發現的，不是相信有他人的理由，而是不是我的他人本身」。——譯者注

超越性結構——常識缺乏概念上的資源去把握那個奠定了主體間認知的「關於他者存在（existence）的我思」。所以有必要引入《存在與虛無》中的非自然主義的形上學工具（「內在否定」的概念及其他），以便保證主體間認知不是一種魔法，或者更確切地說，以便表明：雖然從常識的立場看，它**就是**一種魔法，但這個立場的哲學意義有限。

　　我們還是可以對沙特的論述提出一些問題。第一個問題涉及對他者的經驗規定以及出錯的可能性——比如，我以為我聽到了腳步聲，但其實弄錯了；或是，我懷疑自己是不是正被人從山上面的那棟房子裡觀察；或是，我有那麼一刻被蠟像愚弄了等。對這方面問題的思考要求我們把注意力轉向沙特在第 275-282/334-342 頁的討論：根據他在此所做的區分，作為主體之他者的存在（existence）是無可置疑的，而世界中的一切對象（包括具體的作為對象之他者）則只具備或然性。

　　我們或許期望沙特的理論能夠進一步回答一個涉及自為之眾多性的問題。為什麼**存在著**他者？為什麼存在著**眾多的**自為？他者的

141 存在（existence）又有著什麼樣的**必然性**（如果確實有的話）？

　　沙特對這個問題的第一部分回應在一定程度上接近了答案。他者的存在（existence）完全是「偶然的必然性」或「事實必然性」（250/307, 282/342）。一般而言，現象學本體論所導致的本體論上的各種發現會同時擁有偶然性的一面與必然性的一面：所有的存在都是偶然的，因為它無法內在地將自身必然化（沒有任何存在是自因的），但某些存在在它與其他存在的關係中獲得了必然性（比如，自在存在在與自為存在的關係中是必然的）。因此，說他者的存在（existence）是「偶然的必然性」，就等於說他者的存在（existence）一般而言是一個非常高層次的「絕對事實」，而沙特

的探求在別處已經讓人見識到了這類事實。

　　但沙特似乎又給出過一個不同的答案，因爲在第 283-285/343-346 頁，他描述了對他者的「拒絕」過程和隨之而來的對自身性的「加強」，我們或可認爲這表明自爲在對彼此進行個體化，並對彼此的存在（existence）共同負責。然而，這會是一個非常黑格爾式的觀點，可沙特明確否認了爲他的存在是自爲本身的一個本體論結構：「事實上，我們不能夢想（……）從自爲的存在中抽出爲他的存在，或反過來從爲他的存在中抽出自爲的存在」（282/342）。因此，沙特所謂的「對自身態的加強」直接相關於自我與他者之辯證法的後期階段，而他者的存在（existence）在此已經得到預設。我們會在第 39 節回到這一點。

　　第一章的結尾（第 297-302/358-364 頁）對主體間性進行了「形上學的」探討，其中我們可以發現沙特的第二部分回應。沙特評論道：爲他的存在可以被視爲自爲的第三種出神（298/359），並被認爲是「被進一步推進的反思性裂殖」[163]（299/360）：當我成爲面向他者的對象時，由我的反思做出的「對象化」我自身的努力（第 16 節）**彷彿**最終得到了實現。這就使得對他者的意識可以被視爲自爲的非自我重合性（non-self-coincidence）的進一步擴展，並允許我們根據它的內在目的論去解釋它。然而，沙特對這番論述有所保留，它被認爲是在形上學的層面上去解釋眾多他者的存在（existence），我們將在第 46 節看到這一點。

142

　　最後一點。一方面，沙特的他者理論看上去既是後天的又是嚴格視角性的，它的關鍵在於我理解到他者透過注視而侵入我的主觀性，而我只是**發現了**這種侵入**的發生**。但是從另一個角度來看，沙

---

[163] 中譯本譯為「反思的更進一步分裂增殖」。——譯者注

特在詳細闡述他的理論時，似乎又利用了超個體的視點，而參照這種視點，穿透彼此的眾多自為事實上先天地存在著（exist）—— 畢竟，沙特的論述預設了那個將目光投向我的他者**已經**把我把握成自為的存在了。因此，在主體間性的語境內，我們再度發現（第 13 節已經注意到）在沙特的思考中存在著視角性的與非視角性的雙重立場。[164]

31. 身體（第三卷，第 2 章）

沙特對自然主義的反對和對常規思想的修正態度最清晰地體現在他對身體的探討和對「心身關係」的處理中。我們這個自然主義時代的常識是：身體是心靈的基礎，是心靈背後的實在；被設想成動物性有機體的身體在事物的秩序中是在先的，並透過腦部活動（這又以使得這個奇特的器官成為可能的進化史為條件）產生了精神活動；它甚至有可能（這取決於這種描述在多大程度上接近於澈底的唯物主義）不只是支撐著心靈，實際上還構成著心靈，以至於我們可以透過一系列特定的屬性或是對大腦事件的描述來理解心靈，繼而把它等同於身體（的一部分）。

沙特對上述描述的拒絕一部分體現在，他否認以客觀的、科學的方式構想的身體（用沙特的術語來說，作為自在存在的身體）具有優先性。取而代之的是沙特在第三卷第 2 章提供的論述，這番論述透過 3 個環節來探討身體，順序如下：

（1）第 1 小節：身體作為**自為**或**為我**（le corps comme être-pour-soi, mon corps pour-moi），我源初地「存在著」它（"exist" it）。

這種模式下的身體「使得事物得以被揭示給我」

143

（304/366），「個體化了我對世界的介入」（310/372），是「世界的工具性對象」所指向的「參照中心」[165]，它與世界中事物的空間定位直接相關。

沙特用人爲性理論來解釋具身（第 16 節）：作爲自爲之身體**就是**我的人爲性，它是「**我之偶然性的必然性所獲得的偶然形式**」[166]（309/371），所以我之具身化的必然性就是我之偶然存在（exist）的必然性。[167]

由此也可得出：我與我的作爲自爲之身體之間的關係再生產了人爲性的一般特徵。這意味著：一方面，我「完全是身體」，這全然無關於那種認爲自爲只是「與身體**統一**」（305/368）的想法；身體「不是別的，就是自爲」（309/371）。但與此同時，我與我總體上的人爲性（也就是說，我因不得不**獲得**它而**成爲**它）之間的距離在我與我的身體之間的關係中再度出現了：我「虛無化」並「超越」我的身體，所以不能把它當成一個被給予之物去認識它，而必須在我的湧現中「重新把握」它（309/372）。「自爲的本性」作爲「在虛無化中對存在的逃離」[168]，「要求它是身體」（309/372），而這種目的論上的必然性（不同於概念上的必然性）──這種由自爲提出的要求──把我的身體推開了一段距離，這段距離是與樸素的同一性不相容的。這個複雜的結構在第 328-330/393-395 頁得到了進一步的發展，因爲沙特在此討論了何謂「對身體**擁有意識**」以

---

[165] 中譯本將第一、第二和第四個短句分別譯爲「諸物賴以向我顯露的東西」，「我對世界的介入的個體化」和「歸屬中心」。──譯者注
[166] 中譯本譯爲「我的偶然性的必然性所獲得的偶然形式」。──譯者注
[167] 《存在與虛無》所論述的身體必然性相悖於《自我的超越性》（pp. 40-41）中身體的半偶然地位，在後者提供的理論中，身體只是「指示著『我』的可見與可觸的符號」。
[168] 中譯本譯爲「虛無化地逃避存在」。──譯者注

及身體在何種意義上構成了**視點**。（正是在這裡，當沙特談及身體時，他認爲我們必須說意識是在及物的意義上「存在著」〔exist〕它。）

第 1 小節還試圖細緻地表明如何可以運用這種身體觀來說明感覺認識（310-320/372-383）、肢體動作（320-325/383-389）以及疼痛和肢體感動性（330-339/395-404）。

(2) 第 **2** 小節：作爲爲他之身體（le corps-pour-autrui），我的身體具有對象的特點，是「混雜於諸物中的一個物」（304-305/366-367）。

當這種形式的身體爲了我而被生產出來時，個中牽涉到什麼？爲了回答這個問題，沙特回過頭探討我對他者的意識，並細緻地刻畫了他者的身體（340-349/406-415）。沙特說，當我把他者當成對象、當成「被超越的超越性」時，他者的身體便源初地顯現給我，它此時位列由**工具**構成的秩序當中，我可以「使用」它，它也可以「反抗」我，它還「被我的宇宙的工具性事物側面地指示」（340-341/406-407）。這種對他者之身體的貧乏理解與他者在身體上的缺席（比如，當我在檢查你的寫字檯時）是相容的，但當他者「有血有肉地」[169]在場時，上述理解就被轉變了，此時他者的人爲性、他者之存在的偶然性就變得明確起來（342/408-409）。對我在場的他者之身體必然是「**處境中的身體**」，它是「**有意義的**」，雖然這種意義只在於由超越性發出的動作（你舉起你的手揮動起來等）：這種身體不能被還原爲身體器官的任一總和（344-346/408-413）。他者的身體因此「作爲他者之所是而直接地被給予我們」[170]

144

---

[169] 中譯本譯爲「肌肉與骨頭」。——譯者注

[170] 中譯本譯爲「他人的身體作爲別人所是的東西直接抱向我們表現出來」。——譯者注

（347/414）。

沙特聲稱，對為我的**他者之**身體的解釋就是對為他的**我之**身體的說明，因為「我的為他之存在和他者的為我之存在，兩者在結構上是同一的」[171]（339/405）。

(3) **第 3 小節**：為了完成論述，需要下述意義上的我的身體：「我作為被他者認識到的身體而為自身存在」[172]。

他者對我的對象化不只對我的作為超越性的意識產生影響（我對從鑰匙孔偷窺感到羞恥）：作為主體之他者對我的本體論轉變也穿透著「我的人為性本身」（351/418）。因此，沿用那個關於羞恥的例子，我「感到自己在臉紅」[173]，他者的注視在此被寫進了我對我身體的意識（353/420）。

因此，這第三種模式下，亦即異化模式下的身體是我把第二種模式內化於或囊括於第一種模式之中的產物。沙特解釋說，「被他者認識到的我所存在著的」我的身體在形成時預設了與他者在語言上的交流（354/421-422），而它的形成意味著我可以進行解剖學意義上的定位，比如判斷出「胃部的」疼痛（355-359/423-427）。

145

或許有人認為，沙特做出這一系列有序的劃分，意在描繪出一段純粹概念上的演進過程，以此說明我們如何從一種幼年的（處於心理上和認識上的原始階段）身體觀發展出一種更加完整的觀點，後者使得我們的身體成為自然科學的考察對象，並允許我們形成諸如「我正忍受著椎軟骨肋骨骨折所引起的疼痛」這類複雜的念頭。如果是這樣，沙特就不會與常識性的自然主義觀點爭辯了，後者反

---

[171]中譯本譯為「我的為他存在的結構是與他人的為我存在的結構同一的」。——譯者注

[172]中譯本譯為「我作為被他人認識的東西而存在」。——譯者注

[173]中譯本譯為「感到臉紅」。——譯者注

而可能把沙特的論述納入發展認知心理學中的一個章節。但是，沙特完全清楚他的論述描繪的是本體論上的層次與關係——「我們反思的次序（……）符合存在的次序」（305/367）[174]；爲我的身體與爲他的身體構成了「實在的兩種具有本質差別的秩序」[175]，它們「是根本上不同的」（304/366）。[176]沙特評論到，我們的常規觀點是，爲他的身體是實在的身體，而他者「按照我們本來的樣子」[177]（353-354/421）來看待我們，但沙特的論述整個地表明這種身體不具有本體論上的首要地位。

　　由於沙特的形上學總體上是二元論的，而我們剛才又看到了他對於具身的分析，所以人們偶爾會擔心沙特可能深陷於那種臭名昭著的身心二元論，而當代幾乎所有的心靈哲學都把避免這種二元論視爲自己的任務。

　　沙特直截了當地否認了自爲等同於物理主義所理解的身體。但沙特也同樣清晰地拒絕了笛卡兒式的以及一切傳統形式的二元論：沙特解釋說，非廣延性不是我們對自爲的內在屬性或內在結構的認知，而是根據自在的規定性對自爲做出的預判——自爲本身「**不是空間的**」，「既不是廣延的也不是非廣延的」（179/228）。之所以與空間相關的觀念絕對不能運用於自爲，根本上是因爲它的非實體性的存在模式——具體而言，自爲只有在「不得不是它」的模式下才能**是**身體。因此，當經典形上學二元論試圖根據實體類型上的

---

[174]中譯本譯為「我們的符合存在秩序的反思秩序」。——譯者注

[175]中譯本譯為「本質上不同的實在的兩種秩序」。——譯者注

[176]因此，沙特的論述並沒有還原成下述觀點：應該把身體毫無保留地等同於客觀秩序中的一個因素，我們只是以兩種不同的方式去**認識**它而已。參見 Gareth Evans, *The Varieties of Reference*, ed. John McDowell (Oxford: Oxford University Press, 1982), p. 266n。

[177]中譯本譯為「我們所是的」。——譯者注

或本質屬性上的差異來表述精神與物質的異質性時，當現代反物理主義訴諸解釋形式上的劃分去做相同的事情時，沙特把精神／物質之間的異質性一路回溯到存在（existence）模式上的差異。沙特認為，這有望允許我們對人類主體的非物質性做出以下把握：它從根本上與人類主體的自由、實踐性、時間性、反身性等統一在一起。

146

沙特與反對二元論的物理主義確有一定的共識，二者都拒絕笛卡兒的下述主張：心靈可能獨立於身體而存在（exist）（306/368）。但是對於沙特而言，這種「同一性」──主體「完全是身體」──依賴於「不得不是」這個澈底的非物理主義觀念，而這裡所談到的身體依然不是解剖學和生理學中的有機體，而是作為自為的身體。

這是不是意味著，為了解釋「心靈與身體如何互相關聯」，沙特已經做了所有必需的工作？在沙特的論述中，我們不能再提出實體互動之謎（兩種異質的成分如何能夠互動）或湧現之謎（精神之流，帶著它所有奇特的屬性，如何從這團大腦中湧現出來）。而如果有人向沙特提出下面這個問題：除非上述三種模式真的只是在單一的本體論層面上經驗與思考同一種存在物的不同方式，否則處於其中一種模式下的身體如何能夠與處於其他兩種模式下的身體關聯在一起（例如：當整形外科醫生報告說我的肋骨已經癒合了，這份報告如何能夠對應於我的疼痛感的消失）？沙特會回答說，如果我們以為必須要按照這種形式來做出解釋，那就只是在用循環論證去反對他總體上的形上學立場。沙特斷言：當我們把握到本體論層面上與身體存在（existence）的三種模式相對應的劃分，心身問題（思想、感覺等的所在如何與那個正在進行呼吸、新陳代謝等活動的有機系統發生關係）也就得到了解決（303-304/365-366）。

因此，這裡的情況與沙特針對他人之心的論述如出一轍。對

於後者來說，如果認爲沙特沒有解釋我們何以能夠執行一種涉及他者的我思而反對沙特，那同樣是不合適的。沙特給出的描繪再次訴諸那些被常規思想視爲魔法的關係，而沙特的辯護再次指出，這種「魔法」已經現實地處於與我們的經驗結構當中，常識只有在對主觀性進行實體化的條件下才能將其領會，而《存在與虛無》所提供的形上學術語則使之能夠爲人所理解。

因此，其實無須擔心沙特對笛卡兒的接近，原因在於反對笛卡兒身心二元論的立場認爲它無法闡明精神與物質之間的經驗因果關係，以及它與自然規律的統一性之間的矛盾是不可接受的；而從這種立場出發，沙特關於身心關係的形上學似乎會激起多得多的反對，因爲它所預設的一般形上學連物理主義的基本信條都反對。

思考題：

(1) 沙特聲稱，實在論和唯心主義以及他所有的前輩都沒能完備地構想自我和他者的關係。請評價沙特的這個說法。

(2) 沙特是否爲傳統的他人之心難題提供了解決方案。

(3) 沙特對身體以及身體與意識之間關係的論述是否一致且令人信服。

（四）自由，動力與倫理學

對於許多後康德主義者而言，理論哲學與實踐哲學之間的區分相當重要，但是沙特並沒有做出這樣的區分，理由在於：如我們所見，沙特認爲那些被其他哲學家歸於「實踐哲學」名下的、涉及能動性和實踐理性的各種問題其實在本體論的層面上就已經出現了，故而拒絕做出上述區分。不過，把《存在與虛無》中與認識論方面

的和形上學方面的一般問題連繫得最爲緊密的那些主題，亦即之前我們探討的那些話題，和與行動以及「我應當如何行動？」這樣的問題更直接連繫在一起的那些主題——或者更寬泛地說，與我們對生活的態度更直接連繫在一起的那些主題——區別開，這仍不失爲一種有益的做法。在第四部分，我將對後者進行討論；從文本上來看，這主要涉及《存在與虛無》的第四卷，不過也涉及之前的部分章節。

148

32. 關於自由的理論（第一卷，第 1 章，第 5 小節，第 24-45/60-84 頁；第四卷，第 1 章，第 1 小節）

我們之前已經注意到，對於沙特而言：

> 我們稱爲自由的東西是不可能區別於「人的實在」之**存在**的。人並不是**首先**存在（exist）以便**後來**成爲自由的，人的存在和他「**是自由的**」這兩者之間沒有區別（第25/61頁；另見第486/566頁）。

因此，沙特絕不認爲自由是「人的靈魂當中某個可以被孤立地考察及描繪的官能」[178]抑或「人之存在的若干本質**屬性**之一」[179]（第25/61頁；另見第 439/514 頁）；而意志又是唯一以自由作爲其屬性的官能，所以意志的概念在沙特的論述中是沒有位置的。

在「虛無的起源」一節（第一卷第 1 章第 5 小節）的第 24-45/60-84 頁中，沙特首次闡述了他的自由理論，其中構建了一條從虛無通往自由的途徑，雖然前者不能直接從概念上推出後者，但兩

---

[178]中譯本譯爲「能被孤立地考察及描繪的人的靈魂的性能」。——譯者注
[179]中譯本譯爲「突出地屬於人的存在本質的一種屬性」。——譯者注

者之間的蘊含關係大體上還是不難把握的：從自爲的否定性可以
推出，相對於任何存在物（existent），人類主體「都沒有屈從於
它」，他可以「把自身放到關於這個存在物（existent）的圈子之
外」，因而可以「對它加以改變」（24/61）。[180]

沙特承認：這份速寫向我們展現出的自由只是「一個單詞」
（25/61）；只有更爲細緻的論述才能澄清和證實自由。

沙特首先認爲，只有當我們的**自我**關係包含著自由，我們相對
於**世界**中的事物才是自由的：「人的實在只有以自我擺脫爲本性，
才能（⋯⋯）擺脫世界。」[181]（25/61）沙特認爲這一點不受任何條
件的限制──自爲不僅必須能夠把自己的一部分存在與另一部分存
在對立起來，而且必須能夠擺脫掉它所**是**的**一切**。爲了表明這種可
能性，我們必須對心理因果決定論（以及所有把自由等同爲一種心
理因果過程的相容論）做出反駁。

沙特的論證首先（26-27/62-64）回顧了他先前在《想像心理
學》一書中的分析，它以想像性意識爲參照，直接表明自爲有力量
做出反身的虛無化（沙特有關自欺的論述也支持這一論點：參見第
37節）。關於皮埃爾的精神影像涉及多個虛無化過程：對世界的
虛無化（世界**不是**影像發生的地點），對皮埃爾的虛無化（他並**不
在這兒**），以及對影像本身的虛無化（它**不是**某種感知）。因此，
既然主觀的還有此世的否定態都存在（existence），那麼至少在意
識的**一定**形式（例如：想像性意識）中必定有著某種自我擺脫的

149

---

180 沙特將否定性視爲自由（在某個意義上）的本質，這個構想在他之後一篇複雜
　　的論文（"Cartesian freedom", 1945）中得到了再度闡述，這篇論文試圖從笛卡兒
　　的神聖自由觀中尋獲對人之自由的正確表述：「多產的否定性。」（此處英譯
　　者與中譯者的理解有較大出入。──譯者注）
181 中譯本譯爲「人的實在只有從根本上掙脫了它自身，才能（⋯⋯）掙脫世
　　界」。──譯者注

力量。

　　其次（27-28/64-65），沙特在分析能動性或實踐理性時分析了作為自為諸結構之一的時間性，從而擴大了論證的範圍。扼要地說，沙特的論證是，對普遍認為帶有決定論色彩的心理因果序列（例如：動力 M →意向 I →行動 A）的任何描述都忽視了這種時間性結構的主觀表現具有何種含義：在序列中的每一點，「心內剛發生的過去與現在之間都存在著一條裂縫」[182]，而這條裂縫「正是虛無」（27/64）；並且「有意識的存在相對於它的過去而構成的自身必然由某個虛無將它與這個過去分隔開」[183]（28/65）。先前的意識「**在那裡**」，帶著被「過去性」修改的痕跡，所以「它是處在越位的位置上，是在圈外的，它被置於括號之中」（28/65）。不同於心理決定論，過去的意識和現在的意識之間的關係是一種「解釋關係」，這也就意味著：我應當如何將自身與我過去的心理狀態關聯起來，這對於我而言就總是並且必然是一個問題（28/65）。

　　事實上，時間上的延展並不是自由的必要條件：在第 34/71-72 頁一段關鍵性的文字中，根據沙特的分析，在動力的共時結構中也會遇到構成自由的同一條裂縫。我「擁有」一個動機 M —— 沙特認為意識不帶有任何內容，所以可以得出 —— 這指的是有著**對**動機的前反思意識：因此動機不**在意識中**，而是**有待**意識的；動機屬於我而不屬於外部的空間實在，但它是作為「意識的關聯項」而屬於我，所以是第 24 節討論過的心內的「內在超越性」[184]的一個例子，而動機作為一種超越性又蘊含著虛無化過程，由此可得動機只

---

[182] 中譯本譯為「剛過去的心理狀態和現在的心理狀態之間有一條裂縫」。——譯者注

[183] 中譯本譯為「有意識的存在應該相對它的過去來構成自身，就像它被一個虛無與這過去分開了那樣」。——譯者注

[184] 中譯本譯為「內在性中的超越性」。——譯者注

能「作爲顯像出現」[185]，就其本身來說是「不產生結果的」[186]（34/71-72）。時間性的結構與前反思意識的結構（當然，在沙特的完整描繪中，兩者是彼此蘊含的）因此均可單獨充當自由的充分條件。

注意，我們確實無法反駁：雖然沙特或許已經表明否定對於心理因果性而言是必需的，但是他無法表明否定力量的運用不受因果關係的限定，換言之，他還「沒有排除掉決定論的可能性」（27/64）。沙特的虛無形上學已經表明：否定性不可能是**存在**的**結果**，由此可得，「所有虛無化過程都要求只從它自身獲得來源」（27/64）。所以就有必要拒絕第 9 節探討過的關於否定的判斷理論，而這種理論**確實**與關於否定判斷的決定論相容。

第三，沙特注意到，透過他的論述（根據他有關前反思的自我意識的論點）可以得出我們對沙特已描述過的自由擁有**意識**，但按理說這會構成一項挑戰，因爲我們平常在察覺到自身是能動者的時候，顯然沒有再現出沙特所暗示的那種帶有裂縫的現象學，故有理由說這種察覺伴隨著對心理決定論的確鑿信念。

爲了回應上述挑戰，沙特對他所謂的「焦慮」（anguish）狀態做出了細緻的分析，在這種狀態中可以強烈而明顯地體驗到自由。沙特舉出下述兩例作爲說明：我在懸崖邊感到一陣暈眩，但攫住我的並不是對失足墜崖的擔心，而是對「自己把自己從懸崖邊扔下去」這種可能性的恐懼（29-32/66-69）；某個賭徒感到一陣暈眩，因爲他意識到自己有可能放棄先前做出的戒賭決定（32-33/69-71）。在這些場景中，我面對著沙特所謂的我的「各種可能態」——不是**世界**的可能狀態，而是我能夠爲自身規定的、在本體論層面上

---

185 中譯本譯爲「作為顯現而湧現」。——譯者注
186 中譯本譯爲「無效的」。——譯者注

與我相關聯的可能**存在**（第 30-31/67-68 頁；參見第 18 節），譬如屬於一個重啓賭博生涯之人的可能存在。

沙特進行個案研究的目的是更清晰地呈現出實踐意識的基礎結構。雖然這兩個案例多少有些特別，但它們顯然與通常的實踐意識並無內在的區別：它們與眾不同的地方僅僅在於，反思已經把實踐理性的結構主題化了，以至於顯示出其中的裂縫所在；我在體驗暈眩時**意識到**「就我的可能的行為而言，這恐懼**不是決定性的**」（31/68）；賭徒**意識到**他心內的過去與他現在之間的關係是成問題的等。

沙特堅持認為，焦慮並不是「人的自由的一個**明證**」。按照沙特給出的說明，焦慮僅僅（雖然也很重要）確立了「對自由的特殊意識」的可能性（33/71）。

由此可以看出，心理因果性在自然意識中的**顯現**是緣於一個特定的結構，這個結構在本體論上是**第二位的**。在這個向非反思性意識呈現的「直接性的世界」裡，我們出現「在處境中」，即出現在「一個充滿要求的世界」中，並從事著謀劃（39/76）。在最常見的生活處境當中，我們的意識是「**在活動中**」的，這指的是我們只有在主動**實現它們**時才能領會到我們的可能性——「在我的可能性被實現的那一刻，活動才把它們揭示給我」[187]（35-36/73-74）。這種結構當然沒有取消自由，因為從所有這些活動中退出的可能性並未受到影響（36-37/74），但是它阻礙著對焦慮所依賴的自由做出反思性的領會。

焦慮不是我們的常規狀態，即使它意識到形上學中那個最為基

---

[187]由於在原文中「活動」一詞是關係子句的先行詞，故中譯本譯為「在實現我的可能性的同時向我揭示了這些可能性的那些活動」。此處本書作者對引文有改動。——譯者注

151

礎的那個東西。沙特關於這一點的論述進一步發展爲有關「逃避焦慮」的論述，並由此發展爲沙特的自欺理論（參見第 37 節）。

沙特所說的逃避並不是那種試圖壓制或抑制某種情緒狀態的常見經驗，而是自爲旨在重構其整個結構的嘗試。沙特聲稱，逃避涉及反思層面上的心理決定論，但後者並不作爲哲學上的論點，而是表現爲一種原始的「篤信」，這種篤信建立在主述式的主體形上學（《自我的超越性》對此做出過批判）之上：「它斷言我們身上有著相對抗的力，這些力的存在類型（type of existence）是與物的存在類型相似的」，斷言存在著某種在我們的過去和將來之間建立連繫的「某種引發活動的本性」[188]（40/78），甚至斷言在我們每個人的深處都存在著一個深層自我（un Moi profond），我們的活動便起源於此（42/80）。

我們現在必須著手處理下面這個棘手的問題：要如何用概念去正面表述沙特的自由觀。

我們已經看到，沙特談到的自由涉及某種與世界的強行決裂——「決定論的永久性斷裂」[189]（33/70），主體「把自身從因果系列分離出來」[190]（23/59）——這或許會讓我們覺得沙特在有關自由意志的爭論中站在了通常被稱爲「不相容的非決定論的自由意志主義」那一邊：按照這種觀點，「自由」這一概念指的是（在經驗上）不受因果關係決定的事件，它與普遍的（經驗性的）因果決定過程不相容，但又確實在人的活動中得到實現。

然而，這種說法非常具有誤導性，因爲它意味著沙特在方法論上和形上學上均**接受了**自然因果秩序的優先性和實在性，這推動著

152

---

[188] 中譯本譯為「產生活動的本性」。——譯者注
[189] 中譯本譯為「決定論的永遠破產」。——譯者注
[190] 中譯本譯為「脫離（……）因果系列」。——譯者注

他把自由設想爲自然秩序中的因果**空缺**，自由的能動者從中走出但又／或是介入其中。但這不可能是沙特的觀點，因爲他**從一開始就**不認爲我們屬於自然的或是其他任何帶有因果性的存在秩序——他甚至認爲，在優先於並獨立於我們的作爲自由之存在的情況下，**不存在**任何把我們和自在的存在都包括在內的統一秩序。因此，我們與存在的「斷裂」指向沙特的一個形上學論點，即虛無是**對**存在的虛無化（參見第 9 節），而不是自然秩序之內的因果斷裂。雖然沙特對自由的構想預設了心理決定論無法被人們理解，但並不涉及有關決定過程或非決定過程的**任何**論點。沙特談「斷裂」和「分離」是爲了表明：基於那些以「人的能動性**最初看起來**可以被納入普遍因果決定的母體內」這個（沙特認爲是錯誤的）假定爲起點的人所採用的**視點**和語言，自由要求什麼？就算是那種認爲「她原本可以不這麼做」爲眞的傳統自由觀也不足以注解沙特式的自由：按照沙特的看法，它僅僅**重申**了能動者的自由，但並沒有**分析**這種屬性。

當沙特轉而面對「這個爲自由提供基礎的『**烏有**』（rien）是什麼？」（34/71）這個問題時，他首先評論道，從某種意義上說，從他的立場可以推出沒有東西[191]（沒有確鑿的結構）有待描述；在之後關鍵性的一步中，沙特引入了下述觀點，從而結束了對自由的分析：「這個『烏有』透過人在他與自身的關係中的存在而**被存在**（estété）」（34/71），並補充說這種自我關係具有**義務**的特徵——「一種不斷更新的義務，即對大寫的自我加以重造」[192]（35/72）。（「究其本質，自爲在存在〔exist〕的同時還承擔著肩

153

---

[191] 此處是一個雙關：「沒有東西」（nothing）同時也是「烏有」，因此這句話還可以被理解爲「需要對烏有做出描述」。——譯者注

[192] 中譯本譯爲「對（……）『我』進行再造的不斷更新的義務」。——譯者注

負其存在的義務」[193]，existe sous l'obligation d'assumer son être，第
118/162 頁。）

我們在第 14 節中已經遇到了這種難以理解的義務觀念，它代
表著我們對自為的理解所面臨的先驗界限（根據對《存在與虛無》
的非視角性解讀，它也代表著自為之存在本身的最終依據）。

沙特認為，我們在此需要承認一種可以被部分描述，但無法
被澈底分析的**必然性**。它當然不是物理意義上的必然性，但也不是
某種合理的必然性：沙特把「義務」一詞當成可能範圍內最貼切的
表述來用，以便凸顯出這種必然性所流露的規範性色彩，但他並不
是說我們根據道德上的或其他的任何**原則**──我們應當將存在賦予
自身，這麼做是我們的**權利**──來做出**判斷**。因此，它在自為的理
論層面與實踐層面之間提供了一個「中立點」：我們不得不將存在
賦予自身，這既奠定了我們在**認知**上的超越性，又奠定了我們的**行
動**。由於這種必然性在最基礎的層面上構成了我們，我們就沒辦法
透過讓我們對它的遵從受制於我們的選擇來把自身與它分離開。所
以沙特才屢屢重複道：我們**命定**是自由的（「我們沒有停止我們自
由的自由」，439/515）。

正因為我們是虛無與欠缺（參見第 17 節），我們才有義務
（重）造出我們的自我；但「是欠缺」並不是導致我們經驗到義務
的一個**獨特的**形而上原因。我們並不是先發現自己是虛無，然後在
此基礎上**判斷**我們需要獲得存在。「欠缺」只是以另一種方式表述
了對於「我們作為義務而存在」的洞察：只有當我們已經把自身與
「有義務將存在賦予自身」關聯起來的情況下，我們才**欠缺**存在

---

[193] 中譯本譯為「從定義上說，自為是必須擔當其存在的情況下得以存在的」。──
譯者注

（不同於只是發現自身由虛無構成）。

　　沙特常常用「對存在的減壓」來刻畫自為（例如：在第 xli/32 頁），而自為的這一形象凸顯了義務的本體論特徵，但需要澄清的一點在於自為的**義務**隸屬於本體論，物理上的類比無法傳達出這層意思。沙特的觀點與常識大相徑庭（費希特是其重要的歷史先驅）：「應該」或「不得不」是一種必須要用實踐中的命令句去描述的事實或結構，它隸屬於實在。（這一點可以追溯到早在第 14 節中提出的一個看法：對於沙特來說，目的論構成了自為的實在性。）

　　沙特在第四卷第 1 章第 1 小節又回到了自由的問題上並發動了一場正面的進攻，在此過程中，以上概述的那些觀點得到了極大的拓展。尤其是：

　　(1) 433-438/508-513，445-450/522-527。這一部分擴充了對於能動性或實踐理性的說明，不僅提供了一些歷史上的例證，更對 mobiles 和 motifs[194]進行了區分：mobiles 指的是「動機」，是主觀的目的投射（「它是欲望、感情和激情的總體，促使我去完成某個活動」，第 446/522-523 頁）；motifs 則被巴恩斯翻譯為「原因」，以表明它們是外在於主體的（motif 是「客觀的」，「它作為由同時期的事物構成的狀態而被揭示給意識」[195]，第 447/524 頁），不過它被沙特定義為「活動的理由；也就是證明活動正確的理性考慮的

154

---

[194]英譯本將 mobile 與 motif 分別譯為 motive 和 cause，中譯本則譯為「動力」和「動機」。我們不採用中譯本的譯法，理由有二：①如果採用這種譯法，讀者很可能會混淆前文中的 motive（一直譯為「動機」）與此後的 motif；②參照沙特的解釋，「動機」一詞更適用於 mobile 而非 motif，中譯本的譯法似不夠準確。因此，對 mobile 我們將沿用英譯本的譯法，譯為「動機」；對 motif 我們將根據沙特的原意，改譯為「理據」。──譯者注

[195]中譯本譯為「作為向意識揭示的東西，它是同時性的事物狀態」。──譯者注

總體」（445-456/522）。

　　沙特堅持認爲，困難的地方在於，要把握到理據和動機何以能夠在互相結合的同時又沒有陷入不融貫的二元論（447/523-524）。他認爲，其獨特的解決方法是要看到它們「相關聯」的方式完全就是正題的對象意識與非正題的自我意識相關聯的方式：自爲對客觀理據的領會不過是它「對自身作爲朝向目的的謀劃的非正題意識」[196]的另一面，反之亦然（449/525）。由此可得，「理據」「動機」和「目的」（une fin）這 3 個術語形成了一個「不可分割的」整體，這個整體讓我們注意到自爲在世界上的湧現以及自爲將自身朝向其各種可能性的投射；這就再次表明了決定論是不可理解的。（沙特重新解釋了決定論的錯覺，認爲造成這種錯覺的原因是動機被變成了經驗知識的對象，第 449-450/526 頁；動機「被過去化（passéifié）並被固定在自在之中」[197]，第 450/526 頁。）

　　(2) 444-445/521。沙特早期作品《情緒理論初探》中對情緒的分析得到了重申，重點強調下面這一點：在面對困難時決定採取魔法般的還是理性的策略，這不由世界規定，而必定隸屬於自爲的謀劃：「我的恐懼是自由的，並表露了我的自由（……）相對於自由，不存在任何具有特殊地位的心內現象」[198]（445/521）。

　　(3) 450-452/527-529。意志的運作指的是爲在深思熟慮的自願狀態下採取某條行動路線，但它並不是自由的必要條件：「意志不是自由的專屬表現」[199]（452/529）[200]。因爲自由已經在處境因素和主

155

---

[196] 中譯本譯爲「對作爲指向一種目的謀劃的自我的非正題意識」。——譯者注

[197] 中譯本譯爲「被過去化（passéifié）並固定化爲自在」。——譯者注

[198] 中譯本譯爲「沒有任何享有特權的心理現象」。——譯者注

[199] 中譯本譯爲「意志不是自由的享有特殊地位的表現」。——譯者注

[200] 自由與意志的分離同樣出現在《自我的超越性》第 47-48 頁，《想像心理學》第 153-154 頁和《戰時日記》第 33-36 頁。

觀因素的構型中，以及在指派給這些因素的價值中得到了表達，其先於我在思慮中「掂量它們」，所以沙特認爲自願狀態和非自願的自發狀態不過是用以追求目的的兩條不同的途徑或**方法**，我在兩者之間自由選擇。（在第 472-476/550-555 頁可以找到更加細緻的討論，其中論述了所謂的「不能自制」〔akrasia〕。）

　　普通心理學中那些指稱著行動之心理前提的術語裡面，唯有**「意向」**和**「選擇」**沙特願意承認是自由的必要條件。第 476-478/555-557 頁解釋了它們在自由當中聯合扮演的構成性角色：意向「在一次統一的湧現中」[201]既選擇並設定了目的，又選擇了自身（478/557）。在使用這些術語時，沙特當然不會把它們視爲某些特殊種類的心理狀態——那種可以在經驗層面上探知其存在（existence），並可標記自由的心理狀態。根據沙特的說明，對自由的在場或不在場，是**不可能存在**評判標準的（正如沙特認爲，對他者的意識必須**超乎評判標準**以便成爲可能）。

　　(4) **441-444/517-521**。常規思維中的一個明顯傾向就是將自由和決定分配給自我的不同**部分**，繼而認爲自由行動以心理中自由部分對被決定部分的支配爲前提（理性對激情的掌控等）；對這種傾向，沙特在一個更具普遍性的層次上提出了批評。

　　直接的問題在於：我們在此顯然是在設想一個既自由又被決定的存在，從而與自爲的統一性直接矛盾（就像佛洛伊德那樣，參見第 25 節）。除此之外，沙特認爲，沒有任何方案能夠將「無條件的自由和心內生活的被決定過程」[202]（441/517）關聯起來，因爲無法解釋自由的自發性何以能夠在某個以決定論的方式構成的心

---

[201]中譯本譯爲「從一個同樣的統一的湧現出發」。——譯者注
[202]中譯者譯爲「不受制約的自由和心理生活的被規定過程」。——譯者注

156　內事實中找到必需的直接落腳點，正如它在外部的自在存在中也找不到落腳點一樣。由此可得，「有兩種，而且只有兩種可能的結論：要麼人是完全地被規定的（……）要麼人是完全自由的」（442/518）。

　　(5) **453-454/530-531, 464/542**。主體的源初的、更高層次的謀劃賦予我的行動以可理解的統一性，而沙特根據這種謀劃，對傳統上所謂「原本可以不這樣做」的自由狀態做了巧妙的處理（參見第34節）。如果我源初的謀劃沒有發生某種改變，那麼我原本不可能不這樣做；但是我原本確實可以改變源初的謀劃，因此在一定條件下——這個條件不會減少或限制我的自由——我原本確實可以不這樣做。所以，關於能動者能否在經驗層面上做出其他選擇的爭論是「建立在錯誤的基礎上的」（454/530）。因此，所謂「原本可以不這樣做」的狀態仍是自由在概念上的次級含義，這方面的分析並未切中自由的本質。

　　由於沙特的自由理論的其他組成部分對其做出了重要的擴充，因此我們首先需要補充上這些部分，之後再對該理論進行評估。

33. 自由：人為性與處境（第四卷，第 1 章，第 1 小節）

　　沙特斷言「絕對自由」是「個人的存在本身」（581/670），這或許會讓我們認為沙特式的主體享有完全的主權，它審視著一個透明的世界，全盤掌控著自己的領地。這種誇張的觀點已經被歸於沙特名下，並招致了猛烈的抨擊，但是在第 2 小節「自由和人為性：處境」中，針對自由和人為性的討論已經非常清楚地表明：沙特的自由理論並沒有把自我抬升到如此狂妄的地步。

　　第 2 小節的文字分為四個部分：(1) 第 481-484/561-564 頁論述了自由理論為何與關於自由的「常識性」信念相矛盾，以及為

什麼這些信念並未提供足以反駁該自由理論的有效依據。(2) 第 484-489/564-571 頁對自由理論加以擴展，表明了它與人為性的（factical）被給予之物之間的關係，從而引入了「處境」的概念。(3) 第 489-548/570-633 頁詳細論述了人為性的基礎結構，包括我的 157「位置」、我的過去、受到他者規定的我之立足點、我與他者的基本關係以及我的死亡。(4) 第 548-553/633-638 頁概括了我們的「在處境中的存在」（being-in-situation）是由什麼構成的。

雖然所有這些內容都非常令人感興趣，同時也很重要（特別是沙特對死亡的說明，他在第 531-548/615-633 頁中批評了海德格的「向死而生」一說），不過對於自由理論而言，第一點和第二點中的討論更是至關重要。

我們在第 16 節中已經看到，沙特有關人為性的論述已經表明，當自為開始承擔起傳遞意義和規定處境的任務時，它為什麼並不只是**碰巧**發現自己帶有不由其選擇的存在：自為**不會**選擇它的「位置」，這在形上學的層面上是**必然的**（83/126）。對於沙特來說，現在問題就在於：如果是這樣的話，似乎可以得出「我的自由是**受限制的、有條件的**」這一結論，而既然沙特從自由與存在的同一性中得出了「人的自由是**無條件的**，因此也是**不受限制的**」這一主張，那麼前一個結論就與後一個主張相矛盾並表明了後者是錯誤的；可是為什麼沒有得出前一個結論呢？

沙特承認「如果我是小個子，我不能選擇成為大個子」，承認「我天生就是個工人，是個法國人」[203]，承認世界對我的謀劃構成阻力（存在著「事物的敵對係數」：我不能攀爬每一塊山岩），承認我或許不可能「逃避我的階級、民族和我的家庭」，承認囚犯

---

[203] 中譯本譯為「我生於工人家庭、法國人」。——譯者注

並不總是「擁有越獄的自由」（481/561, 483/563）。但問題在於應當如何在概念上思考這一切。常識將這些事實視為對我的自由的限制，這種做法並無矛盾，因為常識是根據「**力量**」（power）來設想自由的，然而沙特對這種構想提出了批評。因此首先需要明確的是，雖然我們平常談到自由時，會說某個人的自由受到能力或力量的約束，或是會增加或減少，但是沙特在理論上探討的**本體論**自由並不與這種自由相對應，他也沒有這樣的意圖：我們必須區分「行動的自由」和「自由本身」（482/562），也必須區分關於自由的「經驗性的、流俗的」概念和「專業性的、哲學的」[204]概念（483/563）。因此，本體論自由的遍在並不意味著月球旅行對於我們每一個人來說都像撓撓手指一樣自由，否則就太荒謬了。

但是沙特承認，把本體論自由與經驗性自由分離開並不足以解決這個難題（484/564）。畢竟，他的自由理論斷定了「某種事物似乎在本體論的層面上制約著自由」[205]，因為它肯定了自由需要**被給予之物**（478/558）；所以，它似乎斷定了「一種在本體論層面上的自在相對於自為的優先性」（484/564）[206]──這似乎會迫使我們接受之前的描述，即自由具有一定的**範圍**，而關於事物究竟如何的事實則限制著這個範圍，所以「我們的自由必須相對於事物的某種狀態但又不顧及事物的這種狀態」[207]（486/566）。假如真是這樣，那麼自由就會受到事物的制約。

從沙特極其細緻的討論中浮現出一個決定性的問題：**在被給予之物中**是否存在這樣的東西，它既獨立於我的自由，又規定著我

---

204 中譯本分別譯為「經驗的和通俗的」、「技術的和哲學的」。──譯者注
205 中譯本譯為「某種事物是本體論地制約著自由的」。──譯者注
206 中譯本譯為「一種自在對自為的本體論在先」。──譯者注
207 中譯本譯為「我們只有就事物的一種狀態而言，並且不顧及這種事物的狀態才能夠說是自由的」。──譯者注

的選擇？這正是《存在與虛無》中的形上學幫助沙特去否認的東西：只有透過**虛無化**並相對於我自由選擇的某個**目的**，被給予之物才會出現。儘管「某種無法被命名、無法被思考的**剩餘物**」確實作為**自在存在**而屬於被給予之物（482/562），但這剩餘物不屬於我的**處境**，也「根本沒有影響到自由的構成」[208]（487/567）。沙特在第二卷中已經指出，「人為性」不可能「在純粹未經修飾的狀態中得到把握，因為我們將要在它那裡找到的一切都已經得到了恢復並被自由地構成了」[209]：它所表現出來的抗拒並不完全是「事實的**抗拒**」[210]（83/125-126），而「被給予之物只不過是被自為虛無化了的自在」[211]，並不是「純粹的材料」[212]（487/567-568）。沙特說，「在自由回到人為性上面以便把人為性領會成某種被規定的缺失『**之前**』，試圖去定義或描述這種人為性究竟是『**何物**』（quid）」[213]完全是沒用的（494/575）。

沙特的「處境」概念（正式定義見 487/568；也參見 259-260/317）因此與自由的**條件無關**——毋寧說，我的處境是對我的**無條件**自由的**表達**與**實現**。

由此也可見，「在我的處境中，哪一部分是人為性，哪一部分是我的自由？」這類問題是有誤的：對我的處境的分析並沒有把站不住腳的、沒有實效的主觀意義層層剝去以便揭示出一種具

159

---

[208] 中譯本譯為「絕不進入自由的構成之中去」。——譯者注
[209] 中譯本譯為「在原始的未加修飾的狀態中把握的，因為我們在它那裡要找到的東西業已把握並且已被自由地建立起來了」。——譯者注
[210] 中譯本譯為「對事實的抗拒」。——譯者注
[211] 中譯本譯為「給定物只不過是被那個應成為它的自為虛無化了的自在」。——譯者注
[212] 中譯本譯為「純粹的給定物」。——譯者注
[213] 中譯本譯為「企圖在自由回到人為性以便把它當作被決定的缺陷『之前』給這個人為性的『怎麼辦』下定義並且描繪它」。——譯者注

有規定作用的客觀性。相反，我們將在第 34 節中看到，它向上通往主觀性，朝向自為的「源初謀劃」[214]。因此，「不可能在每一個特殊情形中去規定什麼來自自由、什麼來自自為的純粹存在」[215]（488/568）。自由和人為性不可能競爭，因為「**自由是對我的人為性的領會**」（494/575）。

　　沙特為「自由是無條件的」這一論點所作的辯護意味著自由不像通常所想的那樣受到限制，但請注意，這不意味著自由**不受**限制：事實上，沙特解釋說，我的自由面對著一種「實在的」、「真正的」限制，它源自他者對我的超越，源自「『他者把我領會成作為對象之他者』這一事實」[216]（524-525/607-608；也參見262/320）。基於自由在主體間性中的分布，所以自由是**自我**限制的。

　　從沙特的論述中也不能得出：常規的「自由」概念沒有位置。我們必須區分《存在與虛無》著力解釋的本體論自由和某種**被實現的**自由。既然已經區分出了那種使得人的能動性、責任和存在（existence）成為可能的自由，接下去就可以表述關於自由的另一個概念了，這個概念更接近於我們通常意指的自由：我們會說自由是某種值得欲求的東西，可以獲得或喪失、增加或減少等等。不過，認為自由肯定是被實現的或被表達的，認為這種實現或表達在一定的條件下是可能的而在另一些條件下則否，這樣的構想顯然是一個獨立於本體論自由的問題，需要得到單獨的論述：它需要論述本體論自由在行為的產物、結果、條件或內容中的各種**延續**；又因

---

[214]中譯本譯為「原始謀劃」。——譯者注

[215]中譯本譯為「不可能在任何特殊情況下決定屬於自由的東西和屬於自為的天然存在的東西」。——譯者注

[216]中譯本譯為「在於一個別人把我當成對象——別人這個事實中的」。——譯者注

爲這在沙特看來就把我們帶入了倫理學的領域，所以他沒有在《存在與虛無》中考慮這個問題（然而，這就導致了一個不幸的結果：人們誤解了沙特的自由觀，認爲他把被實現的自由**等同於**本體論自由）。

因此，沙特根本沒有否認多樣的客觀結構（文化、傳統、語言、階級、種族、性別等）組成著、分裂著並交織著我們的處境，也沒有否認我們在實踐上或在認識上可能無法征服這些結構，這些結構產生於沒有任何天意引導的歷史發展。至於說，個人能否把自己置身於其中的社會歷史諸結構把握成它們爲個人保留了按照自己的目的重塑它們的力量（經驗性自由，一種實踐上的力量），而不只是讓自己對立於這些結構（本體論自由），這就是更進一步的問題了，屬於歷史哲學和政治社會理論的範疇，《存在與虛無》並未進行這方面的探討，雖然在這一文本中已有足夠的跡象表明沙特的觀點並不幼稚。

160

在下一章中我們會看到，有理由認爲：沙特在《存在與虛無》之後的作品中修正了他對自由的理解，而既然沙特後期關心的是在具體的處境中理解自由的邏輯，這就要求修改《存在與虛無》中關於自由的論述。我們可以發現沙特後期對自由的描述有著更爲豐富的層次，他的觀點是我們的**社會性兼歷史性的存在**需要把自由與必然結合起來；不過我們可以質疑：《存在與虛無》對自由的論述與沙特後期對自由的描述眞是不一致的嗎？沙特所無法接受的只是（這讓他跟之後的法國結構主義思想家與後結構主義思想家產生了爭論）：自由不是優先的，主觀性與客觀結構之間的關係是完全對稱的，也就是具有相等本體論地位的事物之間的一種互動關係（當然，他更不會承認主觀性只是這些結構的「產物」）。

34. 對我自身的源初謀劃與選擇（第四卷，第 1 章，第 1 小節，457-467/534-546 頁和 479-481/559-560 頁，以及第四卷，第 2 章，第 1 小節，557-564/643-651 頁）

　　或許可以表明：雖然沙特關於自由的論述有助於闡明第一人稱的實踐立場（意識到自己要做出選擇的行動者所占據的視角），但也需要從第三人稱的非實踐立場出發進行心理學上的解釋。在這種背景下，我們是否不得不重新引入針對精神之物的心理學解釋（第 24 節），即便沙特已經駁斥了這種解釋？如果確實如此，那就把基於自由的視角削弱了，至少是把它與一種在看待精神之物時同樣不可或缺的觀點成問題地對立起來，而後者是一種客觀主義的、「心內的」觀點。因此，沙特面臨的挑戰是：表明自由可以同時承擔這第二種角色，為針對自為的**理論**理解提供基礎。

　　「存在主義精神分析」這一小節（第四卷，第 2 章，第 1 小節）一開始就批判了那種試圖從常見的心理學角度去解釋個體的做法。心理學先是將主體分析為基本的動力因子和帶有抽象色彩的傾向，然後訴諸得到歸納支持的心理類型和心理規律，以建構針對個體行為實例的解釋。（注意：沙特在此考慮的是不帶還原色彩的意向心理學，而不是堅持還原的自然主義；甚至把雅斯培也包括在內，559/645。）

　　針對這種理論建構活動，沙特將他在形上學層面上的先天反駁放在一旁，轉而強調這種解釋方式最終必然會設定一些「無法解釋的源初的被給予之物」[217]（例如：「野心」，「對強烈情感的需要」[218]），而反對它的理由不是我們因此不能滿足充足理由律（沙

---

[217] 中文版譯為「無法解釋的原初的給定」。——譯者注
[218] 中文版譯為「敏感」。——譯者注

特承認，「我們必須在某處停止，這就是實在存在〔existence〕的偶然性本身」[219]），而是這些不可還原之物屬於**錯誤的類別**：比如，只要「野心」被設想成一種**屬性**，某種或許來自社會領域或生理領域的東西，那麼它與主體的**關係**，繼而它的**意義**必然都是不可理解的，這種解釋也就失敗了。

之後，針對沙特在《存在與虛無》中最爲清晰地重述了《自我的超越性》中的一個論點，即人的主觀性不符合主述形上學；他論證到，從這種形上學中可以推出人類主體是一種不受限定的「基底」（substratum）或是一「束」驅力和趨向（561/647），但這兩種人類主體觀都是不可接受的。其他地方也表述過這兩個選項，一者把我自身理解成「支撐著某種流的實體，被剝奪了樣態意義的實體」[220]，另一者把我自身理解成「水平的現象流」[221]（459/536）。

沙特斷言，我們需要的是「一種**真正的**不可還原之物，它的不可還原性對我們來說得是**顯然的**」[222]（560/647），而這只能是一種「**自由的統一化**」[223]（561/648）。我們因此被帶向一個概念，即一種統一的「源初謀劃」（561/648）或「基本謀劃」，它對於每一個自爲來說都是「完全獨特的」（563/650）。按照沙特的觀點，根據一個個體的源初謀劃去把握它，就是去把握「他趨於存在的全部衝動，即它與自身、與世界以及與他者的源初關係」[224]，繼

162

---

[219]中譯本譯爲「恰恰應該注意某個部分，這就是所有實在存在的偶然性本身」。——譯者注

[220]中譯本譯爲「一個實體，承擔著它的樣式的沒有意義的流出」。——譯者注

[221]中譯本譯爲「現象橫向的流」。——譯者注

[222]中譯本譯爲「一種真正不可還原的東西，也就是說，一種對於我們來講具有明顯的不可還原性的不可還原的東西」。——譯者注

[223]中譯本譯爲「自由統一」。——譯者注

[224]中譯本譯爲「向著存在的衝動，它與自我、世界和他人的原始關係的整體」。——譯者注

而，這種把握方式會讓這個整體在其每一個部分當中都能被再度發現——「在每個傾向中，在每個意向中，人澈底地表達他自身，儘管出自不同的角度」（563/650）。

《存在與虛無》很早就提到過一種單一的、定義自身的選擇——例如：「我在孤單與焦慮中出現，面對那構成著我之存在的獨特而源初的謀劃」[225]（39/77）——但沙特直到第四卷才為其辯護，並澄清了它的地位。

當沙特首次陳述這個理論時（第四卷，第 1 章，第 1 小節，457-467/534-546），他把對我自身的源初選擇（le choix originel de moi-même）（464/542）當作自由理論的一個組成部分，而第 32 節已經注意到，它允許沙特去論述「否則本會採取其他行動」的可能性。再度陳述時（第四卷，第 2 章，第 1 小節，557-564/643-651），沙特為它提供了獨立的論證：正如我們所見，只有它與「人類主體作為人格統一性」的事實相容，而任何一種經驗形式的心理學解釋都會破壞掉這種統一性。

沙特借用並修改了康德的一個概念，他說：我們可以把我們的源初選擇視為「帶有可理解性的選擇」[226]，只要我們把這種可理解性等同於「主體經驗存在（existence）的獨特模式」，而不在「本體界的存在」（noumenal existence）或「無意識的主觀性」這些在本體論上具有優先性與特殊性的層面上去定位這種選擇（563-564/650, 480/559）。如果我們問對自我的源初選擇是在**什麼時候**做出的，沙特的回答是它與這裡正在討論的自為的湧現同時發生，因此它不是**在某個時間**做出的，也**不是在**時間**之外**做出的：「我們

---

[225] 中譯本譯為「我孤獨地出現，並且是面對唯一的和構成我的存在的最初謀劃而焦慮地出現」。——譯者注

[226] 中譯本譯為「選擇可以理解的個性」。——譯者注

必須這樣設想：源初選擇在展開著時間，並與 3 種出神的統一體合而為一」[227]（465/543）；源初選擇既不是一瞬間的，也不是與整個生命共同延展的，而是「不斷被更新的」（480/560）。如果我們又問**為什麼**會做出對我自身的源初選擇——為什麼是**那個**選擇而不是另一個選擇——那麼我們不能根據**動機**或**理據**來給出答案，因為這些已經預設了某種對自身的選擇（462/539）。然而，不能認為源初選擇是**被剝奪**了理由和原因：它是對它們的「自發的發明」，在它自己的領域內（470/549）。因此，選擇必須表達一種「僅指涉自身」的並且無須闡釋的意義（457/534-535），它的可理解性得自下述事實：源初謀劃「總是列出了針對存在難題的某種解決方案」[228]（463/540）。沙特評論道，我的源初選擇因此包括用於闡釋的規則，或是用於規定我的經驗選擇具備何種意義的標準（471/549）。

163

源初選擇構成了「一種**非實體性的絕對**（un absolu non substantiel）」（561/648）（導言部分曾用這個術語來描述意識，xxxii/23），儘管沙特強調：由於在我們的理解中，選擇「並非源自任何先前的實在」[229]（464/542），所以我們也必須把選擇理解成**「無從辯護的」**，因此是在焦慮中做出的。

至於我們對自己的源初選擇的認識，沙特的觀點是：我們對它欠缺明確的、正題性的（「分析性和有區分的」）認識——這是必然的，因為它並不是以先於認識的、無時間性的形式存在（exist）以便隨後被認識到——但我們擁有關於它的非正題意識，而這種

---

[227] 中譯本譯為「我們應該把源初選擇設想為展開了時間，並且和 3 種出神的統一合為一體」。——譯者注

[228] 中譯本譯為「永遠勾勒出存在這難題的結論」。——譯者注

[229] 中譯本譯為「離不開任何在前的實在」。——譯者注

意識（因爲「我們的存在正是我們的源初選擇」）完全等同於我們的自我意識（461-463/539-540）。重要的是，這解釋了爲什麼我們對自己生活的經驗並不如同展開一部我們已經熟悉的劇本，爲什麼「**選擇**我們自身」，亦即責任是我們的存在（existence）所具備的特點，而「**被選擇**」卻不是（464/541），以及爲什麼從一個複雜的角度（沙特對此做過審愼的描述，466-4677/544-546, 469-470/548-549）來說，對我自身的源初選擇加以「澈底的修正」是可能的。因爲我對我自身的源初選擇既不處在我的過去，也不處在我的時間性之外，所以沒理由說我在每一次啓動並展開它時卻不能背離並逆轉我之前的謀劃——透過戒賭或其他什麼。但與此同時，如果我的源初選擇是我的眾多經驗選擇的**總體**模式（而不只是**過去的**模式），並且如果這種模式具有格式塔的特徵，而不是一種簡單的重複，那麼就不能嚴格地說我現在做出了或變成了**另一個**源初選擇——正如一個突然改變情節方向的小說家也不完全是在寫另一部小說。如果我戒掉了賭博，我就重構了我的過去，它現在獲得了「被放棄掉」的含義。或許可以說：我可以隨時修正被我**當作**源初謀劃的事情，但是只要我還能夠做出選擇，我的源初謀劃**本身**就沒有得到最終的規定，就此而言也就談不上可否修正。

因此，由於「對自我的源初選擇」這一概念讓自由**具備了解釋效力**，所以沙特可以用它來回應挑戰，即對心理學解釋的可能性做出說明。（沙特後來恰恰把這一點描述成他爲讓·熱內立傳的目的：「我試圖做到以下兩點：指出精神分析的闡釋與馬克思主義的解釋所面臨的侷限，並表明單憑自由便可從總體上說明一個人。」[230]）

---

[230] *Saint Genet*, p. 584.

35. 對世界的責任（第四卷，第 1 章，第 3 小節）

「自由」一章的第 3 小節篇幅很短，但沙特在這一小節對自由理論做出了戲劇性的、令人意想不到的擴充，儘管他在第 463/541 頁對此做了簡短的預告。沙特告訴我們「人對世界負責」（553/639），不僅在「世界的存在需要自為的存在」這個一般的意義上是如此，而且在「**個體化的**自為」這個層面上亦如是：「事實上我對一切都負有責任，除了我的責任本身以外」；我發現自己「介入一個我對其完全負有責任的世界」（555/641）；「自為的責任就把整個世界（作為一個有人居住的世界）涵蓋在內」[231]（556/642）。

由於沙特一開始曾說他的這些言論「主要是倫理學家會感興趣」（553/638），並且由於他在某些地方用了連詞「好像」（comme si）（「好像我對這場戰爭負有全部責任」，554/640），所以我們或許不會單從表面來看待這些咄咄逼人的言論——比如，我們或許會認為沙特在此給出的說法並不屬於形上學，而只是一種虛構，它在一定程度上能夠勸誡或規範我們的倫理傾向。所以我們可以將沙特的觀點與尼采關於永恆輪迴的學說相提並論，沙特肯定知道這個對生命加以肯定的著名學說，而且人們一般同意這個學說不是宇宙學中的一個論點，而是一個假設性的想法，對這個假想的接納則具有存在上的（existential）重要意義。

沙特之所以宣稱我們對世界負有責任，無疑是為了清除掉我們身上的某種態度——認為生活的肌理是由偶然性或是由外部歷史所組成的，從而與我們的生活拉開距離，把它變成某種異己的東西。

165

---

[231] 中譯本譯為「自為的責任就擴展到作為人民居住的世界的整個世界中」。——譯者注

但是，以反實在論的方式去解讀這一學說則是錯誤的，因爲沙特十分清楚地說過他「把在常規的意義上所使用的『責任』一詞當作『（對於）作爲事件或對象之明確作者的意識（553/639）』」[232]，而對「世界責任」這個論點的思考則表明它是以一種可以得到理解與辯護的方式發展了沙特的自由理論。

顯然，我們不能把「每個人都對世界負責」這一論點與每個人對其自身所負有的責任放在相同的基礎上去理解，因爲世界並不是作爲一種負有「不得不是」這一義務的虛無而被給予我，它是**作爲**存在而被給予我；甚至也不能在「對象世界是依賴主體的」這一基礎上去理解上述論點，因爲不管沙特最終會如何論述客觀性（第12節），他都不是一個經驗唯心主義者，他的觀點是：自爲作爲與它的自由相關聯的人爲性而對立於客觀領域（第33節）。因此，世界責任必定是間接出現的。

下述論點在沙特的討論中非常引人矚目：對**這個**世界的責任源自我對**我的**世界的責任，而對**我的**世界的責任又源自「它反映著對我自身的自由選擇」[233]（554/639）這一想法。這可能會使我們認爲：關於世界責任的論點只是從沙特關於源初謀劃的學說中得出的邏輯推論，前者獲得的全部支持都來自後者。儘管這個推論確實得到了沙特的肯定，也可以得到辯護，但在這一小節中還有更多的內容，並且重要的是世界責任應該得到獨立的支持（只是爲了讓人們不要把它當作「對自身的源初選擇」這一觀念的某種**還原**〔reductio〕）。

沙特肯定了我作爲世界的**創作者**而對世界負責，這份肯定

---

[232] 中譯本譯爲「（對）是一個事件或者一個對象的無可爭辯的作者（的）意識，這個平常的意義上使用『責任』這個詞的」。——譯者注

[233] 中譯本譯爲「我自己自由選擇的形象」。——譯者注

意在得出「這場戰爭是**我的**戰爭」，但當然不是說我宣布了這場戰爭（554/639）。這種創作者身份兼責任（authorship-cum-responsibility）的先驗意義是什麼？

首先需要記住的是：有神論或自然神論中的世界創作者被排除了（見第 47 節）；世界在沙特的論述中並不只是把其自身強加在我的被動性之上；以及，我不能基於下述理由而拒絕承擔世界責任：我獨立於世界而規定了我的存在，且已經處於規範上的完整狀態。不過，有人可能會問：我為什麼不得不在此採取**任何**準實踐的態度？我為什麼不能只是沉思「這就是關於這個／我的世界的事實」？（承認或許它的顯像在認識論上以我的主體性為條件，但絲毫不考慮責任方面的問題。）

在這裡，沙特對自然主義和實在論的拒絕仍然是至關重要的。如果沙特的觀點是理論認知是一種獨立的、自足的、自律的意識模式，而世界只是它的對象，那麼除了認識世界之外，就不會有其他的要對世界採取某種態度（attitudinise）的強烈衝動。同樣，如果世界是哲學自然主義中的那個在本質上與人無涉的自然，那麼正如沙特所指出的（554/639），關於世界的責任也就不可理解的。但世界隸屬於**人的實在**，並且正如我們在第 17 節和第 19 節中所看到的，在自為對自在的關係中，認知只是一個次級結構，但這個關係的一般特徵則是**實踐的**。因此一般而言，用實踐範疇去思考世界既是可能的也是必要的。這就意味著，某種東西必定填補了當我想到「那個在責任關係中面對著世界的東西」[234]時所出現的空白。

基於這番論述，自為的不可辯護性（它的存在〔existence〕缺乏理由）和世界的不可辯護性（它僅僅是「被給予的」、偶然的）

---

[234]中譯本譯為「對世界而言是一種責任關係」。——譯者注

雖然在常識中恰恰可以充當**拒絕**世界責任的理由（「我沒要求過被生出來」，555/641），但現在完全顛倒過來：**因為**我不是我之存在的基礎，所以必須先驗性地「背負」我所依賴的世界，以完成我將來的義務；也**因為**世界欠缺斯賓諾莎式的唯一實體所擁有的自足性；最後，也**因為**沒有別的東西可能承擔起對這個世界的責任，而我有義務這麼做。

　　換個稍微不同的說法。沙特的主張關注的是：當我們在解釋「我的世界是**屬於我的**」這個想法所涉及的東西時，究竟什麼會浮現出來？浮現出來的是：由於實在論是要被拒絕的（世界不因爲**施壓於**我，或是在時空上**容納著**我，或是其他什麼而屬於我），這種關係必須兼具**內在性**與**實踐性**；而只有以責任（儘管是一種相對來說不太確定的責任）爲原型去構想這種關係，才能接近我們所需思考的東西。

　　最後要注意的是，如果沙特關於世界責任的論點獨立於他關於「對自我的源初選擇」的論點，那麼就可以認爲這兩種對自由理論的擴充是相互支持的。它們聯合起來有助於清除掉諸如「悔恨，遺憾和託辭」（556/642）這些常見的態度，讓我們不再沉湎於反事實的假設，不再把自己與那些本可以實現但並沒有實現的人生軌跡畫上等號，如此等等。結果就是實現了對斯多噶主義的去蕪存菁，並把它與一種得到強化的、積極主動的自我規定綜合起來。

　　有待思考的是，這種對世界負責的全新態度，除了具備「讓我不再異化於我的充滿偶然性的生活」這種淨化功能以外，是否還具備關涉他人的道德內涵？我們將在第 44 節中看到沙特認爲它確實如此，在這一點上他的世界責任就與尼采的永恆輪迴分道揚鑣了。

36. 評估沙特式的自由

　　沙特最早的批評者之一加布里埃爾‧馬塞爾（Gabriel Marcel）
提出了以下反對意見：沙特關於自由的想法既「沒辦法得到闡明」
也「根本無法讓人理解」，而沙特認爲自由遍在於人的實在當中，
這反而「貶低」了自由。[235]

　　作爲最初的反應，這是可以理解的，但是只有弄清楚沙特究
竟說了什麼和沒說什麼，並把這個理論放在由沙特的哲學藍圖和
「人本身的自由」這一難題共同構成的語境當中，才能決定沙特的
自由理論價值幾何。囿於篇幅，這裡沒辦法提供這樣一份報告，但
是我們可以提出一些要點，它們補充了第 2 章中的某些評論（圍繞
著自由難題在方法論上引發的一般困難以及沙特就此給出的極端回
應）。

　　首先，關於「能否得到闡明和理解」，需要強調的是，一份
哲學解釋究竟算是成功的還是失敗的，這必須相對於當前的語境來
談——而沙特的全部計畫就是把自由重新定位成一個終極的解釋
項，並說明爲什麼在最終的分析中把自由當作某種**被解釋項**是錯誤
的。這並不意味著「自由」的概念不能像其他東西那樣得到定義，
而是意味著「自由」與其他的基本概念處於水平的關係中。如果沙
特的策略是成功的，我們就會看到這些概念彼此融爲一體，而沙特
宣稱，基於他的論述，它們確實如此：「於是，自由、選擇、虛無
化、時間化便只是同一回事」（465/543）；「選擇和意識是一回
事」（462/539）；「我們在第二卷中根據欠缺所表達的東西也完
全能根據**自由**來表達」[236]（565/652）。

168

---

[235] Marcel, "Existence and human freedom", pp. 61-63.
[236] 中譯本譯爲「我們在第二卷中以欠缺這術語解釋過的東西同樣能很好地用自由
　　這術語來解釋」。——譯者注

　　相對於常規的經驗性概念，「自由」的概念由此獲得了一個奇特的地位，不過沙特承認了這一點，並在第 438-439/513-514 頁的相關探討中解釋了爲什麼這並不是成問題的。自由可以「沒有本質」，因爲認爲它有本質就相當於把它當成一個對象——把它設想成是被構成的，就像被做出的事情或行動一樣——於是問題又回到了「究竟是什麼力量構成了它？」，從而引發無窮倒退。哲學反思所能做的，不是辨識出某個本質或共相，而是讓我們反身回到「**我的**特殊意識」（438/514），特別是回到在非正題的前反思意識中所揭示出的我的存在（existence），自由在此被把握爲「純粹的事實必然性」（439/514）。我們因此擁有了「對自由的某一種領會」（439/514），而基於沙特的自由形上學可知：我們在哲學上有望實現的正是這一程度和這一種類的領會。

　　需要注意的是沙特的觀點如何與關於自由的獨特認識論一致。我們對我們的自由的認識與我們對我們的自身態和存在（existence）的認識一樣，都是直接的、明確的，但又是沒有內容的、透明的。我對自身加以反思，努力找到那個與我相關或在我之內的、讓我自由的東西，結果必然是一無所獲；透過內省或「內」直觀沒辦法揭示出任何能**是**我的自由的東西。

　　從「我們是自由的」這一認識當中可以得出我們的自由必須有一個依據，但我們無法確定地構想這個依據。一個選項是：根據我們所擁有的一種特殊的理念來闡釋關於自由的認識論，這個理念不帶任何經驗性的內容，而人的認識所必需滿足的那些感知性條件絕不允許我們將它把握成一個已經得到實現的理念，但我們在理性上被要求根據它來設想我們自己。沙特沒有採用康德的這一策略，而是把我們的自由等同於被他稱爲「虛無」的存在模式，由此將現象學的描述（自由是沒有內容的、透明的）轉化爲形上學的解釋（自

由以虛無爲依據）：當我試圖把握我的自由取決於什麼的時候，如果我找不到任何確定的東西——除了我的自身態的輪廓以及自爲的其他結構之外，別的什麼都沒有——那麼，我之自由的依據只能是我的存在（existence）和存在模式本身。

其次，關於「沙特對待自由的方式過於隨便」這份指控，我們在第 33 節中已經看到，沙特並不想讓他的本體論自由對應於我們通常談到的自由：我們通常會談到一個人的能力和力量劃定了其自由的邊界，會談到一個人的自由可以增加和減少，更會談到政治自由具有或大或小的範圍。本體論自由（在目前這個探求階段）與作爲一種善的自由同樣是無關的。因此，假如沙特聲稱奴隸已經擁有完整的自由所以不需要得到解放，這其中確有荒謬或「貶低」，但本體論自由的遍在不蘊含這種荒謬或「貶低」。

由此可見，沙特的自由理論意在違反常識，對這個理論的接受則要求我們修正有關責任和罪責的判斷，根據一個不同的模式去稱讚或責備，在給出針對人類行爲的心理學解釋時也要區別於以往那些被認爲是正確的解釋。（在運用存在主義精神分析的過程中還會出現另外一批變化：見第 41 節和第 42 節。）

然而，去確定沙特的理論對常規思維的影響並不是一件十分容易的事情。佛洛伊德發現了性動力無處不在，馬克思發現了經濟動機對道德信仰體系和宗教信仰體系的決定作用，但對本體論自由的把握並不如同這類經驗性的發現。它是一個**哲學上的**發現，在不同的層面上以不同的方式引起變化。首先，在先驗的層面上，它改變了一切，同時又什麼都沒改變：人的實在一方面整個地保持不變，另一方面又以一種新的、非經驗性的方式被闡明，我們就此承擔起對世界的責任。其次，針對心理學中的和實踐中的描述與評價，它導致了一種有區分、有選擇的改變，從而消除了一些（帶有決定論

色彩的）構想與思維模式。常規心理學的一部分用語不得不得到修改，至少我們得承認：諸如「懶惰」、「同性戀」等述詞所具有的眞正含義，以及有關心理能力和心理缺陷的判斷所具有的眞正含義，它們都是不明不白的，需要對它們進行更加細緻的規定。《存在與虛無》並沒有提出一套規則去指導我們修正常規的判斷，而沙特的理論也解釋了爲什麼不可能制訂出這樣一套規則：如果本體論自由是一個先驗的，而非心理學中的概念，那麼就沒有任何算法可供我們從中提取出確定的經驗內涵；雖說這給沙特的理論留下了一個空白，不過我們可以認爲他的小說填補了這個空白。本體論自由所引發的第三個變化並不要我們去把握哲學理論，它表現在沙特的「純反思」概念當中（參見第 43 節），這個概念指的是對一個人**自己的**本體論自由的一種非話語性的、直觀的發現，這種具有特殊地位的反身認識會改變一個人的實踐取向。

　　如果把沙特關於自由的討論與當代關於這個主題的許多文獻加以比較，我們就會驚訝地發現沙特對「合理性」這個主題沒有任何明確的指涉。這並不是因爲沙特認爲自由與理性沒有連繫：我們已經看到，理性**在沙特式自由的範圍內**得到了確切的領會，因爲**理據**、**動機**和**目的**三者的統一體（它構成著行動）預設了理性；如果沒有合理性，任何事情都不會具備謀劃的特點。

　　沙特沒有說合理性是自由的構成性條件，這有幾個解釋。沙特不認爲自由與行動理由一道填補了因果秩序中的空白，也不認爲理由是心理序列中的要素。《存在與虛無》總體上更是很少論及理性或合理性，這一方面反映出沙特對認識論的態度（第 8 節），另一方面則是緣於下述事實：沙特的方法論和形上學讓他沒必要利用我們所擁有的某種額外的「理性官能」來解釋我們與動物和其他非自由存在之間的區別。最終，沙特沒有把合理性當作一種獨特的能

力而進行專門的論述，因爲他認爲合理性必然伴隨著自由而出現：自由是本身不受規定的對於規定活動的責任，因此**構成了理由的空間**——這就是爲什麼自在的存在不屬於這個空間，亦即自在的存在既無法擁有、也不會欠缺理由。我們不久就會看到：沙特究竟是在何種意義上讓自由優先於理性（第 37-38 節）。

因此，基於有利的估計，沙特的自由理論擺脫了「不可理解」和「荒謬」的罪名，而面對《存在與虛無》對於人之自由的有力辯護，如果有人還要否認自由是以沙特所斷言的形態存在（exists），那麼必須擔起論證重任的人就是他了。在這種情況下，要想挑戰沙特的論述，他要麼以另一種方式論述責任的依據和人之存在明顯獨有的性質，要麼證明這些觀念都是錯覺。

37. 自欺（第一卷，第 2 章，第 2-3 小節）

我們在本章第二部分中曾看到，沙特認爲人的動力有著形而上的來源：這個論斷確實可以回溯到他給出的公理：意識只能從自身獲得動力（第 3 節）。《存在與虛無》分幾個階段詳細論述了一個關於人的動力的理論，其中第一個階段是關於自欺（mauvaise foi）的理論。

沙特用兩個小節的篇幅討論自欺，在前一小節（第 2 小節），沙特在一系列的描繪中概述了自欺的「各種管道」（conduites）。最爲人所熟知的是沙特描述的那個侍者，他努力讓自己的存在成爲「侍者性」（waiterness）這一本質的純粹體現：「他的一切行爲在我們看來都像是一場遊戲（……），咖啡館的侍者應付著他的生活環境，以便去**實現**它」；他想要「像一個墨水瓶**是**墨水瓶那樣是咖啡館的侍者」（59/99）。一個更複雜的案例是：某個約會中的女人，她的同伴牽著她的手，但她還沒有決定如何回應同伴的性

172

邀約：

> 這個年輕的女人把手放在那兒，但她**沒有注意到自己**把手放在了那兒（……）她的手呆呆地留在同伴溫暖的雙手之間，既沒同意但也不抗拒——成了一個物品（……）她把同伴的行為縮減為僅僅是其所是，就是說，縮減為以自在的模式存在（existing），從而消除了其中的危險（……）她讓她自身**不是**（comme n'étant pas）她自己的身體，她彷彿居高臨下，把這具身體想成一個被動的對象，事件可以在它上面**發生**，但它卻既不能引發這些事件也不能避開它們，因為它的一切可能性都在它之外（55-56/95）[237]。

進一步給出的例子則體現出一種複雜的辯證法（63-66/103-106），它處於「同性戀者」和「捍衛真誠之人」之間（63/104），前者因內疚和害怕公眾譴責而拒絕從他的行為事實中得出「這些事實強加給他的結論」（63/104），後者鼓動他坦誠自己的同性戀傾向，因為這麼做會使他實現自我超越；自由與性心理上的事物狀態在他這裡（不融貫地）混雜在一起（64-65/104-106）。

所有這些例子（以及關於精神分析中的被分析者的例子，見第 25 節）的共同之處並不是它們都包含著赤裸裸的自我欺騙（self-deception）——這種描述對於侍者或者捍衛真誠之人來說就太苛刻了——而是它們都包含著一種根據自在的存在而把人的主觀性當作事物來看待的意識。這種意識是**有意的**，是自為的一項**謀劃**：所有

---

[237] 此處對中譯本略有改動。——譯者注

的自欺都表現爲**選擇**，它不是在反思的、意願的層面上做出的，而是作爲「對我們的存在的自發規定」前反思地做出的[238]（68/109）。而且，由於對自身的誠實意識被保留在前反思的層面上，所以自欺理論維護了沙特的「自我認識是不可逃避的」這一說法，從而確保了個人責任仍然是完整的。（自欺是自由無法肯定自身的第一種形式，第二種形式則是倫理上的失敗：在自欺的情形中，是自爲自己的自由沒有得到肯定；而就倫理上的失敗而言，則是他者的自由沒有得到肯定；參見第 44 節。）

173

　　因此，自欺和自我欺騙不表達相同的概念。自我欺騙把信念以及（有理由認爲包括）意向成問題地安排在一起，是一種在某些例子中我們發現有必要採用的心理歸因模式。雖然沙特也在一種較爲膚淺的、描述性的意義上使用「自欺」一詞，用它表示「一個人對自己不誠實」，但就其完整的意義而言，它是沙特的一個完理論性的概念，是不能與他的人類主體形上學相分離的。不過這兩個概念是相互關聯的——至少自欺的某些例子包含著明顯的自我欺騙——它們引發的問題也是密切相關的。

　　沙特充分察覺到自我欺騙的悖論特徵，他事實上以十分清晰的方式說明了這種特徵，以至於其他的哲學家在尋求以非悖論性的方式去重新闡釋自我欺騙所包含的命題態度時常常引用沙特的描述。不過，沙特並沒有著手爲自我欺騙提供一個形式的解決方案，可是我們發現關於自我欺騙的大量文獻都探討過這類方案。這是爲何？

　　沙特想要論證的是：把握到這類態度何以可能的唯一方法，就是把人類主體把握爲非自我同一的自爲。如果自我欺騙的悖論正如沙特所認爲的那樣在形式上是不可解決的，那麼這對沙特是有利

---

[238]中譯本譯為「存在的自發的決定」。——譯者注

的，因爲這意味著自我欺騙的現實性對傳統的人類主體形上學構成
了壓力。具體地說，它之所以如此，是由於它表明了信念不能被理
解成「心理事實」，而要被理解成我們在第24節中曾見識到的那
種成問題的結構。沙特在第3小節中論證道，關於信念的這種構
想允許我們去把握自欺的「可能性條件」（68/109）。正如沙特所
言，自欺中的「信任」（faith）[239]──它指的是：當我們在自欺中
追求某個謀劃時，我們對待信念**本身**的態度，我們理解「我們所相
信的**是什麼**」這一問題的方式──在於規定「不信服是一切堅定的
信念所共有的結構」[240]（68/109）。這只有根據信念本身所具有的那
種「自我毀滅的」目的論才是可能的，「因此，自欺的原始謀劃
利用了意識事實對其自身的毀滅。」[241]（69/110）自欺的這種微妙的
自我虛無化──「我爲了相信而不相信」和「我**爲了**不相信而相
信」──「存在（exists）於一切信任的基礎之中」（69-70/110）。

　　因此，關於自爲的形上學從兩個層面或兩個方面來解釋自欺：
(1) 它解釋了自我欺騙在信念上（doxastic）是「如何」（how），
即自欺中的「信任」；(2) 它確認了自欺是「爲什麼」（why）──
其目的是成爲自在。自欺的各種管道可以透過不同的方式組合起
來：(i) 對於「成爲自在」這一目的的追求可能**只是出於這一目的
本身**，以信念的形式（同性戀者，捍衛眞誠之人），或是以接近信
念的形式，在意識的層面上而不是在信念的層面上（侍者）。(ii)

174

---

[239] 無論是法文原文中的mauvaise foi還是英譯本中的bad faith，兩者都包括表達「相
　　　信」之義的單詞，但是中譯本中的「自欺」則沒有凸顯出這層意思。由於「自欺」
　　　已成爲約定俗成的翻譯，我們將繼續使用這個詞，但提請讀者注意其中的「相
　　　信」之義。──譯者注
[240] 中譯本譯爲「不信服是所有堅信的結構」。──譯者注
[241] 中譯本譯爲「因此，自欺的原始謀劃只是由於意識而使用了這種自我解
　　　體」。──譯者注

某些動機具有常規的、非形而上的目的，如果這類動機爲某項謀劃提供了目的，「成爲自在」在這項謀劃中便有可能被用作**工具**（約會中的女人）。(iii) 自欺可能僅僅在於「自欺中的信任」，正如那種常規的、非沙特意義上的自我欺騙，在這種情形中，我在某個常規動機的要求下扭曲了自己的信念，並且不採用其他與信念無關的手段；例如：我知道自己不勇敢，卻又相信自己是勇敢的。

因此，自欺之所以令人特別感興趣，沙特之所以在《存在與虛無》中那麼早就詳細地論述了自欺，是因爲它指出了常規心理學的**侷限**：我們通常認爲信念屬於「心理事實」，但它不是。這一點值得進一步闡發。

信念上的矛盾僅僅處於自欺的表層，而在一個更深的層面上，自欺包含著一種**實踐上的**矛盾——自由尋求否定它自己，卻在這種尋求中體現了它自己。我們將在第 38 節中見到沙特的一個更爲深刻的論點，我們由此能夠理解自由的自我否定，儘管這種否定是矛盾的。

最終的結果是：我們不得不認識到常規心理學並不像我們以爲的那樣具有基礎性和獨立性。按照常規的描述（在心靈哲學的許多觀點中都得到過表達），心理學解釋依賴於一種形式的理性結構，這種結構表現在實踐三段論的執行過程中，其內容得自能動者所形成的特定信念和欲望，但它本身是無條件的；基於這種相關性與非偶然性，沒有任何東西優先於它。

自我欺騙和其他形式的非理性爲這種構想提出了一個解釋上的難題，沙特的策略正是利用這一難題給上述構想提出哲學上的挑戰。沙特並不否認心理學解釋依賴於合理性：他承認，是理性（而不是湧動的激情或其他什麼東西）必然推動著我們去行動並解釋著我們的行動。沙特否認的是那種把能動者視爲實踐推理者的常規構

想具有自足的解釋效力。根據沙特的論證，自欺表明了人的行動本身的合理性並無依據可言：自我欺騙的「悖論性」其實是一個支撐著人的一切行動的特性；在常規心理學之外，我們在體現爲基本謀劃的自由中、在否定自身的自由中發現了一種「悖論性」，而常規心理學無法闡明這種特徵。

從這個意義上說，自由超出了理性，並爲常規心理學的任何應用提供了條件。我們的合理性立足於一種超越理性的自由，而不是獨立的。（在第 570/657-658 頁的描述中，沙特認爲對我自身的源初選擇是「先於所有邏輯」的，是一種「前邏輯的綜合」；「一切基礎和一切理由都藉由選擇而誕生」，479/559。）因此，既然自由有它自己的結構，其獨立於理性的結構並比理性的結構更加寬泛，所以難怪我們心理上的各種存在（existences）涵蓋了自欺；是「理性具有自足的解釋效力」這一幻覺讓自我欺騙似乎「無從理解」。

值得注意的是，這個策略也讓沙特比佛洛伊德更勝一籌，後者同樣熱衷於使用那些不受常規心理學重視的，很難被實踐推理容納的現象，以便深入到位於常規的理性解釋之下的領域。針對人之非理性的精神分析解釋返回到各種無意識過程，這些過程受到某些非理性法則（快樂原則、原初過程、幻象的法則等）的支配。它沒有在概念上闡明的是這些過程與具有意識功能的自我（ego）兩者之間的接口，而後者聽命於合理性的各種規範。相比之下，沙特的形上學則允許我們把非理性把握成**自我意識的存在**所固有的；這就解決了一個難題：作爲一個擁有自我意識的理性存在，我如何能夠（心甘情願地）讓我自身「屈服」於非理性的動力。

最後在這個語境中提一下「性格」（character）的概念，沙特認爲它非常重要。沙特在形上學的層面上拒絕假定基礎性的精神傾

向與持久的人格，由此可見：他拒絕賦予「性格」或「人格特質」這些概念以**解釋上的**實在性，拒絕基於個體性格的歸因方式。如果性格特質可以用作解釋，那麼在沙特看來，用它們來解釋行為就像用玻璃的易碎性來解釋玻璃的碎裂一樣。但是，「同性戀者」和「捍衛眞誠之人」之間的衝突性辯證法已經表明，沙特不認為性格是一種我們可以拋棄的虛構——我們不能只是避而不談「同性戀者」和「捍衛眞誠之人」之間的競爭。沙特也不認為性格歸因缺乏**客觀性**：至少在一定範圍內，事實**確實決定著**什麼樣的性格刻畫對我是成立的；對人的性格刻畫並不是武斷的，我不能隨心所欲地去決定關於我行為的事實具有什麼樣的意義（第 33 節）。根據沙特的說法，我們把自己當作懦夫、英雄、同性戀者、異性戀者、成功者、失敗者等，這件事不只具有心理學上的，還具有形上學上的必然性。因此，我們就像小說中的一些人物，他們知道自己是虛構的，並發現自己一面沉浸於、一面又尋求離開自己所承擔的這種虛構性存在（existences），總是在這兩者之間左右為難。（性格的必然性當然預設了我們的為他之存在：見第 349-351/416-418 頁和第 552/637 頁。）

　　由此可見，沙特雖然否決了「性格」，但他不否認有人眞的勇敢過或眞誠過。[242]沙特不像法國的道德家那樣在常規心理學的範圍內思考，而是超越了它。他旨在表明：某種張力如何內在於並困擾著關於性格的常規看法，前者可以在反思性省察的層面上得到揭示，而後者對人類生活的推動作用以及在我們身上喚起的**興趣**則離不開前者。沙特關於性格的理論的重要性在於：(1) 它解釋了我們

---

[242] 馬塞爾似乎就以這種方式誤解了沙特，參見 "Existence and human freedom", pp. 46-49。

爲什麼要玩「刻畫人的性格」這類語言遊戲，還如此樂此不疲；(2)
它確認了這種遊戲所包含的內在可能性，確認了我們會經驗到這種
遊戲令人困惑、令人沮喪、背離目的之處，甚至會經驗到它的全盤
崩潰。

38. 自為的基本謀劃（第四卷，第 2 章，第 1 小節，564-568/651-655）

  自欺理論表明了人的**某些**行爲在形上學層面上的動力，但並
未表明人的動力本身最終是形而上的。然而，沙特斷言「不可能賦
予意識異於它本身的動力」（xxxi/22），這直接意味著人的一切
動機最終都有形而上的來源：沙特指出，每個個體自爲的源初謀
劃就是「對存在的源初謀劃」（un projet originel d'être），它「**只
能針對它的存在**」（qui ne peut viser que son être）（564-565/651-
652）。

  現在，沙特進一步斷言——這是從他的價值形上學（第 17 節）
中演繹出來的——自爲的動力在根本上只有一類：

    正是作為意識，它才希冀擁有自在的不可滲透性和無
限密度；正是作為對自在的虛無化、作為對偶然性和人為
性的永恆逃避，它才希冀成為它自己的基礎。這就是為什
麼對可能態的謀劃一般把可能態當作自為為了成為「自在
自為」（en-soi-pour-soi）而欠缺的東西；並且掌控這種謀
劃的基本價值恰恰就是自在自為，當一個意識想要憑著對
於自身的純粹意識而成為它自己的自在存在的基礎時，自
在自為就是它的理想。正是這個理想可以被稱為上帝。因
此，設想關於人之實在的基本謀劃的最佳方式就是宣稱人

是謀劃著成為上帝的存在（……）從根本上來說，人就是
「成為上帝」這一欲望[243]（566/653-654）。

「成為上帝」這一基本謀劃是**普遍的**——自為存在本身的謀劃或
「關於人之實在」的謀劃——從而與定義了每個自為的**個體**源初謀
劃相對照。後者之與前者，猶如變奏之於主題。

　　「從單一的動機中衍生出我們所擁有的每一個動機」這一觀點
看似站不住腳，但在進一步討論這一點之前，有一個潛在的混亂需
要澄清。沙特並不打算否認我們因為口渴而想要喝水，或是因為疲
勞而停止徒步。然而我們已經看到，沙特承認口渴和疲勞是我們人
為性的一部分，**它們自身**起不了推動作用：動力僅僅始於我們又把
它們構成為動機時，而沙特關於形而上動力的論點也只有從**那時**起
才具備效力。換言之，下述想法是錯誤的：沙特的動力一元論保證
讓他宣稱人類主體的形而上結構**直接**提供了一切行動理由的**全部內
容**。毋寧說，沙特的論點是關於：(1) 人的全部動力的**形式**，也就
是說，具有推動作用的一切內容必須接受的限定方式；(2) 人的動
力的**某些直接的**內容以及我們最重要的動力的**所有根本的**內容。沙
特解釋說（567/654），具體的經驗欲望與「成為上帝」這一根本
欲望之間的關係牽涉到我們的處境所起到的媒介作用以及每個個體
自為對自身的源初選擇所受到的「象徵化」，個中方式則需要存在
主義精神分析去處理（第 40-41 節）。

　　那在對人進行闡釋的時候，上述內容具體意味著什麼？為了認
清這一點，我們應該去讀一讀沙特的小說和傳記研究。不過，關於
這個話題，我們在《存在與虛無》中還會有更多的發現：為了表明

178

---

[243] 此處對中譯本略有改動。——譯者注

我們爲什麼應當認爲我們的動力確實具有他所斷言的形而上特徵，沙特還詳細論述了人際的動力（第 39 節），並系統分析了欲望的基本範疇（第 41 節）。

39. 人際關係（第三卷，第 3 章）

沙特有關人際關係的論述可見第三卷第 3 章〈與他者的具體關係〉[244]。究其本質，沙特在此試圖在**形上學的層面上**對人的關係展開分析，從而對立於單純的心理學或人類學。同性戀／眞誠之間的辯證法（第 37 節）已經預示了第 3 章中的內容，沙特將這種辯證法與黑格爾的主／奴辯證法進行比較（65/105），它深層的論點隨著沙特批判黑格爾關於他者的論述而浮現出來（242-243/299）。黑格爾對自我與他者的關係抱著樂觀的態度，沙特在此與他有著深刻的分歧：互相承認眞的可能嗎？我承認他者是一個承認我爲主體的主體（subject-recognizing-me-as-a-subject），這眞的可能嗎？在沙特看來，主體間性的困境就是「或超越別人或被別人所超越。意識間關係的本質不是『**共在**』，而是衝突」（429/502）。

179

沙特的論點是：就其本性而言，與他者的關係在存在上（existentially）是成問題的。這個論點匯集了兩種原先截然不同的，但又能夠複雜地結合在一起的因素。

第一重要的是沙特在第 283-285/343-346 頁中詳細闡發了一種隨著他論述關於他者的認識論而浮現出來的基本區分：在意識中將他者作爲對象抑或作爲主體。

我們在第 14 節中看到，沙特認爲存在著一種先於主體間性的「自身性的巡迴」。這裡他者則在「加強」（用沙特的話來說）這

---

[244]中譯本譯爲「與他人的具體關係」。——譯者注

種自身性。這種加強之所以會發生，是因為當我遇到他者時，我遇到了他者的**自身性**，這允許我將**我的**自身性區別於他者的自身性：我辨識出**那個**自我**不是我的**自我。用沙特的話來說，我「拒絕」他者的自身性。透過這種方式，主體間的關係便與自我意識的目的論密切相關，而他者使我能夠更完整地成為我自身——由於我不僅能說「我是我」，還能說「我是**這個**我」以及「我是我，**不是你**」，我就有了更加深刻的關於自身態的經驗。

僅當他者也是一個反過來**拒絕我**的自我，上述經由他者的媒介而實現的自我肯定才是可能的，因此出現了問題。他者必須這樣做，否則他就不會是一個自我，也就不會為我提供自我肯定的機會。正如沙特所言：「我使自己不是一個使他自己不是我的存在」（285/345）。

但這就使得自我與他者的「雙重否定」（我對他者的否定，他者對我的否定）在「毀滅自身」（285/345）：他者讓我可以加強我的自身性，但當我拒絕他者時，我就把他者縮減為一個**對象**，結果破壞了我的自我肯定，因為他者不再是一個為我提供了某個等著我去拒絕的自我的主體。因此，自為為了重複實現源初的自我肯定，就不得不把他者頻頻**復活**為一個主體，這就需要——既然我肯定了他者的自我——對我**自己的**自我加以否定，接著又要重新加以肯定：整個過程會無限地重複下去。

因此，我在兩極之間來回搖擺——要麼把他者縮減為對象並肯定我的自由，要麼被他者縮減而失去我的自由；要麼加強我的自我，要麼被他者否定掉自我。這不是黑格爾意義上的辯證法，因為它從未得到過調和——沒有取得過進步——相反，在沙特的描繪中，它是一個一直盤繞下去的「圈環」（363/430）。（可參見第363/430頁和第408/478-479頁，沙特在此扼要陳述了這個矛盾的

180

過程以及我對他者可能採取的「兩種原始態度」。）

這就確定了自為在動力上根本不可能對他者無動於衷：我不能只是把目光從他者那裡移開。他者擁有某種我需要的、屬於我的東西，此即我的更為完整的、得到加強的自身性。

我的自由和他者的自由之間的矛盾足以生成第 3 章所描述的主體間的相互作用，但它還包含第二個因素，這個因素源自第 38 節所描述的自為存在的基本謀劃。沙特表明，這種謀劃在人際關係的語境內呈現出繁複的形式：既然主體間性必定**既**包括我的自為存在又包括他者施加於我的自在方面，它就提供了一條承載基本謀劃的**管道**，我們可以在這個範圍內尋求實現「成為自在自為」這一目標。例如：既然在他者的注視中我是自在而他者是自為，並且我與他者的關係是一種內在的本體論關係，那麼「我與他者」的**總體**（**如果**我能以某種方式把我自身等同於它）就會把我確立為自在自為。

第 1 小節和第 2 小節（在此無法過多涉及其中的細節）表明了自我與他者之間的辯證法如何吸收了「尋求被加強的自身性」和「自為存在的基本謀劃」這一對動機並將之融為一體，它具體表現在愛意與憎恨、受虐與施虐、冷漠與欲望這些謀劃當中。簡單地說，在發現我自身被他者占有之後，我一開始試圖透過吸收或同化他者的自由——即「正在注視著我的他者」（364-366/431-433）——來恢復我的自由，首先是在愛的謀劃中（366-377/433-445），接著是在受虐的謀劃中（377-379/445-447）；由於這些努力必然失敗，我又試圖透過把他者變成對象來重獲自由，這導致我對本身作為自由的他者「視若無睹」，又把我帶向性慾（382-389/451-468），帶向施虐（399-406/469-477），最終帶向恨（410-412/481-484）。儘管沙特採用了敘事的形式按部就班地進行解釋，但他明

確指出這裡不存在真正的時間先後問題（379/448）：愛、恨等形成的「關係圈環」在一定程度上「融入對他者的**所有**態度之中」（408/478）。

在第 3 章第 3 小節中，沙特分析了集體的、第一人稱複數的意識；他承認，人們或許會認為這份分析不僅表明他的他者理論到目前為止是不完整的，而且表明沙特錯誤地把主體間關係封閉在關於注視的辯證法之內，因為一想到「我們」在共同地行動或在共同地經歷，就「沒有人是對象」：在這些情形中，我的為他之存在體現為與他人共在（être-avec-l'autre or Mitsein），因此我似乎「不是在與他者的衝突中，而是在與他者的聯合中」，並且按照黑格爾的「精神」概念，所有人都「承認彼此都是主觀性」（413/484）。

因此沙特在第 3 小節的目標是：給出針對集體的分析，但這份分析既要承認集體是一種本真的現象，又要緩和上述反對意見。

沙特的論點是：集體反而**確認**了超越／被超越的辯證法。對沙特的目的來說，關鍵要區分兩種截然不同的經驗形式：一種是作為對象的「我們」（le nous-objet），或者說受格的「我們」（us），比如當我們把自己理解成被壓迫階級的成員時；另一種是作為主體的「我們」（le nous-sujet），比如當我在公共場所經驗到各種標語時。

沙特指出（415-423/486-425），當我獨自面對他者時，只要在這個簡單的情境中添加一個正在目擊的第三者，就可以實現前一種經驗形式。根據這個「第三者」（le Tiers）是注視我還是注視他者，它的實現途徑又有所不同；但不管怎樣，最終的結果都是我轉而從**外部**對我自身和他者一起加以平等的把握：我們構成了「位於第三者的世界當中的客觀處境—形式」——「我存在（exist）

182　於一個我跟他者一致構建的形式之中」[245]，比如「我們在打架」

（418/489）。

　　根據沙特的說法（423-429/495-501），當我與被製作出來的對象打交道時，作爲主體的我們（nous-sujet）就會在這類處境中得到顯露：例如：地鐵中的一處標誌告訴我（我們）想去塞夫爾—巴比倫站的人必須在莫特—皮奎特站換乘，或是告訴我（我們）出口在左邊。這類經歷中的標記與限制意味著：我發現我自身「被針對」了，但不是在我個人謀劃的自由狀態中，而只是因爲我是一個「沒有區別的」「某個人」，是「人這個物種」的一個例子，或是匯入人潮的「隨便什麼人」（quelconque）（427/499-500）。這種匿名化的自身體驗在海德格的理論中被稱爲「常人」（They），即德文中加了冠詞的「人」（das Man）或法文中的泛指代詞「有人」（on），但與海德格截然相反，沙特聲稱，這種體驗轉瞬即逝、動盪不定，自然不會爲對他者的意識提供基礎。

　　既然關於「我們」的**經歷**確實存在，「我們」——意識就是實在的；但對這些經歷的分析並沒有揭示出任何與沙特的論述不一致的地方：作爲對象的我們「僅僅充實了」由沙特的他者理論所說明的爲他的存在，作爲主體的我們（nous-objet）則是沒有任何形上學意義的「純主觀」經驗（429/502）。

　　因此，這一章的結果是個體自爲原初地依賴著的運動（即逃離自在的虛無化運動）同時伴隨著一種逆轉上述運動的反向運動：只要他者顯現，自爲就「又被自在完全攫住且被固定於自在當中」，並「作爲諸事物中的一個事物」而接受「某種沒於世界的自在存

---

[245]中譯本譯爲「我藉以介入一個我像別人一樣促進它構成的形式而存在的對等團體」。——譯者注

在」——「這種由他者的注視所造成的在自在中的僵化就是梅杜莎（Medusa）神話的深層意義」[246]（429-430/502）。

　　如果沙特確實在理論上正確地說明了對他者的意識，那麼困難也就很清楚了。雖然個體可以在某些工具性的方面成功地聯合在一起（你可以幫我搬動這個衣櫃），但人的關係**本身**似乎沒辦法得到圓滿，這有兩個方面：(1) 在形上學的的層面上，在主體間確立的目的（例如：基於愛和互相尊重而實現和諧的夥伴關係）是不可能實現；(2) 他者的源初湧現導致了我相對於我自身的異化，而人際關係是不能消除這種異化的，更談不上透過完成我的自身性的巡迴來實現自為的目的論。

183

　　從沙特的角度來看，這個沉重的結論究竟在多大程度上是確實無法避免的？誠然，抽象地說，對作為對象之他者的察覺和對作為主體之他者的察覺完全是互斥的，正如一盞燈必定是要麼開要麼關。但沙特強調（408/479），自為不能把自身固定於這兩種情形中的其中一種而把另外一種排除在外：相反，它們代表著主體間經驗的兩極，這兩極彼此對立但又互為前提：主體間的生活就取決於一種在兩極間不斷來回的運動，意識在一種或另一種模式下的重構一般不是瞬間性的，而是一個在時間中延展的過程。

　　就此而言，我們或許可以合理地認為對他者實施的對象化和由他者實施的對象化兩者之間的拉鋸戰並不是唯一的可能性，還可以想像主體間意識的一種模式，在這種模式當中，對對象之主體存在與客體存在的察覺便處於某種均衡（就像沙特說過：人為性和超越性作為人之實在的兩個方面，「是且應該是能夠有效地協調的」，

---

[246]中譯本譯為「這種在別人的注視之下的自在的僵化就是『梅杜莎』神話的深刻含義」。——譯者注

56/95）。

　　從沙特的形上學中得出的結論是：首先，這種均衡即便能夠得到實現，它也永遠不會成為一種**綜合**（302/364）——與黑格爾的看法相反，源初的張力永遠不會得到克服；其次必須要承認，只要自為與他者的糾葛是依照第 38 節所描述的基本謀劃而得到規定的，那麼拉鋸戰就不可避免。因此，如果均衡能夠得到實現，這也並非由於它是自為的「自然狀態」：要讓主體間關係的目的論通往新的方向，就需要從動力上對基本謀劃施加一種反作用力，而按照沙特的論述，只有對自由的肯定才能提供這種反作用力（見第 44 節）。

　　如果這是正確的，那麼「與他者的具體關係」這一章就向我們表明了所謂主體間性的「初始設定」或「天然要素」，對它們的**克服**將讓我們獲得在倫理上臻於成熟的社會性，這在《存在與虛無》中並未得到描述，而是屬於後續的倫理學著作（見第 44 節）。《存在與虛無》向我們展示的是：合乎倫理的社會性不能基於「同情」或「對人類的愛」，只能透過否定沙特所描述的衝突圈環來實現。

184　同時，沙特的論述讓我們明白了主體間經驗中的某些重要飛地——包括性關係（至少是某些性關係），以及人際關係中的那些引發混亂又充滿激情的病態——其實是一種退化，它們退回到了主體間性的衝突性基礎上面。沙特在此採用的是《存在與虛無》中的典型解釋策略：先是分析常識中所認為的異常狀態，繼而透過這種分析推翻常識。

40. 存在主義精神分析（第四卷，第 2 章，第 1 小節，568-75/655-363）

　　關於個體對自身的源初選擇，沙特告訴我們的一切都與它的不

可認識性完全相容：可能，我們至多只能偏狹且模糊地做出我們的源初選擇。不過即便真的如此，沙特的自由理論也沒有陷入困頓，我們也不必把它僅僅當作規範性的概念：我對我自身的源初選擇完全可以是實的，即便我去把握它的種種努力（去講述我的生活有什麼意義或等同於什麼）總會餘留一團迷霧。

　　儘管沙特強調「對一個人的源初選擇加以規定」是一件相當棘手的任務，但他確實認為我們可以在一定程度上完成這個任務，而存在主義精神分析（對立於佛洛伊德式的或「經驗性的」精神分析）提供了必要的手段。

　　之前在第 458-460/535-537 頁有一個重要的段落涉及存在主義精神分析與經驗性的精神分析之間的差別，沙特在此宣稱，他只把「精神分析**方法**」當作自己的靈感來源，對它的應用則「**在相反的意義上**」（458-459/536）。在第四卷第 2 章第 1 小節中，沙特闡述了存在主義精神分析的方法論原則（568-569/656），並描述了它與經驗性的精神分析之間的相似（569-571/657-679）與差別（571-575/659-663）。

　　可以看出兩者在方法論上有相當大的重疊：存在主義精神分析著力對心內生活的「象徵」（symbols）進行詮釋性的「破譯」（deciphering），從概念上確定由此得出的意義，將人類主體理解為一個帶有歷史的結構，認為幼年期的事件對心結的成形「十分關鍵」（569/657），並把「夢、錯誤的行為、強迫症和神經症」連同清醒生活中的想法與成功行動一道視為重要的材料（575/663）。不同之處在於，存在主義精神分析旨在最終揭示「**一種選擇**而不是一種**狀態**」（573/661），認為象徵化的過程屬於個人的源初謀劃，並在一切層面上都拒斥機械因果性（572-573/660-661）——根據沙特的觀點，如果要把主體視為「一個總體

185

而不是一個集合體」[247]（562/656），就必須如此。

　　沙特多年以後說，在他關於福樓拜的傳記研究中（我們在《存在與虛無》中可以發現這份研究的萌芽），他原本想要「呈現出一個整體，這個整體的表層完全屬於意識，而其餘的部分對這個意識則是晦暗的，但又不屬於無意識，它對你是隱藏起來的」[248]。沙特在這裡使用的語言——晦暗，居於表面的意識，隱藏起來的內容——很容易讓人聯想到佛洛伊德，所以有人可能會問：沙特在《存在與虛無》中把他的思考方式與佛洛伊德的後設心理學如此尖銳地對立起來（如同我們在第 25 節中所見），這種做法是否正確？[249]透過存在主義精神分析揭示出來的主體之深層構造，到頭來真的與佛洛伊德的無意識有那麼大的差別嗎？這兩種構想之間的差別會不會只是語詞之爭？

　　答案是，從常識的角度來看，沙特和佛洛伊德自然看上去非常接近，因為他們都背離了常規的心理學，某些修正的方式也很類似。但他們在哲學上的差別則是無法縮減的。沙特對精神分析理論的最大不滿是它沒有考慮到它所謂的「無意識」如何**在意識的視角中**得到呈現。認為精神分析理論應當把無意識**呈現為**意識，這個要求是不融貫的；合理的要求則是它應當向我們解釋我們應當如何看待自己與我們的無意識之間的**關聯**——需要回答的問題是：**對我來說**，無意識是什麼？就佛洛伊德對於這個問題的回答來說，我應該透過自然主義的眼光去看待我的無意識，正如他者去看待我的「精神狀態」一樣。沙特對這個問題有不同的回答。他對「被呈現給意

---

[247]中譯本譯為「一個整體而不是一個集合」。——譯者注
[248]參見 1971 年的訪談 "On The Idiot of the Family", p. 127。
[249]沙特後來對佛洛伊德的許多評論，語氣趨於和緩、態度更為複雜；例如：可參見 "The itinerary of a thought" (1969), pp. 36-42。

識的晦暗整體」的看法與他在《自我的超越性》中的看法是一樣的，他曾用這種看法去說明有關超越性自我的理論，[250]該理論已經發展成《存在與虛無》中有關內心的理論。因此，沙特提供了一種思考「我無意識中的內容」的方式，我們由此能夠明白那些「內容」**是**我的。

　　這番論述把我的「無意識」與我的狀態和性質放在相同的地位上，從而解決了佛洛伊德的難題——無意識的精神狀態何以可能？它更為深遠的倫理意義當然是：既然沙特從存在主義的角度對精神分析進行了概念重構，我就不能再把我的「無意識」看成我背後的某個東西（**經由**意識的媒介，它像物理中的力一樣表現出來），相反，它聲稱我的「無意識」只有在我自由地**接受它**時才**是屬於我的**。

41.「做」、「有」、「是」[251]（第四卷，第 2 章，第 2 小節）

　　我們發現欲望的質料對象與形式對象是不同的：我可以欲望這個蘋果或那個人，去寫小說或去散步，去獲取知識或發現某個解釋，去成為世界領袖或侍者等等。然而，從沙特的形上學可以得出：人類主體的至高欲望是去成為「自在自為」（第 38 節）。因此需要表明（這仍然是為了讓沙特的形上學免於承受後天的反駁）：沙特的動力一元論可以與常識心理學中欲望種類的多樣性相一致。因此，在「『做』與『有』：占有」一節中，沙特提出如下論證：

　　(1) **575-576/663-664**。一切欲望都可以歸為三種基本的類型，

---

250 見《自我的超越性》第 36-37 頁。

251 中譯本譯為「作為，擁有和存在」（doing, having and being），這裡譯為「做，有，是」，主要是為了規避「作為」一詞可能導致的歧義；在用作名詞時，三者均用引號標出。——譯者注

即去做 [252]（faire）的欲望、去有（avoir）的欲望、去是（être）的欲望。

　　(2) **576-585/664-675**。沙特論證到，只有當主體與被做出之物的**關係**被計入爲欲望對象時，去做的欲望才可爲人所理解（576-577/665-666）。沙特斷言，這裡正在討論的關係總是「有」的一個例子——我想要把我做出的產品與結果、或是「做」本身**當作屬於我的東西而有**（have-as-mine）。這個圖式也適用於認識上的欲望——認識挪用它的對象（577-580/666-669）。沙特表示（他心裡想的是席勒）：我們必須認爲遊戲（純粹形態的遊戲無論如何都不涉及「有」）指向著「是」，即指向著作爲絕對自由的我之存在（580-581/669-670）。因此，去做的欲望完全可以直接被還原成去有的欲望或去是的欲望。

　　(3) **586-597/675-688**。「占有」指的是我與我**有**的或**屬於我**的對象之間的關係，沙特認爲「占有」指的是一種實現了（儘管只是以一種象徵性的方式，在「透過象徵表達的意義」這個**理想**的層面上）「自在自爲的存在」（being-in-itself-for-it-self）這一價值的「內在的本體論連繫」：欲望去有對象 O 就是欲望**我與 O 相統一**，而這種「占有者－被占有物」的統一體疊加了自在的特性與自爲的特性，而這種疊加恰恰好對應著「作爲大寫自我的自爲」—— O，一方面是某種「流溢」，另一方面又全然獨立於我（590-592/680-682）。換言之，如果人類主體要符合某種主述形上學，那它就會在概念上體現爲「占有者－占有－被占有物」的結構：我對對象的「有」或擁有（ownership）反映出對於因意識退化爲內心而導致

187

---

[252] 這裡的原文是 to do or to make，由於中文中的「做」已經包含了這兩層意思，所以這裡只用「做」來翻譯。——譯者注

的心理狀態的「有」或擁有：透過占有事物，我象徵性地成為了
一個實體性地存在著（exist）的存在，作為其自身的基礎，亦即作
為上帝。因此，去有的欲望可以被還原為去是的欲望，因為前者
是特定形態的後者，在這種形態中，自身性的巡迴借道於世界而
被建立起來（598-599/689）。沙特補充道——既然自為在世界中
並經過世界而存在（exist）——去是的欲望必然伴隨著去有的欲望
（599/689），也就是說，「是」工具性地牽連著「有」。

　　因此，「是」是人類欲望最根本的形式對象。沙特的分析最終
提供了可供闡釋具體個體的規則，因此提供了「存在主義精神分析
的第一原則」（575/664）。

　　要想正確地理解沙特的分析，就一定要從沙特的角度，而非常
識心理學的角度去理解「是」這一範疇，因為從常規的角度來看，
「一切欲望都以『是』為目標」的觀點顯然要麼錯誤的、要麼是不
可理解的。我們通常傾向於認為：基本的情形是那個指向著對象且
由需求推動的根本欲望、對象以及心理狀態三者互為因果，而各種
各樣的欲望一般只是闡發了或在概念上修飾著這種基本情形——蘋
果激發了我身上的某種傾向，導致我去吃它。對於把欲望主體囊括
在欲望內容或欲望對象之中的那些欲望，亦即那些反身性的欲望，
人們則認為它們在概念上是次要的，是特殊的情形。然而，由於沙
特考慮到我們在經驗中發現的欲望沒辦法得到完整的理解（第34
節），所以他顛倒了上述順序，把反身性擺在第一位並讓它成為欲
望的必然特徵，而實現這一點的方式就是把反身性當作針對**為什
麼存在**欲望這種東西？」的先驗解釋的一部分（第24節）。因此，
沙特在第 2 小節中的討論有力地表明了：對於「我們為什麼會欲
望？」以及「欲望是什麼？」這兩個問題，我們的常規理解是不完
備的。

188

42. 事物的存在主義象徵主義（existential symbolism）：性質（第四卷，第2章，第3小節）

　　沙特有關「存在主義精神分析如何闡明了個體形態的自爲存在之基本謀劃」的論述，特別是他的關於占有的理論，兩者都把**象徵主義**當作人之實在的一個結構而引入。沙特認爲，如果不求助於存在主義精神分析，這裡正在討論的象徵就「不能被主體自己破譯」[253]（595/685）。這意味著主體在自我認識的問題上會遭遇虛假的失敗（我並不明白自己的具體謀劃所承載的本體論意義），而在說明這種虛假的失敗時，沙特當然不是根據無意識，而是根據認識與意識之間的區分以及反思意識與前反思意識之間的區分。

　　第四卷最後一小節爲沙特的象徵主義理論又增加了一個層次：事物也承載著**「本體論意義」**（599/690），並構成了一種形式的且先天的（606/697）「存在主義象徵主義」（603/694）。

　　沙特仿效加什東・巴什拉（Gaston Bachelard），也給出了一組特定的分析（針對雪、水、黏質或黏性〔le visqueux〕還有洞），這些分析解釋了爲什麼會把第3小節的主題放在「性質」（qualité）這個標題下面。沙特所關注的現象並不是由物質對象的第一性的質或第二性的質構成的，而是由某一類的現象性方面（phenomenal aspect）構成的，這一類的現象性方面懷有直接的、非話語性的、感動性的意蘊——洞因爲**張著大口**、**有待被填滿**等而具有存在上的（existentially）象徵性。

　　與帶有象徵性的欲望對象不同，性質既不是選擇的對象也不是某個謀劃的目的，所以不一定是自在自爲的存在的象徵性實現，也不一定是經過喬裝打扮的願望滿足。毋寧說，它們以直觀的、感

189

---

253 中譯本譯爲「無法被主體解讀」。——譯者注

知的形式代表著自為與自在之間關係的多種**可能性**——例如：黏質是對「自為的存在被吸收進自在」的一份具體體現，這是一種以**反價值**（Antivalue）為意義的存在模式（611/703）。沙特承認性質與兒童的意識（612/703-704）、性慾（613-614/705-706）以及人的身體（見 400-402/470-472，關於優雅和淫穢）密切相關。這裡的性質與超越性的情緒性質和電車的「需要被趕上」（我們之前在第 12 節中討論過）大體占據相同的本體論地位（見 606-607/698）——它們的存在（existence）緣於主體的超越性，但絕不是主觀性的內容或來自主觀性的「投射」（604-605/695-677）——不過，它們的特別之處在於它們是「普遍的」（605/697），亦即獨立於任何個體自為的特定謀劃。

對於全部本體論的這最後一點補充具有重要的意義：它論述了世界的**審美**層面——沙特明確提到了個體的鑑賞力，也就是個體與事物性質之間特定的感動關係，正如我們現在所討論的（614/706）——而且它所採用的論述方法表明了審美層面在形上學的層面上根植於世界的本性與人的主觀性。

43. 純反思與澈底的轉化

沙特所構想的存在主義精神分析在原則上可以讓人類主體最終得到理解，但它本身並不是一種治療方式——它為傳記研究提供了基礎，但沒有為治療實踐提供基礎。這一點的理由是：在存在主義精神分析中，甚至當主體把它運用於自身時，主體也是「**從他者的視角被領會**」，[254] 所以是作為擁有「**客觀的存在**」（existence）的、而非擁有自為的存在（existence）的「**對象**」（571/659），因此

---

[254]中譯本譯為「按他者的觀點被領會」。——譯者注

190

它並不處於自由模式，而這種模式對主體謀劃的修正來說則是必需的。佛洛伊德式精神分析學所起到的轉變主體的功能，在沙特的體系中則由「純反思」和「澈底的轉化」這兩部分內容承擔。

我們在第 24 節中看到，反思的默認類型是沙特所謂的「不純的」或「串謀的」反思（155/201）。與此相對，純反思則依賴於「反思的自為面對被反思的自為而單純在場」[255]：它拒絕對意識進行任何實體化，也拒絕構成內心（155/201）。雖然純反思是不純的反思的「基礎」，也就是說，它是不純的反思所預設的反思的「源初形式」（155/201），但純反思絕不會「在日常生活中首先被給予」[256]，「只有當它對自身實施一種表現為宣泄的修正時，它才能作為這種修正的結果而為我們所獲得」（159-160/206-207）[257]。純反思會將自為的存在直接領會成欠缺，領會成「為……的存在」（être-pour），領會成處於源初的、「非實體性的」（non-substantial）時間性當中，而非處於心內的時間性當中（158/204）[258]。

沙特把有關純反思的「動力和結構」[259]的內容放到了後面（160/207），儘管他在第 150-158/197-205 頁中描述了源初的、形而上的反思形態（參看第 15 節），但《存在與虛無》幾乎沒有討論何謂「在反思使得自身變得不純**之後**去**恢復**它的純粹性」。不過沙特確實談到了一個被他稱為「澈底的轉化」（conversion radicale）的事件（464/542, 475-476/554-555），它似乎對應於當純反思得到維持和實現時所出現的結果，此時便擺脫了自欺的影

---

[255] 中譯本譯為「反思的自為面對被反思的自為的單純在場」。——譯者注

[256] 中譯本譯為「在日常生活中最先表現出來的東西」。——譯者注

[257] 中譯本譯為「只有透過它在自身上進行的一系列變革並且是在澄清形式下的變革才能達到」。——譯者注

[258] 也可參見《自我的超越性》第 41-42 頁和第 48-49 頁對純反思的描述。

[259] 中譯本譯為「動機和結構」。——譯者注

響：澈底的轉化需要我在焦慮中做出「對自己和我的目標的另一種選擇」（464/542），需要我的源初謀劃在一個「非凡而不可思議」的瞬間發生坍塌和變形（476/555）。在第 70/111 頁的注釋，沙特談到了「對存在的復原」（reprise de l'être）以及消除對意識的敗壞，它們澈底脫離了自欺。沙特在此將這種情況稱爲「本眞性」（authenticité）（他在其他地方批評了海德格對本眞性的理解，531/614, 564/651），而在第 412/484 頁的注釋，沙特又將澈底的轉化與倫理學明確地連繫起來。[260]

因此，沙特對「被純化的自我關係」的構想在整個體系中非常重要，儘管可以說沙特對這部分內容著墨過少。按照沙特的想法，自爲的基本謀劃指向自爲的存在與自在的存在之間的不可能的融合，這讓人聯想到休謨和叔本華。如果這種謀劃爲全部動力提供了外部邊界和根本條件，那麼理性就是奴隸——即便不是屈服於多種多樣的經驗性激情，至少也是屈服於單一的、至高的、先天的形而上激情。並且沙特與叔本華都認爲理性是「盲目」意志的工具，原因在於：既然自爲的激情所指向的目的在形上學的層面上是不融貫的，那麼自爲就無從追尋它。但是沙特肯定了純反思的可能性，這表明他同時認爲（與休謨相對，但與叔本華相同）上述情況是可改變的，人類主體在原則上可以克服其「無用的激情」（615/708），而當它這麼做時，它將會獲得倫理上的定向。

191

---

[260] 在沙特的《倫理學筆記》中，純反思居於核心地位；特別地，可參見第 5 頁和第 471-482 頁：「自爲旨在去存在的每一次嘗試都會失敗，而轉化可以從這種持續的失敗中產生。」（第 472 頁）*Saint Genet* 似乎爲我們描述了此事的實現，參見「我的勝利是口頭上的……」一章（特別是第 577 頁之後）。也可參見沙特在 1971 年的訪談中所做的評論（On The Idiot of The Family, p. 122），其中把「非串謀的」反思稱為「一個人終其一生可以透過實踐（praxis）而對自身進行的批判工作」，而不是《存在與虛無》所表明的那種突如其來的動盪。西蒙・波娃在《模糊性的倫理學》中強調了澈底轉化的重要性，見第 1 章。

44. 倫理學 [261]（結論，第 2 小節）

　　沙特聲稱，對純反思（或「進行純化的反思」）的完整描述屬於「**倫理學**」（Ethics）的範圍（581/670）。雖然沙特已經參照斯賓諾莎的著作去安排《存在與虛無》的結構，但他無疑想要走得更遠，把倫理學體系也納入其中。然而，在《存在與虛無》中，沙特關於倫理學的陳述在數量和細節上都相當有限——除了組成結論部分第 2 小節的那兩頁左右的篇幅之外，我們只發現了有一個段落論述了「日常」道德對「倫理性焦慮」的排除（38/75-76），另一處簡短地探討了善是屬於「是」的範疇還是屬於「做」的範疇（431/507），以及零零散散的一些評論（見 80/122, 92/136, 94/138, 409-410/480, 441/517, 444/520, 553/638, 564/651）。《存在與虛無》的結尾則說，關於倫理學的問題交給「以後的作品」（628/722）。

　　然而我們有必要去追問《存在與虛無》與倫理學之間的關係，因為沙特斷定確有可能從這部作品中衍生出一種倫理學，還因為有人聲稱（我們之前已經注意到）從《存在與虛無》中必然得出的實踐前景是一種站不住腳的價值主觀主義，它完全沒辦法與虛無主義區別開，而如果真是這樣，那麼沙特在《存在與虛無》中的哲學立場就非常成問題了。（在一些人的描述中，沙特斷定一切無一例外都是允許的；可舉一例：馬塞爾聲稱沙特關於「價值創造」的學說與尼采的學說同屬一類，又說尼采的立場反而「沒那麼站不住腳」，因為尼采至少告別了關於理性基礎的問題，但沙特沒有。[262]）

192

---

261 中譯本譯為「倫理」。——譯者注

262 "Existence and human freedom", p. 64.

我們需要審慎地對待沙特在《存在與虛無》中關於倫理學的陳述。有人是出於對沙特理論的誤讀而認爲這些陳述在暗示極端的主觀主義，第36節曾提到過這種誤讀：它把沙特理論中的**本體論**自由當作**任何**意義上的自由（這也就意味著：既然自由遍在於自爲當中，那麼在自爲可能選擇的任何謀劃中，善都會得到實現）。然而我已經論證過，《存在與虛無》試圖聚焦的自由被埋藏得如此之深，以至於它與任何道德—政治學說都沒有直接的連繫——比如，它本身既不蘊含著解放政治，也不蘊含著關於個體權利的理論。要想從中引申出任何這樣的意思，就需要用到另一個階段的哲學反思。

在追問「《存在與虛無》可能支持或不支持什麼樣的倫理學？」時，一旦添加上這另一個階段，我們就不只可以從文本進行推斷，還完全可以考慮之後的兩份作品：1946年的一次很短的演講《存在主義與人道主義》（*Existentialism and Humanism*）[263]，以及身後出版的寫於1947-1948年的《倫理學筆記》（*Notebooks for an Ethics*）和寫於1948年的《眞理與存在》（*Truth and Existence*）。此外，我們還可以考慮西蒙·波娃同時期的一部作品《模糊性的倫理學》（*The Ethics of Ambiguity*, 1947），其中也暗含（雖然明顯沒有陳述）沙特的倫理學觀點。

第17節所考察的沙特關於價值的論述表明：從一個重要的角度來說，把沙特描述爲主觀主義者是再離譜不過了；相反，沙特的價值形上學最好被描述爲一種康德化的柏拉圖主義：價值作爲意識的超越對象而存在（exists），不僅它的存在（existence）對於人的主觀性來說具有形而上的必然性（正是那個讓我存在〔exist〕的

無條件自由讓價值存在，94/138），而且它的必然性最終也得自一個超主觀的依據，此即自在奠定自身的嘗試。

不過，關於主觀主義的指控其實旨在斷定沙特無法對在任何程度上限制自為對確定價值的選擇。但這一點肯定也有爭議。

結論部分告訴我們，通往倫理學的關鍵在於一種把自身當成價值或目的的自由，這種自由著力於、肯定著且意識到自己（627-628/722）。正如《存在主義與人道主義》所言：「我宣稱自由（……）除掉其本身之外，是不可能有其他的目的的；而當人一旦看出價值是靠他自己決定的（……）他在這種無依無靠的情況下就只能決定一件事，即把自由作為一切價值的基礎。」[264]這當然很像是康德的觀點，而《存在主義與人道主義》這份演講又以一種故意的、澈底的方式借用了康德倫理學中的核心概念——道德有多變的內容，但只有一種普遍的形式，說謊「蘊含著它所否定的普遍性的價值」，我在考慮自己的行動時必須覺得整個人類都會根據我的所作所為來規範自身，「我不能不去意願他者的自由」，我們有義務去追求自由的集體實現，依照康德的目的王國，如此等等。[265]

然而，在這份文本中，沙特與康德的關係並沒有那麼簡單。沙特一邊努力重現康德的絕對律令的各種公式，一邊拒絕了康德的下述觀點：倫理判斷在於把個例納入普遍的倫理原則之下。沙特認為倫理思考不能排除具體的特殊性。因此給人的印象是：沙特想要堅持康德倫理理論的精神，同時又放棄其大部分的字面意義。

---

[264] *Existentialism and Humanism*, p. 51。（此處譯文引自中譯本《存在主義是一種人道主義》，周煦良、湯永寬譯，上海譯文出版社，1988 年，第 27 頁。——譯者注）

[265] 同上，第 31-32 頁與第 51-52 頁。也可參見《什麼是文學？》第 203-206 頁，其中沙特採用了康德的「目的王國」一語和「善良意志」的觀念，只是在「它們的實現條件」這個問題上與康德有分歧。

儘管不清楚在《存在主義與人道主義》中行動是如何在具體的層面上得到規定的，但確實清楚的是，沙特相信《存在與虛無》的倫理內涵並不弱於康德道德形上學的倫理內涵，它與武斷的主觀主義同樣是不一致的。沙特認為實踐判斷可以拋開康德提出的那套普遍原則，他在這一點上或許弄錯了；但這裡要考慮的更基本的問題是：他是否有理由認為，在《存在與虛無》的基礎上能夠把康德式的道德能動性確立為基本的立場——它關心的是一個人的行動理由滿足「客觀性」這個條件，從而要求以一種跨越個體的、無私的方式致力於一切理性能動者的自由。既然沙特沒有指涉康德對實踐理性的分析，他又怎麼能夠指望自己表明：我必須設想自己是在選擇，是「對所有人負責」、「對整個人類負責」[266]，並因此根據他者的自由來約束自己的謀劃。

194

或許可以認為，沙特又是透過排除法並大體上是像康德那樣來推進：

(1) 我們首先假定：某個自為已經實現了純反思並經歷了澈底的轉化，至少它不再認為自己的具體謀劃賦予自身以有效性。這是沙特倫理學的完善論前提。透過運用存在主義精神分析，或是透過普通的非哲學主體也可獲得的對人之動力的類似洞見，就可以進一步看到：**由於**人的一切行動都顯示了自為存在「成為上帝」的基本謀劃，故這些行動是「等價的」和「注定要失敗的」；**就此而言**，人們會認為「成為一個孤零零的醉鬼和成為各民族領導者都是一回事」[267]（627/721）。

所以似乎可以選擇「斷念」（resignation），這是由叔本華提

---

[266] *Existentialism and Humanism*, p. 29.
[267] 中譯本譯為「沉迷於孤獨或駕馭人民到頭來都是一樣」。——譯者注

出的理想；但沙特關於自爲的形上學排除了這個選項：如果自爲之存在**就是**某個謀劃的存在，那麼只有死亡才能透過熄滅主體的自由而將它從目的論的拉扯中解脫出來。因此主體面臨的任務是：在與《存在與虛無》中的形上學一致的基礎上規定它的行動理由，即對「我該如何行動？」做出回答。

(2) 這種形上學直接要求我們去拒絕價值的一切依據（柏拉圖主義的、亞里斯多德的、神學的或形上學實在論的）；更有趣的是，如果有任何理論要求甚至允許我們去**經驗**處在自在存在的模式當中的價值，它也要求我們去拒絕這些理論（見 38-39/75-77）。沙特的批判因此涵蓋某些形式的人道主義，[268]事實上涵蓋那些把自由當作善的基礎，但又不按沙特的角度去構想自由的理論。[269]

(3) 有人會把價值當作隨著感動性的主觀狀態而變化的函數，但沙特對「心內」主體觀的批判（第 24 節）同樣排除了這個選項（626/720）。由於沙特論述了自由對「心內之物」的滲透，功利主義、價值感覺主義（如休謨）以及任何把奠定審美判斷的眾多主觀狀態同樣視爲價值判斷依據的觀點（基於某些論述，比如尼采的觀點）都遭到了削弱；意識不能按照這些立場所要求的那樣填滿了欲望或充盈著激情。

195

(4) 利己主義作爲實踐理性的一條原則，從若干個角度遭到了削弱：我的各種傾向作爲心內的事實，在動力上沒有任何分量可言；沒有什麼實體性的自我（ego）會透過提供某種應當作爲行動**緣由**的對象而在形上學的層面上將利己主義合理化；以及，既然我

---

[268]同上，第 27-28 頁與第 33-34 頁，以及《存在與虛無》第 423/495 頁。

[269]有理由認爲康德本人也涵蓋於其中。參見《倫理學筆記》第 49 頁，以及第 246-258 頁和第 469 頁對義務論價值觀的詳細批判：沙特論證道，義務和責任是一種帶有異化作用的對自由的神祕化。

的存在與他者的存在沒有任何經驗性的或形而上的內在差別，那麼就沒有理由將我的利益凌駕於他者的利益之上。[270]《存在與虛無》迫使我們達到的反思層面已經「超然於利己主義和利他主義」[271]（626/720）。

（5）既然動力已經成了一塊乾淨的白板，而自我和他者之間的不對稱性也被消除了，那麼有望成為價值的就只剩下自由了。由於必定有評價活動（我必須肯定**某種**價值，而這種價值不能相對於我特定的自我），因此也必定會肯定自由本身，而不只是肯定**我的**自由。這不只是一個默認的做法（畢竟好像沒有更好的選項），也是因為它內在地適合於成為價值論中的主角：自由是自為存在所**是**的一切，它**是**使得價值問題得以出現的目的指向性，亦即行動的本體論成分。因此，根據沙特的論述，不需要進一步的**理由**把價值建立在自由上——正如我們所見（第36-38節），自由先於一切理由，任何能動者只要完全純化了自己的現象學視域，就會直接地、非推論性地把自由**作為**一種價值來把握。對沙特來說，就像我們無法給出針對他人之心的論證，我們既不可能也無必要長篇大論地說服人們接受這片倫理領域：《存在與虛無》的倫理內涵純粹是直接的，所以也就無須進一步為倫理上的事情單獨提供帶有論辯色彩的解說和辯詞（這一點繼而解釋了為什麼人們會誤認為《存在與虛無》對倫理上的事情漠不關心）。

（6）沙特必須採取的最後一步——這讓我有可能在某個具體處境中**現實地**肯定某個具體他者的自由——要求我能夠與他者**無衝突**

---

[270] 關於這種連繫，參見《自我的超越性》第16-21頁，其中論證道：意識領域的非人格化削弱了法國道德家（比如拉羅什富科）在道德心理學中採用的「利己的（由自愛驅使的）動力」這一觀念。

[271] 中譯本譯為「處在利己主義和利他主義之外的」。——譯者注

地發生關聯。我們在第 39 節中已經看到,雖然《存在與虛無》給人以「衝突是主體間性的最終形式」的印象,但從沙特的觀點所蘊含的邏輯中可以推出:只要我放棄了「成為上帝」這一基本謀劃,我就有望在與作為主體之他者發生關聯的同時不嘗試將其對象化——被純化的自為在原則上既能夠**意識到**在主體間構成的他者之「準自在存在」(quasi-being-in-itself),同時又不把他者**縮減**成這個「準自在存在」。

當然,這只是一份粗略的概述,需要得到進一步的闡發;對《存在與虛無》之後的沙特倫理學作品(以及西蒙·波娃的《模糊性的倫理學》),「存在的顯露或揭示」(le dévoilement d'être)成了進一步的目標,它對於解釋「為什麼要對自由,繼而要對倫理學做出肯定?」來說具有核心意義。另一件事情則是從「我應當**著力於**他者的自由」這種必然性出發,沙特如何能夠,以及是否能夠得到一個更強的斷言:我的自由**預設著**他者的自由——《倫理學筆記》闡發了這條思路,西蒙·波娃在《模糊性的倫理學》中也強調了這一點。[272]

45. 拯救

假定我們可以把沙特解讀為一個康德主義者——康德主義者認為自由既是倫理學的基礎,又作為目的而準確規定了我應當如何相對於他者而行動——那麼就出現了另一個問題,蓋因沙特把《存在與虛無》所籌備的規範性前景描述成「一種關於解脫和拯救的倫理學」(une morale de la délivrance et du salut)(第 412n/484 頁注釋)。

---

[272] 針對《倫理學筆記》,William McBride 在 *Sartre's Political Theory* (Bloomington: Indiana University Press, 1991), pp. 60-84 中做出了有益的論述。

　　沙特在使用這些宗教術語時並非語帶反諷，他是為了指出下述主張：《存在與虛無》的哲學擁有與宗教教義處於相同**層次**的內涵，進一步而言，它至少意味著人有可能實現自己的善。考慮到《存在與虛無》已經論述過自為的基本謀劃在形上學的層面上是無望的，上述主張的後半部分似乎尤其令人驚訝：即使澈底的轉化是可能的並提供了倫理上的約束，《存在與虛無》又如何將內在的價值重新賦予人的存在（existence）？在沙特看來人的處境具有明顯的悲劇性質，那又在何種意義上，關於救贖的某種承諾會克服，抑或增添這種悲劇性質？自為對自由的肯定真的足以算作它的**拯救**嗎？

　　當我們的自由肯定自身時，被把握到的是什麼，在價值論的意義上牽涉到的又是什麼？最好比較一下看待這個問題的兩種觀點。西蒙‧波娃在《模糊性的倫理學》中傾向於強調第一種觀點，這種觀點認為：自由進行自我肯定的環節就是**理性啟蒙**的環節。西蒙‧波娃表示，當我們擺脫了常識中幼稚的價值實在論以及它在形上學（有神論等）中的對應物，並過渡到一種存在主義的倫理學，我們就從**錯誤**中解脫出來了——我們正確地理解了價值**是**什麼，並且不再受困於一幅虛假的圖像，根據這幅圖像，僅當價值是由上帝規定的或是以別的什麼方式刻進自在存在的紋理當中，價值才能是客觀的。[273]根據這種觀點，《存在與虛無》提供了一種人們所熟知的「康德式啟蒙」，這種批判和治療讓我們在清醒地察覺自我並變得成熟之後接納我們的存在（existence），同時不會經歷任何根本性的損失。因此，雖然藉由沙特的眼光來看，人的存在（existence）似乎帶有一種悲劇性質，但這不過是表面現象而已，所謂「人的存

197

273例如：可參見西蒙‧波娃在《模糊性的倫理學》第 57 頁對「虛無主義態度」的批評，以及在第 157 頁對「虛假的客觀性」的批評。

在（existence）需要得到『拯救』抑或可以得到『拯救』」的說法也就沒多大意義了。基於這番描述，我們需要認識到我們已經具備了我們在價值論上所需要的一切，因為所謂「人類主體的存在（existence）**有可能**以人們可以理解的方式擁有價值」，這僅僅意味著人類主體要以自由為基礎將自身表象為有價值的並在此基礎上規定自身；我們應該意識到，對於拯救而言，我們不可轉移的自律本身就是存在著的或**有可能存在**的一切。這樣看來，我們似乎已經解除了概念上的某種混亂（這種混亂導致我們玩了一場根據規則我們注定失敗的遊戲），可以自由地開啓一場新的遊戲，一場原則上我們可以獲勝的遊戲。

另一種觀點則更應該被歸於沙特名下，它解釋得通那些有關拯救和解脫的討論，但稍微有些繞。從沙特的論述中當然可以引申出西蒙・波娃的觀點，但是沙特堅持認為目的論上的失敗定義著人的存在（existence），而第一種觀點則撇開了沙特的這種堅持。根據沙特自己的論述，拯救的環節預設了，而**並未取消**人之存在（existence）的悲劇性質及其在價值論上實實在在的不足。透過肯定我們的自由而有望實現的價值始終**補償著**我們源初的、形而上的損失：我們承受著形而上的壓迫，故在價值論上退而求其次。但它依然保有**某種**確定的價值：我們可以對產生了自為存在的失敗目的論加以約束，並將另一個可理解的目的引入存在，此即我們的自由；上述事實等同於**一種**拯救。

這兩種觀點意味著不同的體驗自由的方式。西蒙・波娃暗示，對自由的肯定是一種**圓滿**。沙特則認為，我們絕不可能意識不到我們的形而上的失敗，[274]基於這個理由，我們必須同時認為自己**被迫**

198

274例如：可參見《什麼是文學？》第 23-25 頁注釋 4 和《齊克果與獨一之普遍》。

承擔我們所肯定的自由。[275]

　　我們要注意到這兩種觀點如何再次與第 13 節中所區分的兩種後設哲學立場連繫在一起。如果《存在與虛無》確實採取了哥白尼式的立場，那麼西蒙‧波娃對沙特觀點的解釋就是正確的。相反，沙特的悲劇性看法預設了我們可以採取一種不僅僅屬於人類主體的立場：如果說，拋開了人類主觀性自身的視角，就談不上人類主觀性的存在（existence）具有正面的或是負面的價值，那麼「人的存在（existence）本身就是荒謬的」這個觀點也就毫無意義了。因此，這種悲劇性的看法要求下述觀點必須是有意義的。就某個角度而言，我們最好真的能夠成為上帝；而沙特似乎準備好要去捍衛這個想法。沙特的思路似乎是要在形上學的層面上正確且澈底地與善相關聯，其方式就是**成為**（be）善、**化身**為價值，而只有上帝能夠做到這一點；我們只能在「**設定價值**」這種劣等的模式中與善相關聯。（如果上帝存在〔exist〕，那麼他的自由就**是**善；他不需要**肯定**他的自由，但我們需要肯定自己的自由。）

　　沙特想要採用一種超哥白尼式的、非視角性的方式去看待價值，這種意願反映在他對「存在的顯露」（作為對自由進行肯定的依據）的探討中。西蒙‧波娃對沙特觀點的解讀明顯更為樂觀也更具有人道主義色彩。沙特的悲劇性看法則包含著一種反向的神學殘餘。

思考題：

(1) 沙特對「人的自由」這個概念的處理有何獨特之處？沙特的自

　　正如沙特後來所言：「自由不是凱旋。」（"The itinerary of a thought", p. 35）。
[275] 馬塞爾在 "Existence and human freedom", pp. 56-57 中反對沙特，他認為只有當自由是一種損失或匱乏時我們才能被迫承擔自由。但這正是沙特的觀點。

199 　由理論在多大程度上優於其他的理論？

(2) 沙特針對下面兩個主張的辯護是否完備：我做出了「對我自身
　　的源初選擇」，我「對世界負責」？

(3) 沙特有關「人的動力」的論述有哪些長處與不足？

(4)《存在與虛無》中的形上學蘊含著什麼樣的倫理學前景，如果確
　　實蘊含的話？

（五）作為整體的存在

46. 作為一種「去總體化的總體」[276]的存在統一性（結論，第 1 小節）

　　在第 7 節中我們發現，沙特在導言部分的結尾提出了自在存
在與自為存在的統一性問題；而在第 11 節中我們又發現，對沙特
所宣稱的自己已經提供了一個統一本體論的說法，我們可以表示懷
疑。梅洛—龐蒂詳細闡發了後一種看法，他認為沙特根本無權提出
「作為整體的存在」這一概念——既然《存在與虛無》中的虛無和
存在「總是絕對異於彼此」，它們不可能「真的得到統一」。[277]

　　在結論部分，沙特又回到了這個問題：作為「屬於所有存在物
（existents）的一般範疇」[278]，存在是否被一道裂隙分割為「兩個不
可溝通的領域，而在其中每個領域，『存在』的觀念都承載著某種
源初的、獨特的意義」[279]（617/711）的問題上。沙特宣稱，隨著《存

---

[276] 中譯本譯為「去整體性的整體」，下文所引中譯本中的「整體」均改為「總
　　體」。——譯者注

[277] *The Visible and the Invisible*, pp. 68-69；也可參見 pp. 74ff。

[278] 中譯本譯為「屬於一切存在者的一般範疇」。——譯者注

[279] 中譯本譯為「兩個不通往來的領域並且在每個領域內存在的概念都應該按原始
　　的、特有的用法被採用」。——譯者注

在與虛無》的展開，我們最終能夠說明這兩個領域如何彼此關聯：「自為和自在是由一個綜合連繫重新統一起來的，這綜合連繫不是別的，就是自為本身」（617/711）。這種關係的特點是：一種「起源於存在內部的細微的虛無化」[280]，一種「由自在**使之存在**」[281]的虛無化，它「足夠帶來一場**發生在**自為中的總體的動盪。這種動盪，就是世界」（617-618/711-712）。

　　這使得我們可以理解存在如何形成一個整體：自為存在與自在存在真的得到了統一，兩者不是沒有溝通的，因為 (1) 自為存在是作為自在存在的**虛無化**而與後者相關聯，(2) 自在存在又包含著這種虛無化的**起源**。我們需要**從這兩個方面**把握作為整體的存在所具備的統一性，以便回應華爾和梅洛—龐蒂。

　　沙特承認，這番論述直接引發了下述「形上學難題：為什麼自為出離自存在（à partir de l'être）？」[282]（619/713）。自為所依賴的虛無化在存在中的**依據**是什麼？

　　在討論這個問題時（619-625/713-724），沙特同時批判了一些試圖回答這個問題的嘗試，而且說明了為什麼我們其實應該認為這個問題並不**需要**回答。沙特論證的關鍵之處在於他針對本體論和形上學所做的區分（上述引文蘊含了這一點），而沙特宣稱形上學問題即便不是空洞的，在哲學上也只是第二位的。

　　是什麼區別了形上學與本體論？沙特寫道：「其實，我們稱為『形上學』的那類研究，它們關注的是那些產生**這個**世界（這個具體而特殊的總體）的某些個別過程。就此而言，形上學之於本體

200

---

280 中譯本譯為「起源於存在內部的一個細微的虛無化」。——譯者注
281 中譯本譯為「自在者所製造出來的」。——譯者注
282 中譯本譯為「形上學的問題：為什麼自為從存在中湧現」。——譯者注

論，正如歷史之於社會學。」[283]（619/713）正如他稍後所言，本體論關注的是「某個存在的各種結構」（structures of a being），而形上學關注的是「事件」（events），雖然這明顯不具備嚴格的時間意義（620/714）；因為「時間性是透過自為而產生的」，歷史的生成不在形上學的關注之內（621/715；還要注意：第 297/358-359 頁以不同的方式區分了本體論和形上學）。

沙特對本體論和形上學的正式區分多少有些模糊，不過這沒那麼重要；更重要的是，他試圖表明我們應當重點關注「自為」的湧現為什麼發生。沙特確定這個問題只有一個答案，而我們在第 16 節和第 17 節中已經見識到了：自在的存在為了擺脫掉偶然性而產生自為的存在，從而「奠定自身」，成為上帝或成為其自身的原因。沙特進一步論證到，存在**只有**令自身成為自為，才能指望成為其自身的原因，「**如果**自在要奠定自身，它只有令自身成為意識才能做出如此嘗試」[284]（620/714）。

自在尋求擺脫掉偶然性，這個動機為自為的湧現提供了充分且必要的條件。然而，這種說法所蘊含的意思又與沙特的基本信條截然相悖。首先，如果自為存在與自在存在的「綜合連繫」「不是別的，就只是自為本身」，那麼自為就既是兩個存在領域之間的關係中的一個關係項，又是「關係本身」（624/719）。從表面上看，這幾乎就是說自為是自在的**自我**關係，是自在與自身相關聯的方式。但按照沙特的論述，這是不可能的，因為在自在中占據支配地位的同一性是絕對的，它完全消除了反身性（第 6 節）。

201

---

[283] 中譯本譯為「事實上，我們把形上學稱為對使這個世界作為具體的特有的總體產生的諸個別過程的研究。在這個意義下，形上學之於本體論，猶之乎歷史之於社會學」。——譯者注

[284] 中譯本譯為「如果自在應該奠定自身的基礎，它就甚至只能在把自己造成意識時嘗試這麼做」。——譯者注

其次，不管怎樣，自在對自爲的生成已經被設想成一種**帶有目的的謀劃**，而把某種謀劃歸於自在的做法當然是與沙特所構想的自在存在相矛盾的。所以：

> 本體論在此遭遇了一個深刻的矛盾，因為正是透過自為，某個基礎才有可能出現在世界上。為了成為一種奠定自身的謀劃，自在必然不得不源初地成為面對自身的在場，也就是說，它不得不已經就是意識[285]（620-621/715）。

所以，當沙特表明了那個能夠解釋自爲之出現的唯一可能的條件（也只有在此基礎上，我們才能設想存在構成了一個真正得到統一的整體）之後，沙特拒絕肯定這個前提。沙特說本體論「因此僅限於宣稱：**萬物的發生就好像**自在在一種奠定自身的謀劃中將自爲的樣式賦予了自身」（621/715）。[286]

但是這個命題中的「好像」（as if）具有多少效力呢？人們也許以爲沙特會宣稱針對自爲之起源的形上學探究是不可能的，因爲根據他自己的論述，這個問題只有一個可能的答案，但這個答案又與本體論探究的結果處於「深刻的矛盾」當中，這個被他視爲不易之論的結果就是「自在」的非意識性。其實沙特要做的是：承認我們確實可以進一步著手形上學的探究，同時又暗示它即便不是無用功，其價值也相當有限：

---

[285] 中譯本譯為「本體論在這裡遇到了深刻的矛盾，因為正是由於自為，一個基礎的可能性出現在世界上。為了成為奠定自身基礎的計畫，自在應該一開始就自我在場，就是說，它已經是意識」。——譯者注

[286] 中譯本譯為「只限於宣布一切的發生就如同自在在一個要自己奠定自身基礎的謀劃中表現為自為的樣式」。——譯者注

202

　　　　我們要靠形上學去創立一些假説，這些假説允許我們把這個過程（即自為的湧現）設想成絕對的事件（……）毋庸置疑的是這些假説仍是假説，因為我們不能指望去證實或推翻它們。它們的有效性僅僅來自：它們使我們有可能對本體論中的被給予物加以統一（……）但是形上學必須試著去規定這一前歷史過程的本性與意義（……）形上學家尤其要處理的任務是：決定這一運動是否是自在為了奠定自身而實施的第一份「嘗試」（……）（621/715）。

　　第 1 小節的其餘部分重新考慮了存在的統一性問題，沙特聲言我們關於這個問題的處境如下。為了賦予「一般的存在」這個概念以意義，必須先有「**存在的總體**」這樣一個概念，這個**總體**作為一個整體，其各個部分既不能獨立於彼此，也不能獨立於整體而存在（exist），也就是說其各個部分內在地相互關聯。因此，沙特接著說，把存在設想為一個總體就等於把它設想為一個「**自因的存在**」（ens causa sui）（622/717）；但這個構想對於沙特來說顯然是不可接受的，不僅因為在他看來「自因」的概念本身就是矛盾的（「**不可能的**」，622/717），而且因為，如果把存在設想為一種包含著自為存在和自在存在的總體，自在在本體論上就依賴於自為了：「自在從虛無化的過程中獲得它的存在（existence），這種虛無化導致對它的意識出現」（622/716）。存在的總體就會是一個「理想的存在」，其中「自在由自為奠定並與奠定它的自為相同一」[287]（623/717）。這與沙特的下述主張相矛盾：雖然意識與自在綁定在一起，但自在絕不依賴於自為。

---

[287] 中譯本譯為「是被自為建立並同一於建立它的自為的自在」。——譯者注

沙特接著提議，我們因此必須把存在的總體設想爲一種「去總體化的總體」（detotalised totality）。爲了解釋這一點，他提供了若干不同的說法和類比。「去總體化的總體」是從總體的瓦解中產生的形態，這種瓦解是不澈底的，並不影響到其組成部分的**存在**（existence），而只影響到它們的**相互關係**，所以瓦解的只有形式而不包括內容。沙特稱其爲「一個被砍掉了腦袋的觀念，處於不斷的分解中」[288]；「一個分崩離析的集合體」（623/718）等等。

然而，沙特在「自因」概念當中看到的矛盾並不能就此避免，原因在於去總體化的總體理應出自一個源初的總體，而我們只有至少眞的能夠設想這個源初的總體，才能將某物設想爲**去總體化的總體**；這就要求這個源初的總體本身是無矛盾的。與此前一樣，沙特使用「**好像**」（comme si）一詞去陳述自己的主張，從而避免了「只能透過矛盾的概念去思考存在」這種悖謬性的斷言。

> 萬物的發生就好像世界、人和在世之人只是成功地實現了一個缺席的上帝。萬物的發生就好像自在和自爲都在一種相對於理想綜合的分解狀態中表現出來[289]（623/717）。

討論快結束時，沙特再度提及本體論與形上學的區分；他提醒我們有關總體的問題「不屬於本體論的領域」；他還指出我們認爲存在究竟是「截然劃分的**二元**還是一個被解體的存在」

---

[288] 中譯本譯爲「一個不斷瓦解的無頭概念」，「一個分崩離析的總體」。——譯者注

[289] 中譯本譯爲「一切的發生就好像世界、人和在世的人，都只是去實現一個所欠缺的上帝。因此一切都好像是自在和自爲都在就一個理想的綜合而言的一種解體的狀態中表現出來」。——譯者注

（624/719），這其實無關緊要。

　　然而，沙特告訴我們，二元論的觀點是站不住腳的，這使得「去總體化的總體」成了我們唯一可以採納的概念。然而這個概念又是矛盾的。似乎還要在某些事情上做出讓步，我們會在第 48 節考察沙特的選擇。

47. 上帝

　　顯然，「自為的起源」和「作為整體的存在」這兩個緊密糾纏的問題，以及形上學家所面對的任務（如前所述），這些自然會導向神學。所以我們現在完全可以考察一下《存在與虛無》對於上帝的探討，並澄清沙特的無神論。

　　《存在與虛無》論述了「上帝」的觀念是如何形成的，這番論述的含義是：宗教信仰把一個概念實體化了，而這個概念恰恰指稱著那個處於理想形態的人性本身（90/133-134，566/655-656；見第 17 節，以及第 423/495 頁把人性和上帝視為相輔相成的、互相關聯的極限概念）。

204　　　但是這種費爾巴哈式的或青年黑格爾派的策略並不等於直接對上帝的存在（existence）提出理論上的反證，不過我們可以認為《存在與虛無》在其他地方提供了兩個這樣的反證。第一個認為「自因」（causa sui）或必然存在（existing）的存在是不可能的（80-81/123），但傳統的有神論者認為這種反證的前提失之偏頗，故拒絕接受。第二個則更有趣也更具原創性，它試圖表明：從概念上說，「上帝」是某種「自在自為」（見 90/133），但根據基本本體論，這又是不可能的，所以「『上帝』這個觀念是矛盾的」（615/708）。

　　無論這些論證具備多大效力，重要的是要看到，諸如此類的考

量並未從根本上支撐著沙特的無神論。沙特的無神論並不是藉由有關形上學解釋的論證而獲得的，它的前提其實與雅可比的斷言——上帝的存在是被直接直觀到的——處於相同的**層次**，但內容卻恰好相反。在後來的一次採訪中，沙特斷言《存在與虛無》中的無神論不是「唯心主義無神論」（它只是把「上帝」的**觀念**逐出世界，代之以「上帝缺席」的觀念），而是一種「唯物主義無神論」：在沙特的描述中，自己已經意識到「到處都可以發現上帝的缺席，一切都是孤獨的，人類尤其孤獨，孤獨得如同一個絕對」[290]。這份啓示呼應著《嘔吐》中那段描寫樹根的段落：「荒謬不是我腦袋中的一個觀念，也不是一種聲音，而是我腳下的這條長長的死蛇（……）後來我所能把握到的一切都歸於這種根本上的荒謬（……）我想在此確立這種荒謬的絕對性質。」[291]

對沙特來說，具有啓示意義並帶有確定內容的基本經驗有二：人的絕對性和自在存在的「荒謬」性質。其中沒有任何一者直接地或明確地直觀到上帝的缺席，但兩者都與上帝（作爲人及其世界的創造者本身）的存在是不相容的：如果在對人的揭示中我們發現人既不能被超越，也不能與某個超驗的善[292]形成任何可理解的關係，並且如果自在的存在表現出它自己純粹的非設計性和它對人的無條件冷漠，那麼，即使某個實體性的**自因**（causa sui）或某個自在自爲可能存在，它與我們或我們的世界之間的關係也是不可思議的。

---

[290] "Conversations with Sartre" (1974), p. 435。沙特將《存在與虛無》當作一份嘗試，透過論證「自在自爲」的不可能性來「證明」這種直覺（第 437 頁）。

[291] *Nausea*, p. 185.

[292]《戰時日記》第 108 頁：「道德的存在（existence）遠不能證明上帝，反而使他與我們保持距離。」——原注

因此，上帝從世界中的缺席並不類似於皮埃爾從咖啡館中的缺
205 席。這一點很重要，因爲如果這是沙特的主張，那麼就可以用沙特
自己給出的原理去論證：上帝的缺席出現在我的意識中，這也是一
種意識到上帝（Him）的方式，也就是說可以基於《存在與虛無》
發展出一種否定神學。[293]但是沙特並沒有給這個世界留下一個形如
上帝的空洞，人們也就不能認爲上帝會透過這個空洞而顯現。沙特
在《存在與虛無》中屢次提及上帝，其目的是表明人與上帝之間的
任何關係將會如何毀掉自由、主體間性以及人之實在的一切結構；
換言之，人在世界中的處境明確**排斥**有神論或自然神論中的上帝的
存在（existence）（可參見 232/278-8，其中涉及萊布尼茲針對他
者問題而給出的有神論方案）。[294]

48. 超越沙特的形上學？

第 13 節曾區分了視角性的立場與非視角性／絕對的立場，
《存在與虛無》中的不少地方都體現出這種區分的重要性。某些語
境似乎要求一種立場而不是另一種立場，在另一些語境中這兩種立
場以可理解的方式交疊在一起，而在某些語境中它們好像又關係緊
張。沙特最終採取了哪種立場？抑或沙特能否兼有兩者（我曾表示
沙特有意向這麼做）？上述問題在「作爲整體的存在」這個語境中
變得尤爲突出，它決定著我們是否接受沙特的下述主張：《存在與
虛無》在形上學的層面上臻於圓滿。

我們在第 46 節中看到，有關存在之總體或存在之統一性的問
題，亦即有關自爲之起源的問題給沙特造成了嚴重的困難：它有待

---

[293]參見 Christina Howells, "Sartre and negative theology", *Modern Languages Review* 76, 1981, PP. 549-555。

[294]正如沙特所說，上帝的存在（existence）是被拒絕的：參見 "Materialism and revolution", p. 187。

解決，但就我們所知道的一切而言，它唯一可能的解決方案包含著矛盾。這就迫使沙特對本體論與形上學做出了權宜的區分，並對後者的必要性與合法性含糊其詞[295]。需要考慮的是：是什麼導致了沙特的困境？又是什麼讓他有望逃離困境？

似乎有一種方法本可以讓沙特為這些問題提供一個一致且清晰的結論，我們在第 46 節中已經看到《存在與虛無》的結論部分若干次暗示過這條思路。也就是說，沙特本可以採取以下立場：我們如果不能從人的視點所具有的內容和目的出發去回答某個問題，那麼就應當拋棄這個問題；因此，我們必須把有關「自在對自為的生成以什麼為依據」的探究與思辨僅僅視為沒有真正內容的概念形式的空洞遊戲。沙特的形上學推理所揭示出的「深刻的矛盾」因此也就喪失了全部的意義。

令人驚訝的是，沙特在第三卷曾探討「他者為何存在」這個「形上學」問題（297-302/358-364），而我們在他的這番探討中確實發現了上述哥白尼式的解決方案。沙特在此聲明了他的信念，「一切形上學都必須結束於某個『彼在』（that is），亦即結束於對那個偶然性的直接直觀」[296]（297/359）。他繼而表明，我們在完成了有關「意識的眾多性以什麼為依據」的「形上學」探究之後，會得到一個「矛盾的結論」（301/362）；最後，他又解釋了**為什麼**這個有關「眾多自為的總體」且會引發矛盾的形上學問題是毫無意義的（302/363）：它假設「我們有可能對（眾多自為的）總體**採取一個視點**，也就是說，我們有可能從外部去考察它」，但事實上這是**不**可能的，因為我自己只有「以這個總體為基礎並在捲入這

206

[295] 原文是 equivocation，應該是 equivocate 的筆誤。——譯者注
[296] 中譯本譯為「一切形上學都應該完結於『那個存在者』，就是說，完結於對那個偶然性的一種直接直觀」。——譯者注

個總體時」（301-302/363）方可存在（exist）。（我們也不能認為上帝把握著這個總體，因為對他來說它並不存在〔exist〕。）

那麼為什麼在結論部分中沙特沒有說出同樣的話呢？有一個深刻且清晰的理由是關於一致性的，它解釋了為什麼至少在「作為整體的存在」的語境內（就算沒有在「為他的存在」的語境內）哥白尼主義不可能成為沙特的最終立場，另一個強有力的理由則是策略性的，它解釋了為什麼採取哥白尼主義會在總體上削弱沙特的立場。

為了理解第一點，我們只需看到：沙特自己已經表明人的視點**本身**就要求我們融貫地設想作為整體的存在，換言之，人的視點從**自身引出**絕對的立場。為了解釋虛無、自身態、人為性以及自為的欠缺，沙特發現有必要參照那個講述「自為在自在中的起源」的人類發生學敘事。所以我們不可能把人的立場與針對存在之總體的思辨完全分隔開。

策略性的理由則可以回溯到第 2 章「主題概覽」中的一些評論：沙特想要逆著斯賓諾莎去確立人之自由的實在性，他的做法則是在本體論的框架內對人的實在做出全面的論述。如果沙特本體論的基礎是哥白尼式的，而這又是為了排除掉有關存在之統一性和存在之總體的問題，那麼他的立場在一個重要的方面就是脆弱的。我們已經看到，基於沙特自己的論述，哥白尼式的立場引導我們去肯定自為在本體論上是第一位的，而當我們試圖理解自由如何能夠產生於那個在本體論上居第一位的事物時，一個「深刻的矛盾」就出現了；這完全足以激發下述帶有斯賓諾莎主義兼取消主義（Spinozistic-cum-eliminativist）色彩的思想：關於所謂「人的實在」的一切教導都不過是巨大的**錯覺**，換言之，沙特關於虛無、自由、自為的存在模式等的整個理論均為空談，實在中只有自在的存在。

如果這是正確的，那麼沙特的唯一出路就是接受並試著滿足非視角性／絕對的立場所提出的要求：沙特必須補充說明自為的起源。這最終會導向何處則是另一個問題，但如果認為這必然會迫使沙特去放棄他的本體論框架中對他的哲學目標至關重要的一切東西，甚至去擁抱某種「在本體論上是樂觀的」、有神論的或黑格爾式的形上學立場（所有這些立場都是《存在與虛無》所堅決反對的），這就把選擇的範圍理解得太過狹隘了。

思考題：

(1) 沙特聲稱《存在與虛無》具有無神論的，而不只是不可知論的內涵，這個斷言是否成立？

(2)《存在與虛無》中的本體論是完整的嗎？

在完成了對《存在與虛無》的解讀之後，可以讀一讀沙特的〈對自我的意識和對自我的認識〉（Consciousness of self and knowledgeof self, 1948），這是他在法國哲學學會（Société Française de la Philosophie）上所做的一次講座的文字稿，其中提綱挈領地總結了《存在與虛無》的主要論點。

4　接受與影響

　　戰後的世界乃一片廢墟，而沙特對人類生活的清醒認識正與之相契合；戰後重建成了時代主題，這一代人重新承擔起決定自身未來的責任，並面對由過去的作為與不作為帶來的責任問題，而沙特的自由學說也與這種時代情緒相契合；既然如此，也就無須驚訝人們在接受《存在與虛無》時理應表現出的濃厚興趣，其程度之高，自柏格森在世紀之交發表《創造進化論》以來，還沒有其他法國哲學家享受過如此殊榮；事實上，整個哲學史上也鮮有其他偉大的作品能夠在此與之相媲美。

　　不過，人們並沒有立刻承認《存在與虛無》的重要性（它在1943 年至 1944 年間幾乎沒有引起任何關注），而是在解放後沙特開始走紅時才承認的。[1]因此，我們就很難釐清《存在與虛無》對於沙特在戰後聲名鵲起這件事究竟貢獻幾何，因為這只是他那迅速增長的、具有內在統一性的作品集合中的一部分而已 —— 雖說是最具學術性的、理智上要求最高的那一部分。沙特在 40 年代的文學作品包括戲劇《無處可逃》（*Huis clos*，這部作品於 1944 年 5 月首演並獲得了令人矚目的成功）和小說三部曲《自由之路》（*Les Chemins de la liberté*）；沙特還於 1943 年與西蒙・波娃、雷蒙・阿隆和梅洛—龐蒂共同創辦了左翼（但沒有政黨連繫）雜誌《現代》（*Les Tempsmodernes*）並自此擔任編輯，這份雜誌贏得了大量的讀者。1944 年，沙特決定以寫作為生並放棄了教職。戰後的

1　參見 Janicaud, *Heidegger en France*, vol. 1, p. 79。

歲月見證了沙特日益頻繁地參與活動，除了文學上的規劃之外，還有北美和歐洲的巡迴演講、政治評論、藝術批評、電影劇本邀約以及國家電臺上的全國性廣播節目；沙特甚至於 1947 年還短暫地領導過一個新的不結盟政治運動，即革命民主聯盟（Rassemblement Démocratique Révolutionnaire）。[2]

隨著沙特人氣高漲，各方面的敵意也接踵而至；考慮到沙特的觀點犀利且富於批判意蘊，這些敵意不但不可避免，而且恰如其分。[3] 1944 年，共產黨主辦的《行動》週刊譴責沙特[4]，後者在 20、30 年代與馬克思的觀點以及共產主義的政治實踐保持距離；譴責持續多時，直到 1952 年。[5] 體制內的全國性媒體也對沙特進行抨擊。羅馬天主教會則於 1948 年認可了沙特的重要性，而認可的方式是把他的作品列入《禁書目錄》。[6] 沙特於 1945 年在巴黎進行過一次題爲「存在主義與人道主義」（標題可以更直接地翻譯成「存在主義是一種人道主義」）的演講並於 1946 年將其出版，蓋因先前圍繞著他的存在主義而展開的各種論戰已經模糊了存在主義的面目，沙特要在這份演講中澄清他的存在主義觀點，並正面回應批評

---

[2] 欲了解存在主義在 1940 年代是一場多麼新穎且充滿希望的哲學運動，參見 Wahl, "The roots of existentialism" (1949)。我們可以觀察那個時期的藝術活動以及沙特對這些活動的參與，以便更好地了解作為一種文化運動的沙特式存在主義：參見 *Paris Post War: Art and Existentialism* 1945-1955, ed. Frances Morris (London: Tate Gallery, 1993)。

[3] 列維生動地描述了沙特毀譽參半的聲名，參見 Lévy, *Sartre*, pp. 17-38；並參見 Beauvoir, *The Force of Circumstance*, pp. 38ff。

[4] 參見 Poster, *Existential Marxism in Postwar France*, pp. 109-112。

[5] 因此，在《什麼是文學？》第 186 頁以下，沙特曾反思過「1947 年的作家處境」。並參見 "Materialism and revolution" (1946), esp. pp. 188-189，沙特在其中指控辯證唯物主義消滅了主觀性，從而把人變成了對象。

[6] Leak, *Sartre*, pp. 59ff., Cohen-Solal, *Sartre*, Part III 及 Hayman, *Writing Against*, chs. 15-18 提供了《存在與虛無》發表以後不久的那段時間內關於沙特的傳記資訊。

者對他的指控：虛無主義、傷風敗俗、政治冷漠。[7]

　　即便過了第二次世界大戰剛結束的那幾年，人們對《存在與虛無》中的哲學依然興趣不減：它對 20 世紀下半葉的智識文化的影響（如果不單單是由文本造成的，那就是由沙特的演講、哲學小品文和文學作品接續造成的）不遜色於那一時期的任何一本哲學著作。沙特於 1945 年至 1946 年多次訪問美國，還去了種族隔離的南方，美國之行和南方見聞讓他印象頗深：既然可以把《存在與虛無》當作對被占領時期法國人的意識與困境的一份呈現，那麼同樣可以把它視爲用來闡釋其他被屈服群體的處境的一份範本。1946年，沙特公開批判反猶太主義，發表《反猶與猶太人》（*Anti-Semite and Jew*）；雖然當代讀者或許能夠清楚地認識到這本書的侷限性，但放在當時的語境來看，由於這本書獨創性地分析了主觀性因素在建構具有壓迫性的，拒絕給予承認的社會身分時所起到的作用，所以仍然得到了高度的重視。[8]就沙特的自由哲學所造成的那些最重要、最知名且最持久的社會政治影響而言，其中一者便是對女性主義思想的影響：西蒙・波娃的《第二性》（*The Second Sex*,1949）在很大程度上以《存在與虛無》爲立論根據，確立了一條已被後世視爲常識的原則：一個人不是生來即爲女人，而是逐漸成了女人；[9]作爲主體的男性單方面地將女性確立爲對象性的他者，透

210

---

[7]　〈唯物主義與革命〉也是沙特對存在主義的辯護，他在其中特地反駁了來自馬克思主義陣營的批評者，參見 "Materialism and revolution" (1948)。

[8]　也可參見列維的評論（*Sartre*, pp. 301-306）。

[9]　*The Second Sex*, p. 295；參見 Gutting, *French Philosophy in the Twentieth Century*, pp. 165-180。至於說西蒙・波娃在這部作品中只是單純地運用沙特的思想而沒提出任何批評或修正，這種說法可能會引起反對意見：參見 Sonia Kruks, "Simone de Beauvoir and the limits of freedom", *Social Text* 17, 1987, 111-122。（習慣上將西蒙・波娃的這句名言翻譯爲，「女人不是天生的，而是造就的」。此處的翻譯嚴格按照英譯。——譯者注）

過這個過程，一個人成了女人。

1. 對《存在與虛無》的哲學批判

如果我們不去追溯胡塞爾和海德格對沙特的影響，只是沿著歷史長河順流而下，那麼下面這些哲學家因與《存在與虛無》中的哲學展開批判性對話而尤其值得我們注意：

(1) 馬塞爾：基督教存在主義。在戰前的歲月裡，法國天主教哲學家馬塞爾獨立於海德格而發展出一套現象學的存在主義哲學，他的〈存在與人類自由〉（1946）從這一立場出發，比較早地對沙特的《存在與虛無》進行了犀利的批判（第 36 節和第 44 節提到了來自馬塞爾的一些批評）。在這篇論文中，馬塞爾承認人們對存在的特性會獲得某種基本的、天啟式的經驗，這種在《嘔吐》中得到描述的經驗正是《存在與虛無》的基礎；可是，儘管必須承認這種經驗的本真性，沙特（第一）賦予了它太多的權重，過度闡發了它的意義，（第二）獨斷地排除掉其他能夠與上述經驗相競爭的基本經驗，特別是指向馬塞爾自己的基督教存在主義的那些基本經驗。根據馬塞爾的診斷，《存在與虛無》以一種不融貫的方式把唯心主義疊加在隱祕的唯物主義基礎之上。歸根結柢，馬塞爾持有強烈的否定態度，他認為沙特的價值虛無主義給當時的青年造成了精神上的威脅。[10]

我在第 47 節表明，或可認為沙特是在挑戰雅可比的主張；如此說來，我們也可以認為馬塞爾是在替雅可比回覆沙特。在後期的法國現象學運動中，讓—呂克·馬里翁試圖再度把存在主義現象學的領地交還給神學。在這個語境中，或許能看到一個正在浮現的

---

10 參見 "Existence and human freedom", pp. 33, 47, 49, 52, 53, 61。

重要問題：我們對世界和人類價值的常識性看法遭受到《存在與虛無》的挑戰，那麼究竟需要多少東西才能應對這種挑戰。雖然馬塞爾在對沙特的批判中沒有訴諸任何神學預設，但他確實認為：為了應對沙特，需要訴諸某些具有特殊地位的、天啓式的經驗——關於「交往」（communion）和「蒙恩」（grace）的經驗。馬塞爾並不認為「常識的」立場能夠單槍匹馬地對付沙特：他和沙特一致認為不存在什麼中間立場。[11]

(2) 梅洛一龐蒂：一元論。 我們在回顧《存在與虛無》的各個主題時能夠看到一個反覆出現的問題：如何看待包含在《存在與虛無》的全部本體論之中的現象？它們看似結合了兩種類型的存在，即自在的存在與自為的存在；但在最終的分析中，沙特認為兩者彼此排斥、不相融合且窮盡了存在的一切類型。像具身與感動性這樣的現象看上去必定牽涉兩種形式的存在，表面上對沙特構成了挑戰；但我們已經看到，在試圖解釋它們的時候，沙特所使用的術語能夠維持基本本體論之中極其鮮明的二元對立。

姑且不論沙特的解釋是否成功，我們或許注意到，在這種不斷重現的模式中還存在另一種選擇，就是把沙特的二元分析方法顛倒過來：我們不要從兩個分離而異質的存在形式出發，繼而去解釋它們為什麼會在某些語境當中看似融合在一起；相反，或許可以先設定一個源初的存在模式，它隨後開始分化，最終形成兩極，這時我們就能說，沙特誤以為這兩極是一種基礎性的本體論對立。

梅洛一龐蒂的《知覺現象學》發表於 1945 年，僅僅比《存在與虛無》遲了兩年；這本書當然有其他的讀法，但我們確實可以把這本書讀成一份沿著上述思路進行的針對沙特的長篇批判。沙特認

---

11 這與英美分析哲學對沙特的批判截然不同，我們之後會看到這一點。

爲某些事物在本體論上的曖昧只是一種有待澄清的表象,但梅洛一龐蒂則從中看到了一種源初地被給予的統一性,只有藉助於抽象活動與概念重構活動的各種反思性操作,我們才能按照形上學的二元論來設想這種統一性。因此,以這部作品的中心主題爲例,在梅洛一龐蒂看來,知覺是一種原初的、不可分解的主客(自爲與自在)統一點,分析性的反思是沒辦法穿透的。類似地還有身體,如果我們對身體做出恰如其分的設想,亦即把它設想爲意向性的原始承擔者,那麼根據梅洛一龐蒂的觀點,身體在一種牢不可破的統一性中結合了肉體與精神的雙重特徵,哲學反思卻把它們錯誤地區隔開並物化成兩個迥然不同的實體:心靈(自爲)與物質(自在)。

212

　　若要判定梅洛一龐蒂的方法是否融貫以及它是否優於沙特的二元論,我們還要做很多工作。先不談梅洛一龐蒂的學說中的種種細節,就他的一元論策略而言,一個重要的批評是:它並不承諾像沙特那樣牢固地確立起自由的實在性——既然我們所追求的這種方法把形上學概念當作抽象活動的產物,我們恐怕難免會認爲它們偏離了實在,也就是說,難免會反實在地(anti-realistically)理解它們。爲了判定這種指控是否成立,有必要考察《知覺現象學》的最後一章:〈自由〉。這一章雖然只在一處提到了沙特,但它明顯是直接針對沙特的極端立場,並捍衛一種反對沙特的觀點:人類能動性受到世界的緊密糾纏,但仍然是自由的。或許可以替沙特回應說,梅洛一龐蒂在這一章的說法把自由縮減成一種無從成爲現實的極端情況;如若不然,至少他沒有解釋自由何以能夠與除了自由以外的其他同樣基本的事物結合在一起卻又不被摧毀:無論兩者中的哪一個,下述說法都是成立的:梅洛一龐蒂給自由的實在性打上了

問號。[12]

　　不管對梅洛一龐蒂野心勃勃的計畫做出什麼樣的評估，《知覺現象學》中對沙特的批評仍然需要處理，因為這些批評可以被單獨挑出來，也確實常常被單獨挑出來使用。十年後，在梅洛一龐蒂的《辯證法的歷險》（1955）一書中，題為〈沙特與極端布爾什維克主義〉的一章以一種更直白的半論戰形式重提自己對沙特的批駁。如題所示，在這篇論文中，梅洛一龐蒂的首要目標是沙特對待蘇聯的態度，但他把所謂沙特在政治上的誤導性和不負責任追溯到《存在與虛無》中的主體哲學，他試圖論證這種哲學奠定了沙特的政治學，並稱這種哲學為「我思的瘋狂」。[13]

　　梅洛一龐蒂在〈探究與辯證法〉一文中對《存在與虛無》展開了最為細緻的批判，該文成稿於 1959 年至 1961 年，並在他去世後被收錄於《可見的與不可見的》一書中出版。他在這篇文章中提出的論證特別微妙又非常翔實，用以支持他對沙特的反駁：《存在與虛無》的基本本體論所蘊含的極端二元論對它的哲學目標——證實自由的真實性、解釋清楚主體間性等——構成了致命的傷害。梅洛一龐蒂得出的結論是：必須拋棄那種被他稱為「分析性的反思」的非視角性的後設哲學立場，暗指沙特的根本錯誤在於他延續了傳統形上學的解釋框架。[14]

213

---

12 列維很好地表達了這種懷疑：參見 Lévy in *Sartre*, pp. 199-200。

13 前文已經提到過梅洛一龐蒂對沙特的一些批評。

14 由斯圖亞特（Stewart）主編的《沙特與梅洛一龐蒂之爭》（*The Debate between Sartre and Merleau-Ponty*）收錄了與二人之爭相關的一手文獻，包括西蒙·波娃替沙特進行的反擊（指控梅洛一龐蒂從根本上誤解了沙特的立場）；該書還提供了有用的批判性評論。對這些爭議的概覽，參見 Margaret Whitford, "Merleau-Ponty's critique of Sartre's philosophy: an interpretative account", *French Studies* 33, 1979, 305-318, reprinted in Stewart ed.; 更詳細的內容，可參見 *Merleau-Ponty's Critique of Sartre's Philosophy* (Lexington, Kentucky: French Forum, 1982)，以

　　我在第 48 節中表明，的確有理由認為沙特在本體論上的二元論最終應當回溯到一個源初的統一點，但這與接受梅洛─龐蒂所謂的「曖昧哲學」並不是一回事。在把沙特的二元論推向極端之後，我們承認它受制於某種終極的形上學一元論，但這不等於質疑二元論的路徑，也完全可以拒絕梅洛─龐蒂的一元論現象學。

　　(3) 列維納斯：他者。 我們已經看到，《存在與虛無》中最令人矚目的一個論題是人類關係的存在性（existential）特徵，出於這個原因，列維納斯（他關於胡塞爾的早期著作對於沙特來說很重要）代表著現象學傳統中與《存在與虛無》有著特別連繫的第二種動向。列維納斯非常關注沙特的哲學，並在 40 年代的論文中涉及了沙特關於想像和猶太人身分的觀點；[15]他在自己的哲學代表作《總體與無限》（1961）中提出了一種原創性的哲學立場，該立場在一定程度上顛倒了《存在與虛無》；雖然和梅洛─龐蒂的《知覺現象學》一樣激進，但不同之處在於它優先處理倫理方面的議題。

　　我們如果考慮一下《存在與虛無》的本體論，就多少能夠明白這種顛倒是什麼。在基本本體論中，沙特首先確立自我與世界的關係，之後再引入與他者的關聯。然而，我們在第 29 節中看到，沙特認為這種自我─他人關係是超經驗的和超物質世界的：我對作為主體之他者（Other-as-subject）的我思式的察覺並不受惠於這個世界。那麼人們或許會想到：這種解釋上的和本體論上的次序是可以修正的，甚至是可以顛倒的；換言之，與他者的關係其實應該屬於基本本體論，甚至可能優先於意識與自在存在的關係。就後一種情況而言，如果與他者的關係確實是優先的，那麼就不必把對他者

214

　　及 Monika Langer, "Sartre and Merleau-Ponty: a reappraisal", in Schilpp ed., *The Philosophy of Jean-Paul Sartre*, and reprinted in Stewart ed.。

15 參見 *Unforeseen History*, Part 3。

的意識放入一個其中意識已經在進行對象化活動的先期背景之內；在這個基礎上，我們可以順理成章地認為原始的對他者的意識並不一定帶有沙特用理論說明過的衝突性特徵。當然，我們需要更多的思考，才能獲得列維納斯的全部立場（對他者的原始意識是對無限責任的意識，以及「倫理學先於本體論」），不過通往這種發展的大門是敞開的。而且可以合理地猜測：既然沙特與列維納斯都感覺到人的責任有多麼沉重，其範圍有多麼寬廣，就此而言，他或許不會生硬地拒絕這種發展——雖然沙特事實上並沒有在《存在與虛無》中從倫理學的角度去刻畫那種對他者之注視的體驗，可是沙特用「吞沒」去刻畫我對作為主體之他者的意識，而列維納斯則將他者描述為一種施加於我的不定且無限的要求，而此二者有著重要的現象學意義上的親緣性；沙特和列維納斯也都認為，對他者的意識在最深的層面上牽涉到對於自我與他者之間的不對稱性與異質性的察覺。[16]

(4) **海德格對沙特的回應**。可以認為，梅洛—龐蒂和列維納斯提供了一些出路，供我們逃離沙特的哲學中容易激發爭議的本體論困境與倫理學困境。現象學傳統內部對《存在與虛無》的第三種回應來自海德格，它值得我們關注，但與上述兩種回應不同，它從根本上明確拒絕沙特的哲學。

海德格的《關於「人道主義」的書信》寫於 1946 年，於 1947 年擴充並出版；這封信最初旨在答覆法國哲學家讓·波弗勒（Jean Beaufret），後者詢問海德格對法國存在主義的看法，但這封信也

---

16 參見 Levinas, *Humanism of the Other*, pp. 39-40 and 49-55。關於沙特與列維納斯的關係，參見 Christina Howells, "Sartre and Levinas", in Robert Bernasconi and David Wood ed., *The Provocation of Levinas: Rethinking the Other* (London: Routledge, 1988)，以及 David Jopling, "Levinas, Sartre, and understanding the other", *Journal of the British Society for Phenomenology*, 24, 1993, 214-231。

在一定程度上回應了沙特的《存在主義與人道主義》。[17]海德格對
沙特的反駁主要有兩點。首先，海德格認爲沙特從（傳統所給予
的）「人」的概念開始，只是試圖修正這個概念，所以沒能去追問
在推進反思時所用到的那些基本但不完備的術語。[18]其次，沙特與
所有的人道主義都共享著同一種對價值的構想，即價值是透過人並
且和人一道被帶入這個世界，但海德格反對這一點。海德格聲稱這
種策略注定是失敗的，因爲「一切評價，即便是肯定地評價，也是
一種主體化」；在做出事實與價值、理論與實踐的區分之前，沙特
沒能回到那個必不可少的原點。[19]

215

　　無論哪一個方面，在海德格的（準確）解讀中，當沙特使用諸
如「本質」這樣的概念時，他就還停留在「形上學」（海德格把這
個詞用作批評）這個西方哲學傳統之內。[20]海德格對這個傳統的拒
斥基於他在大寫存在和存在[21]之間所做的區分。因此，從某個角度
來說，海德格只是在回敬沙特：沙特在《存在與虛無》導言的第 2
小節（注解部分的第 2 節）拒絕探尋大寫存在的意義，這麼做雖然
不是沒有理由，但多少有些輕率；海德格則反過來主張去探尋大寫
存在的意義，他聲稱以這種探尋爲基礎的哲學立場要優先於沙特的
哲學立場。

　　此外，《書信》中更有趣的一點是：海德格要麼是在《存在

---

17 值得一提的是《書信》當時的歷史背景：海德格於 1945 年收到了一本《存在
與虛無》，他曾寫信給沙特，要求沙特替海德格干預後者的「去納粹化」（De-
Nazification），但沙特沒有回覆。關於《書信》，參見 Kleinberg, *Generation
Existential*, pp. 184-199。

18 *Letter*, pp. 245ff.

19 *Letter*, p. 265；參見 pp. 263ff。

20 參見 *Letter*, pp. 245, 250。

21 習慣上將海德格意義上的 Being 與 being 分別譯爲「存在」與「存在者」，此處
爲了與第三部分保持一致，故譯爲「大寫存在」與「存在」。——譯者注

與時間》發表以後改變了自己的立場，要麼是澄清了這本書的地位，究竟是哪一種情況則取決於人們願意在海德格的思想歷程中看到多少連續性。海德格暗示沙特的錯誤在於他沒能看到此在的概念只是一份準備與「先導」，而真正的任務是去思考大寫的存在。沙特對自為的構想看似與海德格的此在擁有相同的地位，但它實際上只是一種非常不同的、低階的構想；因為根據海德格現在的說法，對此在的準確構想應當是：它所構想的並不是人，而是由大寫的存在「給予」人的一種本體論功能，人僅僅「維持著」這種功能而已。因此，海德格和沙特的區別在於，如果說自為在概念上是一種絕對、一種無從深究的終極實在，那麼此在的概念（如果不是在《存在與時間》中，就是在海德格的後期思想中）則是從一種更深入也更基本的對「大寫存在之真理」的思考中汲取意義。出於這個原因，海德格感到自己可以斷言《存在與虛無》的基本信念和《存在與時間》的基本信念「毫無共同之處」，他還把沙特存在主義中的那種自我中心而又自信滿滿的人類主體描述成「大寫存在的僭主」。[22]

　　(5) 盧卡奇與馬爾庫塞：馬克思主義。所以，海德格對《存在與虛無》的批評絕非內部的批評，它完全建立在一個被沙特（或正確地或錯誤地）拒絕的預設之上。40 年代從馬克思主義傳統中發展起來的對《存在與虛無》的批判視角往往也是外部的

216

22　參見 *Letter*, pp. 250-252 。（這裡的「存在」在作者引文中是 being，即「小寫存在」，但是根據《路標》（孫周興譯，北京：商務印書館，2001 年，第 388 頁）與 *Basic writings*: *from being and time* (1927) *to the task of thinking* (1964) (edited by David Farrell Krell, New York: HarperCollins Publishers, 1993, p234.)，這裡的「存在」應當是「大寫存在」。「僭主」一詞的英文原文是 tyrant，我們在此跟從英譯而不直接移用孫周興的譯法（「存在的統治者」），主要是想突出其中的「僭越」之義。──譯者注

批評，這方面的哲學著作與法國共產黨對沙特的早期批評同期出現，其中最重要的是格奧爾格・盧卡奇的《存在主義還是馬克思主義？》（*Existentialisme ou marxisme?*）（1948）和赫伯特・馬爾庫塞的〈存在主義：評讓—保羅・沙特的《存在與虛無》〉（"Existentialism: remarkson Jean-Paul Sartre's *L'Être et le Néant*"）（1948）。[23]

我們或許能預料到，馬克思主義對《存在與虛無》的各種評價有著一些共同的線索：它們抱怨它的「唯心主義」，因為沙特拒絕把人的實在融入自然存在並從物質中衍生出精神；它把個體孤立起來，並將政治上的道德限制在「抽象」個體人權的範圍內；它繼而無法像辯證唯物主義那樣正確設想社會現象和人類歷史的實在性，也無法為集體（階級）行動創造必要的條件。此外，由於沙特否認規範性源自客觀的歷史進程，所以盧卡奇在說明這一點時又加上了一條指控：「非理性主義」。

馬爾庫塞同年對《存在與虛無》的新馬克思主義評價同樣頗具影響。馬爾庫塞承認沙特不是非理性主義者，因為沙特（與阿爾貝・卡繆不同）至少認為可以藉由哲學而不僅僅是文學去表達存在主義的真理。馬爾庫塞的批評是：沙特沒能看到，在表述一種關於自由的理論時卻置人在現實而具體的社會歷史條件中的不自由於不顧，這讓《存在與虛無》成了一部與斯多噶主義和基督教思想（雖然它們受到了沙特的抨擊）如出一轍的在意識形態上進行神祕化的作品。[24]不過馬爾庫塞承認，就其自身而言，沙特的藍圖「在本體

---

23 關於這方面著作（包括亨利・穆金〔Henri Mougin〕，亨利・勒菲弗爾〔Henri Lefebvre〕和讓・卡那帕〔Jean Kanapa〕，以及盧卡奇）的討論，參見 Poster, *Existential Marxism in Postwar France*, pp. 112-125。

24 參見 Marcuse, "Existentialism", 329-330。馬爾庫塞的指控當然是不成立的：斯多

論上是正確的」並且是「成功的」；從馬爾庫塞的觀點可以得出：先是在哲學中採用一些不是從某種鋪墊性的社會理論中得出的概念，繼而在思考實在時試圖置歷史於不顧，這一整個（也必然是「唯心主義的」）過程不會帶來任何認知上的收穫，還會造成負面的意識形態效果。[25]

217

2. 《存在與虛無》與後期沙特思想

有必要考慮到沙特本人也對《存在與虛無》中的哲學提出了批評。在他晚年接受的採訪中，沙特承認《存在與虛無》的立場包含錯誤，以至於他顯然接納了持反對意見的馬克思主義者對他提出的某些根本性批評。因此，在 1975 年的一次採訪中，沙特說《存在與虛無》中「圍繞『我們』而展開的某些專門探討社會的章節」是「非常糟糕的」，他說這本書沒有討論遺忘的可能性也沒有討論動物的意識，還說這本書既沒有處理有機的生命和大自然的存在（existence），也沒有處理意識與大腦的關係。[26]在後期沙特看來，《存在與虛無》的哲學方法論不能說是辯證的，必須把它視為一部未完成的作品：[27]沙特說它只是一部「理性主義的意識哲學」、一處「獻給合理性的紀念碑」。[28]

噶學派和基督教教義認為人可以獨立於客觀環境而實現他的目的（telos），亦即實現他的自由；沙特從沒說過這種話。

[25] 參見 "Existentialism", 322, 334-335：「哲學沒有概念工具供我們領會」人的存在（第 334 頁）。馬爾庫塞從歷史主義的角度去駁斥哲學，此舉遭到沙特的反對，後者當然是認為：當馬爾庫塞以自由之名去譴責社會具體形態的不自由時，他從哪兒得出又如何建立自由的概念呢？在之後添加上的論文後記中，馬爾庫塞認為沙特已經把哲學改造成了前者所推崇的政治，但《辯證理性批判》的出現推翻了這種闡釋。

[26] "An interview with Jean-Paul Sartre" (1975), pp. 9, 18, 23, 28-29, 39-40.

[27] "Conversations with Jean-Paul Sartre" (1974), pp. 173, 410；以及 "An interview withJean-Paul Sartre" (1975), p. 9, 18。

[28] "The itinerary of a thought" (1969), pp. 41-42。在收錄於《沙特自述》的一篇 1972

沙特後期對《存在與虛無》中的自由學說所做的評論更加重要。1966 年，沙特宣稱：「一種實體性的『我』，或者說中心範疇，總是或多或少被給予的」，它在「很久以前就已經死亡了」，而「主體或主觀性是**在先於自身的基礎上**建立起自身」。[29]到了 1969 年：

> 我（於1940年代法國被占領期間）得出過一個結論：在任何情況下都存在著一個可能的選項。但這是錯的，而且是大錯特錯，所以後來我一心想反駁我自己，就在《魔鬼與上帝》（*Le Diable et Le bon dieu*）中創造了一個叫海因里希的人物，（……）他永遠不會選擇，**完全受到**處境的**調控**。但我只是在很久之後才明白這一切（……）我現在相信一個人總是可以從**由他製作成的東西**當中製作出點什麼。今時今日，我想賦予自由以限度：自由是一種微小的運動，它從**一個完全受到調控的社會存在**當中把人製作出來，但這個人不會把調控作用所給予他的東西原封不動地歸還回去（……）被內化的東西在行動中將自己再度外化，而自由則是上述操作中的微小誤差（……）個體內化著社會對他的規定，內化著生產關係、童年時期的家庭、已成歷史的過去、當下的制度，而他之後的行動和選擇必然會把我們追溯到這些東西上面，並將它們再度外化。所有這些，《存在與虛無》中都沒有。[30]

年的訪談中（第 76 頁），沙特說：在《存在與虛無》中，他「試圖指出關於人的存在的某些一般性特徵，卻沒有考慮到人的存在總處在歷史處境當中」。

[29] "Jean-Paul Sartre répond" (1966), p. 93；粗體字為後加。

[30] "The itinerary of a thought" (1969), pp. 34-35；**粗體字為後加**。根據沙特在此對自己的描述，他在寫《存在與虛無》時陷入了「英雄主義神話」（第 34 頁），之

自由剛一受到限制，規定性結構也就隨之得到接受：「毫無疑問，結構生產行動」；「拉康已經表明無意識是一種憑藉語言而進行分裂的話語（……）透過說話行為，言語的各種形態（**各種集合體**）作為實踐—惰性之物（the practico-inert）的一種形式而被結構起來。這些形態表達或構建一些<u>規定著我</u>但又不屬於我的意向。」[31]

要怎樣去理解這些說法呢？我們不要急著去贊同沙特的這些回顧性的自我評價，也不要急著去斷言他後期的這些說法表明他已經改造了自己的哲學立場。

首先必須強調，沙特後期的自我批評是在承認《存在與虛無》中那些公認的侷限，在這些方面，書中的主張要麼過於簡單，要麼有些誇張，因此需要充實或修正；但他並沒有用一套新的基礎性學說去替代《存在與虛無》中的那些學說，甚至也沒有示意有關人之自由的難題有可能取決於不同的答案。

因此可以認為，雖然沙特貶低《存在與虛無》的成就，但這只不過表明它的自由體系與馬克思主義的歷史發展觀是不相容的——換言之，沙特在《辯證理性批判》中旨在讓歷史唯物主義不再是一部神話，但這項工作不可能以《存在與虛無》為基礎。這就為我們留下了思考的餘地（但可能沒給沙特留下這份餘地，畢竟他在經歷過「政治重造」[32]以後調整了需要優先考慮的哲學議題）：問題並

後不得不努力走出這個神話，雖然現在已經做到了；而早先關於人總是自由地選擇是否成為一個叛徒的言論也讓他自己「著實感到震驚」（第33頁）。沙特在1972年的訪談中同樣直率地批評了他的早期自由觀：參見 *Sartre by Himself*, pp. 53-59。

31 "L'anthropologie" (1966), pp. 86, 97；**粗體字**為後加。欲了解沙特後期對結構的思考，還可參見 *Critique of Dialectical Reason*, vol.1, bk. II, ch.3, sect.3, esp. pp. 479-480, 487-491。

32 "The itinerary of a thought" (1969), p. 64.

不是出在《存在與虛無》上，而是出在馬克思主義理論上，甚至普遍出在那些把人當作社會理論對象的嘗試上。社會存在物或人類歷史究竟在什麼意義上是實在的？而這些事物又是何以可能的？對這兩個先驗層面上的問題，沙特感覺到了它們的艱深，而正是這種感覺讓《辯證理性批判》獲得了很少能在社會理論著作中發現的哲學深度，它在一定程度上彌補了這本書的晦澀——正因爲沙特在考慮《辯證理性批判》中的社會本體論時拒絕放棄《存在與虛無》中的洞見，這本著作方能將那份艱深凸顯出來。[33]

如果這些都沒錯，那麼結論就不是《存在與虛無》沒有完成爲自己規定的哲學任務，而是另有一個沙特沒有解決的哲學難題，它涉及社會—歷史之物（the social and historical）的實在性。[34]

同樣重要的是，沙特後期關於自由的說法**真的**與他在《存在與虛無》中的立場相抵觸嗎？這一點非常不確定。正如上面的引文所示，沙特在 60 年代開始談到主體擁有「早於自身的基礎」，它是「被製作的」、「被規定的」、「被調控的」等等。但我們必須要問，應該怎麼去闡釋這些說法？沙特賦予這些術語的意思是什麼？更具體地說，爲什麼不能按照《存在與虛無》中有關自由與人爲性的觀點（第 33 節）去理解主體的早於自身的基礎以及主體所面對

---

33 因此，基於它的待解釋項，《辯證理性批判》的藍圖要比馬克思主義的藍圖廣闊得多，後者認爲社會條件本身就是（qua）「異化的」，被經驗的社會之物是一種客觀的力量。對《辯證理性批判》中的主導性觀念的概述，參見 Thomas R. Flynn, *Sartre and Marxist Existentialism: The Test Case of Collective Responsibility* (Chicago: University of Chicago Press, 1984), ch.6；沙特在訪談中也做了簡明扼要的陳述：參見 "The itinerary of a thought" (1969), pp. 51-56。

34 也許可以問：有沒有哪位哲學家以合乎人道主義的方式解決了這個難題？與此相關，列維認爲：沙特的哲學人格中存在著第二種基本的直覺與活力，而與那些令《存在與虛無》充滿生機的直覺與活力不同，前者更注重社交和團結方面的經驗；它們在沙特的後期思想中占據了上風。參見 *Sartre*, Part III, ch. 3 (pp. 381ff.)。

的規定性結構？

　　當沙特於 1974 年在與西蒙・波娃的談話中重提自由的難題時，他形容《存在與虛無》中的自由理論沒能表達出他當時的意思，他說他出於方便而使用了一個「笨拙的」、「教科書式」的自由理論，根據這個理論，「一個人總是選擇他所選擇的，一個人在面對他者時是自由的」：「我那時相信一個人總是自由的（……）關於這一點，我已經改變了很多。我現在確實認為一個人在某些處境中並不是自由的。」沙特現在聲稱，他當時的真實意思其實是：甚至當一個人的行動是為外在的事物所「激發」時，他仍然是「對自身負責的」。[35]

　　可是，既然自我責任**確實**一直都在，那就不清楚沙特**是在**反悔什麼，也不清楚他為什麼會認為《存在與虛無》中的自由理論是過分簡單化的。更重要的是，沙特在此還補充說，甚至在回應外在的事物時，「有某種來自我們最深處的東西，它相關於我們最初的自由」。如果這種最初的自由不是《存在與虛無》中的自由，那又是什麼？在這些問題上，沙特好像誤以為《存在與虛無》中的本體性自由否認一個人可能無力應對外在的事態。而他其他的評論則表明《存在與虛無》中的一切照舊：沙特說，那些感覺不到自由的人只是「弄混了」，因為缺失的只能是對自由的察覺，而不是自由本身。[36]西蒙・波娃曾向沙特指出，他在為讓・熱內寫的傳記中用了　　　220

---

[35] "Conversations with Jean-Paul Sartre" (1974), pp. 352-361.

[36] "Conversations with Jean-Paul Sartre" (1974), pp. 358, 360, 361. 尤其令人困惑的是沙特的下述說法：「我要說，自由代表著某種並不存在（exist）但又逐漸將自身創造出來的東西」（第 361 頁）。但根據《存在與虛無》，應該說自由已經以自為的形式存在（exist）著，**此外**再以這個世界中的某種形式創造出自身，因為它是透過人的行動來實現的。沙特於 1980 年的一次採訪中針對自由的評論同樣值得參考：參見 *Hope Now*, p. 72。

那麼多的筆墨去描寫熱內的外部環境和得自外部的經歷,以至於這些東西似乎是規定著他的;可沙特再一次確認了熱內對環境的轉變是「自由造成的結果」,[37]而《存在與虛無》已經透過強有力的論證表明,這種自由在邏輯上必定與外部環境本身同期出現。

鑑於沙特後期立場的模糊性,當沙特表示他在《存在與虛無》中的自由學說上面犯了錯,我們可以尊重但不贊同這種說法。我們怎麼才能做到一邊認為自由受到各種調控性因素的限制,一邊又不會遭遇到《存在與虛無》曾詳細闡發過的那些強有力的反對意見?在未能說明這一點之前,雖然沙特後期公開宣布放棄《存在與虛無》中的自由學說,但此舉的哲學權威性仍然是有限的。

3. 結構主義與後結構主義對《存在與虛無》的駁斥

儘管《存在與虛無》為存在主義現象學運動注入了新的活力,儘管它所激發的爭論(尤其是與梅洛—龐蒂和列維納斯的爭論)也產生了豐碩的成果,但沙特在法國學院哲學中的統治地位並不長久。法國哲學沒過多久便與所有基於主體的或基於意識的哲學方案反目成仇了。[38]

結構主義對存在主義現象學的反叛在一定程度上是由梅洛—龐蒂準備的:梅洛—龐蒂設想主體深深地紮根於世界,一旦這種主體替代了沙特式的自為,意識在方法論上的特權地位大體上就被推翻了。秉著這種精神,克勞德·李維史陀在《野性的思維》(1962)中對沙特進行抨擊:對那些以自然語言為範例的,被馬克思和佛洛

---

[37] "Conversations with Jean-Paul Sartre" (1974), p. 354.

[38] 大量的文獻探討了結構主義與後結構主義的誕生;欲獲得一份清晰而細緻的說明,參見 Gutting, *French Philosophy in the Twentieth Century*, Part III。至於兩者的發展過程與沙特的馬克思主義之間的關聯,參見 Poster, *Existential Marxism in Postwar France*, ch.8。

伊德辨認出的種種客觀結構，現象學既無從識別也無力把握，可沙特卻沒能認識到這一點。雖然沙特後期在《辯證理性批判》中試圖把握社會—歷史之物，但其中的各種侷限揭示出沙特在《存在與虛無》中是且自此以後都是「他的我思的俘虜」；根據李維史陀的觀點，「一個人如果一開始就沉溺於那些所謂自明的內省真理，之後就再也沒辦法擺脫它們了」[39]；沙特「在人格同一性的圈套裡脫不開身」，「把關於人的知識擋在了門外」。[40]

此外，米歇爾·傅柯在《詞與物》（1966）中對人文科學的歷史進行了分析性的研究，研究聲稱現象學仍然受困於一對為所有形式的先驗思考所共有的基本矛盾（主體既被包含於世界之中，又被排除在世界之外）；[41]雅克·德里達則批判了「意識面向自身的在場」這條在胡塞爾的哲學中作為公理的預設，一舉削弱了《存在與虛無》。[42]

221

---

[39] 此處作者所援引的英譯與《野性的思維》中譯本（李幼蒸譯，北京：商務印書館，1997年）有一定出入，譯者在此接受英譯，並認為中譯本此處的翻譯（「首先熱衷於有關所謂自我的自明真理的人決不會從這些真理中出現。」）令人不知所云。──譯者注

[40]《野性的思維》的整個第9章都被用來批駁沙特後期對歷史觀和辯證理性的構想，參見 The Savage Mind, p. 249。

[41] 參見 The Order of Things, ch. 9, esp. pp. 324-326（關於現象學的失敗），以及 pp. 361ff.（關於無意識的首要地位），以及 "Truth and power" (1977), pp. 116-117：「人們必須拋棄構成性的主體，擺脫掉主體本身」，甚至包括沙特《辯證理性批判》中的被歷史化的主體。弗林（Flynn）總結了沙特和傅柯之間的分歧並記錄了兩人針對對方的批評：參見 Thomas R. Flynn, *Sartre, Foucault, and Historical Reason*, 1: *Toward an Existentialist Theory of History* (Chicago: University of Chicago Press, 1997), ch.10。

[42] 德里達在 1968 年的講座「人的目的／終結」（"The ends of man"）中譴責了沙特對海德格以及對黑格爾和胡塞爾的「人道主義扭曲」與「人類學誤讀」（39）：沙特自《存在與時間》的「第一段起就沒能讀懂」（38）。然而，在解構主義的意義上改變哲學的基調，這並不一定要拋棄沙特在哲學上的主要關注點，譬如：讓·呂克─南希（Nancy）在《自由的經驗》（*The Experience of Freedom*）中以德里達的方式處理了那個宏大的沙特式自由論題。南希對沙特的

在這種轉折中，一個極其重要的因素是海德格的《書信》以及波弗勒的作品在 50 年代對海德格思想的傳播。儘管大多數的法國哲學家並沒有那麼地贊同海德格的思想，更多是沉迷於對它的探討，但仍然從中得出了兩條富有教益的結論：沙特式的人類中心主義的存在主義未能吸收海德格的哲學；沙特的人道主義既非定論，也無法與其他更激進的、不以主體爲中心的觀念相抗衡。[43]

4.《存在與虛無》與當代哲學

還剩下一個問題：沙特對當代哲學的重要意義。

沙特於 1905 年出生，一個世紀既逝，百年誕辰已慶；置身於思想史中的沙特所具備的重要性，投身於公共生活中的沙特所擁有的美德，這些重新得到人們的賞識。但是，不管是在講英語的分析哲學圈還是在歐陸哲學圈，沙特對當代哲學都不是特別重要；在可預見的未來，沙特的哲學聲譽也不大可能恢復到它在戰後不久那段時間裡的水準。個中緣由與沙特思想的水準或侷限全然無關，而與他在《存在與虛無》中所追求的哲學方案的本性完全相關。首先，第 2 章已經論證過：毫不妥協地拒絕自然主義，這構成了是沙特的哲學前提。其次，不管是在方法上還是在學說內容上，沙特都堅持把主觀性作爲哲學思想的支配性原則。第三，沙特在自己與現代歐洲哲學的認識論傳統之間拉開距離，而對於 19 世紀的歷史轉向和

討論表明了解構主義在多大程度上轉變了哲學話語的根本規則：在第 96-105 頁中，南希認爲沙特式的自由獨立於有關因果性和行動之可能性的一切觀念，在他的描述中，沙特式的自由主動抗拒著（概念上的）再現。基於先前第 36 節給出的理由，我們可以部分地理解爲什麼南希會採取這條思路，但是從沙特的立場來看，它最後的結果就等於否認自由的實在性。

43 參見 Kleinberg, *Generation Existential*, ch. 5，以及 *Rockmore, Heidegger and French Philosophy*, chs. 5-7。沙特在 1966 年的採訪「讓—保羅·沙特答覆」（"Jean-Paul Sartre répond"）中批判性地評論了結構主義的發展（李維史陀，傅柯，拉康，阿爾都塞）；還可參見 "L'anthropologie" (1966)。

20世紀哲學的邏輯學─語言學轉向，《存在與虛無》既無共鳴也不關涉。最後，正如我試圖表明的，沙特在《存在與虛無》中意圖建構一個嚴格意義上的修正性形上學體系，但自19世紀中葉黑格爾主義終結以來，人們已經越來越不認為這項事業是可行的了。正如列維納斯所言，沙特在哲學上是很特別的，因為他「不認為形上學澈底完結了」。[44]

222

出於所有這些彼此關聯的理由，我們完全可以明白沙特為什麼會與下面這些哲學方案脫節：要麼去探索自然科學與人文科學對哲學知識的貢獻，要麼像尼采與海德格那樣嘗試為西方哲學的藍圖畫下句點，要麼以一種後形上學的形式復甦與重建康德哲學。

下面這篇讚詞是於爾根‧哈伯瑪斯獻給沙特的，它間接證明了沙特遊離於當代哲學的主線之外：

> 沙特的作品不允許自己去適應解構主義的潮流。在我們當下的對話裡，他是一位不易同化的對手。其著作中的思想不但沒有被征服，而且指引著我們去超越今天廣為流行的歷史主義方法和語境主義方法。這一點尤其體現於存在主義對自由的理解，這種理解循著費希特和齊克果劃下的軌跡，以一種意蘊豐富而又激進的形態表達著現代自我理解中的一個不容否認的組成部分。沙特以一種堪稱楷模的方式驅使自己追趕上後形上學的思想形勢，這個事實讓我感到欽佩。[45]

---

[44] *Unforeseen History*, p. 97.

[45] "Jürgen Habermas on the Legacy of Jean-Paul Sartre", in *Political Theory* vol. 20, no. 3, August 1992, 496-501, pp. 498-499 ("Rencontre de Sartre", *Les Temps modernes* 46, June 1991, 154-160).

　　對於當代的後形上學思想家來說，沙特的成就只能在於並且至多在於：他異常清晰而有力地表述了現代自我理解的**一個**組成部分，即個體自律的觀念；這不僅對沙特自己的那些格局更大的目標而言是不充分的，也不足以讓沙特成爲一份重要的哲學資源，供那些謀求解決現代思想中的矛盾但又不向形上學求助的思想家去利用，後者難免認爲放棄克服傳統形上學讓沙特付出了過高的代價，而按照後形上學的觀點，晚期現代性的自我理解必須包括這種克服。

　　有沒有可能把沙特的最主要觀點放到一個由根本不同的哲學藍圖所構成的語境裡面，讓這些觀點與當代的趨向更加協調，但又不至於失去原本的含義？一些與後現代主義心有戚戚的沙特讀者認爲沙特的主體觀與後現代主義的主體觀，兩者之間的距離並沒有看上去的那樣寬，或者說不像早期的那些結構主義與後結構主義對手所想像的那樣寬；他們爭辯到，不僅《存在與虛無》中的那些悖論推動人們去接受後現代哲學，而且沙特本人的軌跡也是趨向後現代主義的。[46]

　　有時被用來表明《存在與虛無》屬於後現代主義陣營的一件事情是：沙特論述過自爲的非自我同一性。這件事情被解讀成沙特預料到了由拉康的理論和解構主義批判所造成的非整全的、分裂的、

---

[46] 下述作者以各異的形式將沙特視爲最初的後現代主義者：Christina Howells, "Conclusion: Sartre and the deconstruction of the subject", in Howells ed., *The Cambridge Companion to Sartre*; Nik Farrell Fox, *The New Sartre*: *Explorations in Postmodernism* (London: Continuum, 2003), Introduction and ch. 1；以及 Peter Burger, *Sartre. Eine Philosophie des Als-ob* (Frankfurt: Suhrkamp, 2007), ch.2。博格（Burger）聲稱，沙特身爲一位思想家，隨著自己思想的發展而開始回應後現代作者後期提出的那些問題（第 26 頁）。彼得・考斯（Peter Caws）審慎地論證了沙特與結構主義（儘管不是後結構主義）的匯流：參見 "Sartrean structuralism?", in Howells ed., *The Cambridge Companion to Sartre*。

多重的自我。然而，如果我在本書中的論證是正確的，那麼這種解讀就是一種誤讀：雖然在沙特的描述中主體不是自我同一的，而後現代主義的一個論題恰恰是主體的去中心狀態，但兩者的形上學含義是不同的，即便用來表述這兩個主張的語詞是相同的。能夠說明這一點的事實是：沙特提出這個這個論題是為了**完成**他的概念，為了提供一份完整的**定論**去最終說明自為究竟**是**什麼，而後現代理論（至少以各種複雜的理論形態）恰恰否認這種哲學成就的可能性。如果不是這樣，如果在沙特式的自為和被解構的主體之間確實沒有差別，那麼就有了一個問題：關於主體（之死）的後現代理論用「後形上學」一詞來形容自己，這種做法是否恰當？後現代思想面臨著一個沉重的任務：重新說明其所謂的「超越形上學」[47]究竟是什麼意思。一些努力把沙特扭到後現代主義的方向上去的做法直接忽略《存在與虛無》，轉而關注在沙特後期的作品中浮現出的人類主體，這些做法看似可行，不過我已經表明後者的驗證價值是可疑的。[48]

　　類似的評論也適用於那些旨在把沙特的思想融入當代分析哲學語境或者說當代主流英語哲學語境的嘗試。[49]人們可以強調沙特的思考與關於心靈與行動的當代分析哲學之間的共通之處，如果野

224

---

[47] 當有人建議後現代主義在面對自己的悖論時需要回到沙特，此時情況就變得尤其令人費解：例如：參見 Burger, *Sartre*, pp. 15-18。

[48] 我在此談及「後現代主體」，彷彿真有這麼一個單獨的概念似的。傅柯、拉康、德里達、德勒茲等人對主體的否定事實上真是鐵板一塊嗎？令人懷疑。我只是沿用了那些期望將沙特後現代化的人在討論中所採用的術語罷了。

[49] 特別值得一讀的有：菲利斯‧莫里斯（Phyllis Morris）的早期著作《沙特關於個人的概念：分析的視角》（*Sartre's Concept of the Person: An Analytic Approach*），麥庫洛（McCulloch）在《使用沙特》（*Using Sartre*）中對知覺的討論，以及莫蘭（Moran）在《權威與異己》中（*Authority and Estrangement*）針對沙特所理解的自我認識而進行的反思。

心更大一些，甚至可以用非沙特式的語言去重建沙特的思想；這些舉動誠然令人很感興趣，但問題仍在於我們應當如何看待歷史中的沙特；而以分析哲學的方式去重新確立或重新建構沙特的主張，同時摒棄《存在與虛無》中沉重的本體論架構，這種做法的初步結果就是沙特的藍圖事實上沒有得到很好的理解。所以，分析哲學對沙特的探討以批判為主流：在他們那裡，沙特構造了一個冗繁的本體論，繼而誤述了也模糊了自己的洞見。

這反映出分析哲學與沙特在下述問題上存在關鍵的分歧：究竟應當採取什麼態度去對待我們的日常世界觀？分析哲學的典型想法是：常識觀點中的世界是自足的，沙特完全有義務去表明他所提出的修正是絕對必要的。而沙特則認為，常識中的世界無論是在存在上（existential）還是在理論上都是不完備的，所以它自然需要哲學上的重估。

分析哲學家常常抱怨沙特的人類主體形上學過分依賴隱喻；如果這種抱怨並不只是換了一種方式去反對沙特的上述觀點（形上學必須與常識中的概念圖式決裂），那麼我們可以對它做出簡短的回答：在哲學的語境中，某些術語算不算被用作隱喻，這全然取決於我們試圖構想的對象所具備的本性。把沙特的思想完好無損地翻譯成更簡單的表達，這仍然是個挑戰；而在完成這份挑戰以前，沙特都有權利回答說，如果要用哲學概念去確定主觀性的現象，那麼他在術語上的革新就是必不可少的，所以，既然他的形上學針對的是主觀性這種獨一無二的非經驗對象，那麼它就不會比針對經驗對象的經驗描述更具隱喻色彩。沙特可能會說，《存在與虛無》中的形上學是照實理解主觀性而產生的結果。

在 18 世紀最後十年和 19 世紀初，人們設想哲學的任務是構造一個反自然主義的「自由的體系」，它能夠解決康德唯心主義中

的難題，反駁雅可比針對虛無主義的指控，並將完整的形上學意義賦予康德關於人類自律的觀念；在此期間，康德的後繼者（德國唯心主義者和德國浪漫派）爭論得不可開交。而只有在牽涉到這種爭論的語境中，沙特的哲學立場（作爲一個協調的整體，而不是以一種拆分後的形態）才能再次成爲一個看似可行的選項，我在本書中已經表明了這一點。如果沙特現在被判屬於歷史，而不屬於哲學現實，他至少有貴人作伴。

226

索 引
（頁碼均為原書頁碼，即本書邊編）

三畫

四畫

relations of，參見本體論關係 ontological relations；相對於主體的 as relative to subject 50；的總體／作為整體的／一般的 totality of/as a whole/in general 57-58, 68, 85, 96, 200, 203-204, 206-208；意識／主體的 超現象的 trans-phenomenal, of consciousness/subject 50-51；意識對象的超現象的 trans-phenomenal, of objects of consciousness 43-44, 51-54, 56；的統一性 unity of 200, 203, 206, 208。也可參見自為的存在 being-for-itself；自在的存在 being-in-itself；存在 existence；本體狀的／本體論的區別 ontic/ontological distinction

存在 existence 6, 8, 28, 30, 84；人的 human 22-23, 25-27, 32, 85, 172, 197, 198-199；《嘔吐》對存在的展現 *Nausea revelation of* 33-34；在人類主體中存在先於本質 precedes essence, in human subject 24, 49。也可參見存在 being

存在主義，存在上的 existentialism, existential 6, 36, 210, 215, 217, 223；現象學 phenomenology 211, 221；華爾的定義 Wahl's definition 73；《存在主義與人道主義》 *Existentialism and Humanism* 193-194, 210, 215

存在即被感知 esse est percipi 50

（存在的）欠缺 lack (of being) (manque d'être) 27, 69, 101-106, 109, 119-120, 154, 169, 191, 207

《存在與虛無》的後設哲學立場 Standpoint(s) of B & N, metaphilosophical 84-88, 105, 143, 199, 206-208；絕對的（非視角性的） absolute (aperspectival) 84-88, 143, 154, 199, 207, 208, 214；視角性的（哥白尼式的） perspectival (Copernican) 85-88, 117, 143, 199, 206-208

有 having (avoir) 187-188

七畫

八畫

十畫

倫理學，倫理的 ethics, ethical 173, 191-197, 214-215；沙特哲學的目標 aim of Sartre's philosophy 20, 27, 33, 187, 192；《存在與虛無》的內涵 implications of B&N 10, 36, 160, 165, 168, 184, 187, 192-199；沙特倫理學與康德倫理學的關係 Sartre's, in relation to Kant's 193-195, 198；沙特的倫理學是否是主觀主義的 Sartre's, whether subjectivist 192-194；沙特對其他倫理學理論的批評 Sartre's criticism of other ethical theories 31, 195

《倫理學筆記》 *Notebooks for an Ethics* 193, 197

原素（胡塞爾的「原素」概念） hylē (Husserl's concept of) 51

哥白尼式的（哥白尼主義） Copernican(ism)，參見立場 standpoint；視角性的 perspectival

《哲學研究》 *Recherches philosophiques* 2

席勒，弗里德里希 Schiller, Friedrich 187

時間 time，參見時間性 temporality

時間性，時間化 temporality, temporalisation 55, 74, 89, 98, 108, 110-114, 121, 150, 169, 191, 201；動態的與靜態的 dynamic *vs.* static 113；作爲形式順序的 as formal order 113；唯心主義的時間觀 idealist view of 110-111, 113；本體論層面的描述 ontological account of 113；源初的 original 110, 191；現象學層面的描述 phenomenological account of 111-113；心內的 psychic 111, 121, 191；實在論的時間觀 realist view of 110, 113；「世界的時間」（客觀的，「普遍的」） "time of the world" (objective, "universal") 108, 114, 138；作爲總體的 as totality 111, 113

十一畫

十二畫

十三畫

十八畫

十九畫

譯後記

我想透過這個譯後記做一些說明與感謝。

本書的翻譯工作由我與江婷共同承擔,具體分工如下:第 1、第 2、第 4 章的全文和第 3 章的 1-32 節由我翻譯,第 3 章的 33-48 節由江婷翻譯。

雖然本書是《存在與虛無》的導讀本,但閱讀難度似乎並不低於沙特的那本艱深晦澀的大部頭,這不僅體現在內容上,同時還體現在表達上:作者慣於使用複雜的長難句和充滿學院腔調的修辭。誠然,對於一部哲學學術著作來說,這並不令人感到意外,但畢竟為翻譯設置了重重障礙。我們試圖達到的翻譯目標是:在內容上忠實於原文,在表達上合乎中文習慣,並酌情補充相關的注釋以幫助讀者理解原文。是否真的實現了這個目標,還需要交由每一位讀者來判斷。由於文本難度較高,以及個人水準有限,在翻譯的過程中必定會出現失誤。讀者如果發現了任何錯誤,都可以提出來,我們將一一參考,以後如有機會將對錯誤加以修正。在此向這些耐心的讀者提前表示感謝。

譯者　汪功偉

經典哲學名著導讀 018

1B3P

沙特與《存在與虛無》
Sartre's *Being and Nothingness*: A Reader's Guide

作　者	塞巴斯蒂安·加德納（Sebastian Gardner）
譯　者	汪功偉、江婷
發 行 人	楊榮川
總 經 理	楊士清
總 編 輯	楊秀麗
副總編輯	蘇美嬌
封面設計	封怡彤
出 版 者	五南圖書出版股份有限公司
地　址	106臺北市大安區和平東路二段339號4樓
電　話	(02)2705-5066
傳　真	(02)2706-6100
劃撥帳號	01068953
戶　名	五南圖書出版股份有限公司
網　址	https://www.wunan.com.tw
電子郵件	wunan@wunan.com.tw
法律顧問	林勝安律師
出版日期	2024年3月初版一刷
定　價	新臺幣450元

©Sebastian Gardner, 2009

This translation of Sartre's 'Being and Nothingness': A Reader's Guide. is published by arrangement with Bloomsbury Publishing Plc.

本書中文譯稿由重慶大學出版社有限公司授權使用，未經書面同意不得任意翻印、轉載或以任何形式重製。

國家圖書館出版品預行編目資料

```
沙特與《存在與虛無》/塞巴斯蒂安.加德納
(Sebastian Gardner)作；汪功偉，江婷譯.
-- 1版. -- 臺北市：五南圖書出版股份有限
公司，2024.03
面；　公分
譯自：Sartre's 'being and nothingness' : a reader's
　　guide.
ISBN 978-626-366-920-8(平裝)

1.CST: 沙特(Sartre, Jean-Paul, 1905-1980)
2.CST: 存在主義

146.77                              112021871
```